U0154292

老人福利服務

呂寶靜　著

五南圖書出版公司 印行

自　序

　　自1992年到政大任教以來，轉眼已滿20年。此段期間，在大學部講授「老人福利服務」；在研究所則是開授「老人福利政策」。回顧教學生涯，初期在準備老人福利服務乙課的教材時，主要是參考國外的教科書和文獻，隨著國內1990年代老人福利服務之蓬勃發展，特別是1997年老人福利法修法通過後，各項方案措施紛紛推出；加上自己投入的研究成果也有些累積性，故近年來教學所採用的教材絕大多數都是引用國內的文獻。然這些文獻來源很多，不僅要隨時蒐集，且要不斷更新，更需要消化統整後才能轉化成授課內容，好讓學生吸收，提高學習成效，因此，就興起將教材彙整成專書出版的念頭。

　　本書從「每位國民在老年期能過著有品質的生活，是政府、家庭和個人的責任」之預設出發，從事寫作。內容的安排，大致可歸納為兩部分：第一部分可稱之通論篇，含括高齡化社會的人口學分析、高齡化社會的政策目標，以及臺灣推動老人福利服務的政策法源基礎；第二部分的各章則是針對老人經濟安全保障、健康促進與長期照顧，以及各項老人服務方案之討論，另也就服務提供場域（社區式、居家式和機構式服務）的分類來排序章節。

　　本書以「老人福利服務」為名，顧名思義就是以老人為對象所提供之各項支持照顧與服務，當然老人是核心，故對老人族群的瞭解是必要的條件。理想上來說，如果先修習過「老人學」（gerontology）或「社會老人學」（social gerontology）課程後，再修習本課程是較有層次性的規劃，然目前國內社會工作系所在開設老人領域的課程方面，以「老人福利（服務）」、「老人社會工作」、「長期照顧／護」等三門課程居多，較難有如此專精養成的課程設計。幸好「人類行為與社會環境」必修課中有關「老年期」（或「成年晚期」）的學習，已讓學生對老年

期生理、心理和社會層面的發展以及議題有初步的認識，因此，本書就未含括個體老化的討論，教師要強化學生對「老化」的認識，除了講授外，建議宜安排「高齡者體驗活動」，或要求學生訪談一位老人並繳交訪談心得報告。其次，近年來高齡化社會、個人老化或老人族群等主題也逐漸受到重視，各公益團體或社福團體製作之影片或出版物也為數不少，為增加上課的生動活潑性，建議教師宜多加運用。再其次，為促進教學與實務之結合，建議可安排學生到各類老人福利服務設施或服務提供單位參訪，或者邀請實務工作者到課堂分享經驗。總之，所有教學活動之安排，乃是以「培養學生日後從事老人福利服務工作之知能」為目標。

每章在寫作時，儘量引用國內相關的研究成果，同時為了促進學生反思，或提供教師在上課時討論之用，在每一章後均提出三至四則「問題與思考」，希望這個作法能啟發教學時的師生互動；且提供建議研讀之書目，期能對想深入鑽研該主題的學生有所助益。此書可作為「老人福利服務」、「老人社會工作」和「老人長期照護／顧」等課程的教科書或參考書；此外，對於關心高齡化社會的政策制定者與實務工作者而言，也具高度參考價值。

這本書順利完成要感謝助理陳沛怡小姐提供文書處理之行政支援，更要謝謝五南圖書出版公司陳念祖副總編輯對本書出版的支持。最後，感謝參與臺灣老人福利服務發展的實務工作者、研究者、教育工作者，大家的積極投入，讓臺灣成為老人理想國之願望能夠早日實現。

目　　錄

自序

表　次

圖　次

1

第一章

人口結構老化之趨勢

壹、前言

　　我國自1993年正式邁入「老人國」之林，「老人國」的意涵為何？又一個國家的人口結構如何轉型成為老人人口快速增加的階段？人口老化是世界各國普遍的現象，而臺灣的人口老化趨勢為何？又人口老化對社會造成什麼樣的影響？值得社會政策關注的議題有哪些？本章係在討論上述的提問。更具體而言，本章的內容首先說明人口轉型與人口結構老化的過程；其次描述世界主要國家人口老化的情形；接著分析臺灣地區人口老化的趨勢；進而透過描述臺灣老人的人口學屬性來呈現其圖像；最後則討論人口老化之政策意涵。

貳、人口轉型與人口結構老化

　　全球的人口都在老化中，這種情形是人口轉型（demographic transition）的必然結果。所謂人口轉型，係指一個社會從「高出生率、高死亡率」逐漸移轉為「低出生率、低死亡率」的過程。人口增加轉型的過程可分為四個階段（見圖1-1）：第一階段，出生率、死亡率皆高，因而人口增加的非常少；在第二個階段，嬰兒和兒童死亡率都下降，但出生率並未下降，因而人口增加較第一階段為多，主要是兒童人口的劇增；在第三階段，出生率開始下降且成年期的死亡率下降，老人人口快速成長；至第四階段，出生率與死亡率皆呈穩定狀況（Myers, 1990: 24-26）。由此可知，在一個封閉的人口，出生率和死亡率的下降都會引起人口的老化，不過人口老化主要是受到出生率的影響，其次才是死亡率的影響。

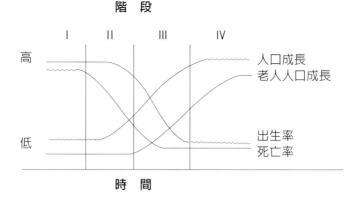

圖1-1　人口轉型的階段

資料來源：Myers, George C. (1990). Demography of Aging. In Binstock and
　　　　　George (eds.), *Handbook of Aging and the Social Sciences* (3rd ed.),
　　　　　p. 25. CA: Academic Press.

　　人口金字塔（Population Pyramids）是呈現人口結構中年齡和性別的組合之圖像。人口金字塔的形狀主要是受到「出生」、「死亡」和「遷移」之形塑。此外，人口金字塔不僅呈現一個社會的過去、現在和未來，還能顯示該社會的生活狀態，譬如：經濟發展的程度、醫療科技發達的情況、資源分配的情形等。如圖1-2所示，處在人口轉型第一階段的國家，所呈現的金字塔是狹窄的形狀，僅有少數的老人人口。而在第二階段的國家，高出生率仍維持，但嬰兒死亡率下降，因此年輕的人口數劇增，所呈現的人口金字塔形如三角形，有著較廣寬的底部，反映出兒童（較年輕）的世代人口數多，然年齡愈長的世代，人口數就愈少。第三個階段則是出生率的下降，造成人口增加率漸趨平緩，且各年齡層人口數愈為平均的分布，故呈現四角形的形狀（Kinsella & He, 2009）。

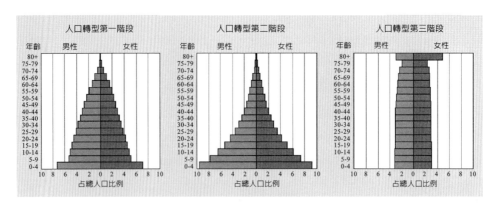

圖1-2　人口金字塔

資料來源：Kinsella & He (2009). *An Aging World: 2008, International Population Reports*, p. 20. Washington, DC: U.S. Government Printing Office.

參、世界各國人口老化的情形

　　綜觀世界各國，不僅邁入老人國[1]之林的時代有異，而且老化的速率也不等，如圖1-3所示。瑞典和法國在19世紀後半期即為老人國，這兩個最早經歷人口老化的國家，自1900年以後老年人口呈現穩定和持續的成長。美國則是在20世紀初期老人人口急遽增加，至於日本人口的老化主要是發生在第二次世界大戰之後，而此種驚人的老人人口成長將持續至21世紀的前四分之一世紀（Myers, 1990: 25-26），到2008年，日本已成為全世界最老的國家（老人人口占21.6%）。

---

[1] 依聯合國界定，一個國家老人人口占總人口的4%以下稱之為「少年國」，介於4%至7%之間稱為「成人國」，而老人人口占總人口的7%以上則稱之為「老人國」。

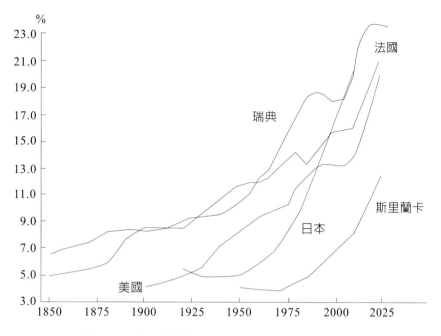

圖1-3 人口老化趨勢國際比較，1850-2025年

資料來源：Myers, George C. (1990). Demography of Aging, in Robert H. Binstock and Linda K. George (Eds.), *Handbook of Aging and Social Science* (3rd ed.), p. 26. San Diego, California: Academic Press.

　　2008年，全球的老人人口占總人口的7%（約5億6百萬人口），預估2040年將突破14%（約13億人口）。東歐和西歐在全球中是老人人口比例最高的地區，預估於2040年，歐洲將有14%的人口達65歲以上；而北美洲和大洋洲的老人人口也快速成長，預估2040年，北美洲老人人口比例將超過20%；亞洲地區人口老化的比例在2008年時占6.8%，預估到2040年時，將占16.2%（見表1-1）（Kinsella & He, 2009）。

表1-1　全球65歲以上老人人口比例（依地區分）：2008-2040年

地　　區	2008	2020	2040
北非地區	4.9	6.7	12.8
次撒哈拉非洲地區（Sub-Saharan Africa）	3.0	3.3	4.2

（續）

地　　區	2008	2020	2040
亞洲（不含近東）	6.8	9.3	16.2
近東地區	4.6	5.7	9.9
東歐	14.5	17.3	24.4
西歐	17.8	20.9	28.1
拉丁美洲	6.5	8.8	15.3
北美	12.8	16.5	20.8
大洋洲	10.8	13.7	18.5

資料來源：Kinsella & He (2009). *An Aging World: 2008, International Population Reports*, p. 11. Washington, DC: U. S. Government Printing Office.

　　近年來日本已成為主要國家中最老的國家，老人人口比例已超越21%，其次為義大利和德國。最近人口老化速度快的國家，主因都是嬰兒潮世代（日本人稱團塊世代）人口即將於2013年進入老年，以及生育率的下降。日本如此，義大利、我國的情形也不例外，顯示世界各國出生率愈低的國家，往往人口老化速度也愈快。其實人口老化的重要原因除了壽命的延長外，就是人口增加率趨緩。這與死亡率和出生率均低的狀態有關。從表1-2可知，世界各國老人人口比率較高的國家，如義大利、瑞典，人口自然增加率低，其生育率也低，當一個國家生育率持續低於人口替換水準，將導致人口負成長現象，而幼年人口減少，促使老人人口比率相對上升，增加人口老化之嚴重性（呂寶靜等，2007）。

表1-2　老人人口比率與總生育率之國際比較

國家或地區	65歲以上人口占總人口比率（%）	人口數（百萬）	自然增加率（%）	總生育率（人）	出生預期壽命（歲）	
					男	女
義大利	19	59.0	-0.0	1.3	78	83
日　本	20	127.8	0.0	1.3	79	86
瑞　典	17	9.1	0.1	1.8	78	83
英　國	16	60.5	0.2	1.8	76	81
法　國	16	61.2	0.4	1.9	77	84
美　國	12	299.1	0.6	2.0	75	80
香　港	11	6.8	0.2	0.9	78	85

（續）

國家或地區	65歲以上人口占總人口比率（%）	人口數（百萬）	自然增加率（%）	總生育率（人）	出生預期壽命（歲）	
					男	女
臺　灣	**10**	**22.8**	**0.3**	**1.1**	**73**	**79**
南　韓	10	48.5	0.4	1.1	74	81
新加坡	8	4.5	0.6	1.2	78	82

資料來源：U.S. Population Reference Bureau (2006). 2006 World Population Data Sheet. pp. 5-10.

肆、臺灣地區人口老化的趨勢

一、老人人數驟增

　　由表1-3可知，臺灣地區老人人口的比例，在1956年時只有2.5%，到了1970年占2.8%，1975年占3.1%，1980年占4.1%，1990年占6.1%，2000年占8.6%。老年人口持續增加，截至2011年12月底，老人人口有252萬餘人，占總人口的10.89%（內政部統計處，2012a）。

表1-3　臺灣地區65歲以上人口所占總人口比率

單位：%

普查年	65-69歲	70-74歲	75-79歲	80歲以上	65歲以上	75歲以上占全部老人之比率
民國前7年	1.4	0.8	0.3	0.2	2.7	19.6
民國4年	1.4	0.8	0.4	0.2	2.8	23.1
民國14年	1.3	0.8	0.5	0.2	2.9	24.6
民國24年	1.2	0.7	0.4	0.2	2.5	24.3
民國45年	1.1	0.8	0.4	0.2	2.5	24.0
民國55年	1.2	0.7	1.4	0.3	2.6	26.9
民國59年	1.3	0.8	0.4	0.3	2.8	25.0
民國64年	1.4	0.9	0.5	0.3	3.1	25.8
民國69年	2.1	1.0	0.6	0.4	4.1	24.4
民國79年	2.7	1.7	1.1	0.6	6.1	28.4
民國89年	3.0	2.6	1.7	1.4	8.6	35.4

（續）

普查年	65-69歲	70-74歲	75-79歲	80歲以上	65歲以上	75歲以上占全部老人之比率
民國99年	3.2	2.8	2.1	2.6	10.7	44.3
民國100年	3.12	2.88	2.15	2.73	10.89	44.84

資料來源：行政院主計處（1990）。*79年臺閩地區戶口及住宅普查報告*，頁391。

內政部統計處（2012a）。人口年齡分配。*內政統計年報*。http://sowf.moi.gov.tw/stat/month/m1-06.xls

　　未來人口老化將加速進行，根據行政院經建會2010年的推估（採中推計值），2015年老年人口數將有294萬人，占總人口的12.6%；2020年將有381萬餘人，占16.3%；2030年增為568萬餘人，占24.4%；2040年增為695萬人，占31.0%；至2060年時，老年人口數將有784萬人，占41.6%。扶老比[2]從2010年的14.6%上升為2060年之85%。也就是說，從每7位青壯人口扶養1位老人，到2060年則為1.2位青壯人口扶養1位老人（詳見表1-4）。

　　更值得注意的是「高高齡人口」快速增加的現象，2010年65-79歲與80歲以上的人口數量，分別為188萬人及60萬人，所占比率為75.6%及24.4%。但是到了2060年，這兩組人口總數將分別增加為439萬人及344萬人，預估占65歲以上人口比率分別為56%及44%（見表1-5）。

表1-4　臺灣地區未來人口結構

年	人數（千人）			占總人口百分比			扶養比（%）		老年人口與青壯年人口之比
	0-14歲	15-64歲	65+歲	0-14歲	15-64歲	65+歲	扶幼比	扶老比	
2010	3,634	17,046	2,486	15.7	73.6	10.7	21.3	14.6	1：6.9

（續）

---

[2] 扶老比係「老年人口扶養比」之簡稱，即工作年齡人口對老年人口之負擔指數（Old Dependency Ratio：〔65歲以上／15-64歲〕×100）。當一個國家的扶老比愈高，顯示該國家勞動人口年齡層扶養老人的負擔愈重。而扶幼比則係指「幼年人口依賴比」（Young Age Population Dependency Ratio：〔14歲以下人口／15-64歲〕×100）。

年	人數（千人）			占總人口百分比			扶養比（%）		老年人口與青壯年人口之比
	0-14歲	15-64歲	65+歲	0-14歲	15-64歲	65+歲	扶幼比	扶老比	
2015	3,030	17,382	2,942	13.0	74.4	12.6	17.4	16.9	1：5.9
2020	2,726	16,898	3,813	11.6	72.1	16.3	16.1	22.6	1：4.4
2030	2,503	15,115	5,683	10.7	64.9	24.4	16.6	37.6	1：2.7
2040	2,243	13,277	6,985	10.0	59.0	31.0	16.9	52.6	1：1.9
2050	1,922	11,078	7,935	9.2	52.9	37.9	17.3	71.6	1：1.4
2060	1,775	9,219	7,844	9.4	48.9	41.6	19.3	85.1	1：1.2

資料來源：行政院經濟建設委員會人力規劃處（2010）。2010年至2060年臺灣人口推計，頁14。

表1-5　臺灣地區未來老年人口年齡結構（中推計）

年	年底老人人口數（千人）		占65歲以上人口比率（%）	
	65-79歲	80歲以上	65-79歲	80歲以上
2010	1,880	606	75.6	24.4
2020	2,918	895	76.5	23.5
2030	4,381	1,302	77.1	22.9
2040	4,575	2,410	65.5	34.5
2050	4,787	3,148	60.3	39.7
2060	4,394	3,449	56.0	44.0

資料來源：行政院經濟建設委員會人力規劃處（2010）。2010年至2060年臺灣人口推計，頁17。

二、人口老化速度較歐美快

　　受人口結構影響，各國人口老化的速度也不盡相同（Kinsella & He, 2009）。日本人口老化速度居全球之冠[3]，而我國的老化速度也與日本類似，1993年老人人口數有149萬，占總人口的7.1%，正式進入「高齡化社會」；預估到了2017年，老人人口比例將爬升至14%，成為「高齡社

---

[3]　日本老人人口比從7%增加至14%的時間為24年（1970-1994年），且在2005年時，其老人人口比已達20%。

會」，這期間只花了24年，而由「高齡社會」轉變為「超高齡社會」[4]所需的時間更縮短為8年（見表1-6）。換句話說，到了2025年，臺灣老年人口數將有4,755,000人，即每5位國民中就有1位是老人，顯示我國人口高齡化之歷程將愈來愈快，人口老化的速度遠較歐美各國快。更為重要的是，這也意謂臺灣為迎接高齡社會作準備的時間非常不足。

表1-6　高齡化及超高齡化所需時間之國際比較

國別	到達65歲以上人口比率之年次					倍化期間（年數）		
	7%	10%	14%	20%	30%	7%↓14%	10%↓20%	20%↓30%
臺灣	1993	2005	2017	2025	2040	24	20	15
新加坡	2000	2010	2016	2023	2034	16	13	11
南韓	2000	2007	2017	2026	2040	17	19	14
日本	1970	1985	1994	2005	2024	24	20	19
中國	2001	2016	2026	2036	-	25	20	-
美國	1942	1972	2015	2034	-	73	62	-
德國	1932	1952	1972	2009	2036	40	57	27
英國	1929	1946	1975	2026	-	46	80	-
義大利	1927	1966	1988	2007	2036	61	41	29
瑞典	1887	1948	1972	2015	-	85	67	-
法國	1864	1943	1979	2020	-	115	77	-

資料來源：行政院經濟建設委員會人力規劃處（2008）。中華民國臺灣97年至145年人口推計簡報檔，頁27。

---

[4] 按國際慣例及聯合國等國際機構所稱之「高齡化社會」（Ageing Society），係指65歲以上老年人口占總人口比例超過7%；老年人口比例超過14%稱為「高齡社會」（Aged Society）；至於65歲以上人口比例超過20%，即稱之為「超高齡社會」（Super Aged Society）。

三、人口老化的多元差異[5]

（一）區域差異

　　通常在人口數較多的縣市中，其老人人口數也較高（Morgan & Kunkel, 2007）。依據內政部統計處（2012a）資料之分析顯示，在臺灣地區22個縣市中，人口數最多的前三名縣市依序爲新北市（3,916,451人）、高雄市（2,774,470人）及臺中市（2,664,394人）；而在老人人口數方面，則依序爲臺北市（338,199人）、新北市（334,479人）及高雄市（291,452人）。然而，老人人口數較多，並不代表老人人口的比例也較高。

　　以新北市爲例，其老人人口的數量雖然高居全臺第二名，但老人人口數占全縣人口數之比例，僅爲8.54%，而老人人口數排名第三的高雄市亦同（占10.50%）。至於老人人口比例最高的縣市爲嘉義縣（15.79%），其次依序爲雲林縣（15.28%）、澎湖縣（14.50%）、南投縣（13.74%）和苗栗縣（13.43%）（內政部統計處，2012a）。此種現象乃受到都市化之影響，農業縣的年輕人口往就業機會較多的大都市移動，造成農業縣的人口老化程度較高；反之，工業縣市、直轄市人口老化程度相對較低。此與其他國家的情形也是相同的，老年人比起其他年齡者較可能住在農村地區（Kinsella & He, 2009）。然而，城鄉醫療福利的資源分配存在不均等的現象，故農業縣市的老人福祉值得特別的關注。

（二）性別差異

　　隨著醫藥衛生的進步，國民營養改善、生活水準提高及傳染性疾病的有效控制，國人的平均餘命有顯著的延長，由1957年的61.49歲，提高至2010年的79.18歲，足足增加了17.69歲。但一直以來，男性的平均餘

---

[5] 此節內容摘取自中央研究院（2011）「肆、正視高齡化」下之「二、人口老化的歧異性」。人口政策建議書。臺北：中央研究院報告。

命（life expectancy）[6]都較女性來得低，且兩性之差距有漸漸擴大的趨勢。1960年時，男性的平均餘命為62.31歲，女性為66.40歲，兩者相差4.09歲；然而至2010年時，男性平均餘命為76.13歲，女性為82.55歲，兩者差距增為6.42歲（內政部統計處，2012b）。又依據行政院經濟建設委員會（2010）之推估，到了2060年，男性之平均餘命為83.0歲，女性則為89.0歲。

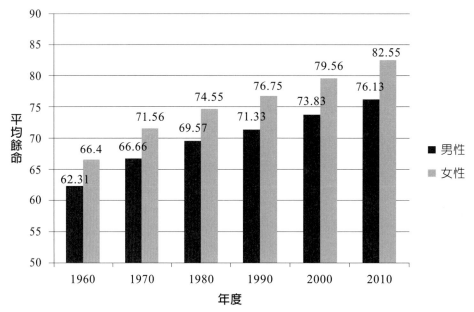

圖1-4　臺灣不同性別平均餘命之變遷（1960-2010年）

資料來源：內政部統計處（2012b）。歷年簡易生命表平均餘命。

http://sowf.moi.gov.tw/stat/year/y02-11.xls

　　平均而言，女性不僅比男性活得長，且經歷異於男性的老化經驗。依生命歷程的觀點，個體在生命週期中先前的選擇、制度的安排與機會事件，將會形塑生命的路徑；另也強調微視和鉅視層次事件之連結，並重視人際關係網絡的影響（Moen, 2001）。因此，在生命歷程觀點的

---

[6] 平均餘命係指某人口群被期待的生命存活之平均長度的統計量，是一個人口群的平均經驗。

思維架構下，老人過去長時間所累積的教育程度、職業地位和其成就所衍生的收入、財富和健康條件，決定了老人今日的經濟生活水準（鄭麗珍、黃泓智，2006）。此外，由於社會上仍然存在性別階層化的現象，女性相較於男性在生命歷程中，會歷經較大的限制與較少的資源機會，故在晚年易出現不利的效果，致使老年婦女的貧窮問題愈加顯現。

(三) 族群差異

原住民的平均餘命無論在兩性、男性和女性，皆比全體國民之平均餘命來得低[7]。進一步比較不同地區原住民之差異，山地原住民較全體國民兩性平均餘命少11.10歲；男性少12.92歲，女性則少9.48歲。至於平地原住民較全體國民兩性零歲平均餘命少6.72歲；男性少7.83歲，女性則少5.80歲（內政部統計處，2011）。原住民族平均餘命較低的問題，必須經由改善其經濟條件、生活環境及公共衛生等方面來著手，尤應致力改善偏遠山區的醫療衛生水準，以消弭族群之間的差異。國內的研究顯示，不同省籍老人的健康情形，並沒有顯著差異。至於臺灣原住民與漢人的老年健康狀況、老年貧窮之差異等議題，則有待更多研究的探討。

表1-7 不同地區原住民與全體國民平均餘命之比較

單位：歲

身分別	零歲平均餘命			零歲平均餘命差距		
	兩性	男性	女性	兩性	男性	女性
全體國民	**79.18**	**76.13**	**82.55**	-	-	-
全體原住民	70.03	66.00	74.78	-9.15	-10.13	-7.77
山地原住民	68.43	63.67	73.23	-10.75	-12.46	-9.32
平地原住民	72.38	68.54	76.56	-6.8	-7.59	-5.99

註：零歲平均餘命差距＝各類原住民零歲平均餘命－全體國民零歲平均餘命。
資料來源：內政部統計處（2011）。原住民簡易生命表。

http://sowf.moi.gov.tw/stat/Life/native.htm

---

[7] 整體原住民的平均餘命較全體國民少9.04歲；男性原住民較全體男性國民少10.44歲；女性原住民則較全體女性國民少7.72歲（內政部統計處，2011）。

伍、臺灣老人的圖像

依據老人狀況調查報告（2010），目前臺灣老人的狀況如後：

1. 教育程度：老人（65歲以上之國民）之教育程度，以小學者最多占40.10%，其次爲不識字者占22.04%，再次爲高中（職）者占13.01%。又以性別區分，男性與女性之教育程度皆以小學（含自修及私塾）占最高（男性39.99%、女性40.02%）。由表1-8可知，男性的教育程度遠高於女性。

2. 婚姻狀況：老人之婚姻狀況，以有配偶或同居者最多占57.13%，其次爲喪偶者占37.64%，再次爲離婚或分居者占3.53%。就性別而言，男性有偶或同居者爲73.75%，高於女性之41.60%；反之，女性喪偶的比率爲53.96%，遠高於男性之20.20%，顯示女性因平均壽命較男性爲長，加上婚配的對象一般而言較自己年紀大，致使女性老人喪偶者的比率相較男性爲高（見表1-8）。

3. 目前居住狀況：老人目前居住狀況，以三代家庭最多占37.86%，其中男性居住狀況爲三代家庭者爲32.01%，女性則爲43.33%。其次爲兩代家庭占29.83%，同樣觀察男性居住狀況爲兩代家庭者比率爲29.24%，女性則爲30.37%；再次之爲僅與配偶（同居人）同住占18.76%，男性爲25.62%，女性則爲12.35%。此種居住狀況反映出女性的婚姻狀況，寡婦較鰥夫爲多，故就女性老人而言，僅與配偶同住者較男性老人爲低，但與子女同住之兩代同堂或三代同堂者較多（見表1-8）。

4. 理想居住方式：老人認爲理想的居住方式，以與子女同住（含配偶、子女配偶及孫子女）者最多占68.49%，其中，認爲此項爲最理想居住方式之女性爲74.13%，遠高於男性的62.46%；其次爲僅與配偶同住者占15.57%，男性有22.10%，女性則有9.46%認爲與配偶同住爲最理想的老年居住方式。比較上述兩種居住型態，女性傾向「與子女同住」的比率較男性爲高；而男性老人傾向「僅與配偶同住」的比率較女性爲高（見表1-8）。

表1-8　我國老人狀況，按性別分

單位：%

項目別	男	女	總計	項目別	男	女	總計
教育程度				**目前居住狀況**			
不識字	8.71	34.50	22.04	獨居	7.94	10.31	9.16
小學	39.99	40.20	40.10	僅與配偶同住	25.62	12.35	18.76
國（初）中	12.14	9.52	10.79	兩代家庭	29.24	30.37	29.83
高中（職）	17.76	8.57	13.01	三代家庭	32.01	43.33	37.86
專科	8.41	3.05	5.64	四代家庭	0.80	0.75	0.78
大學院校及以上	11.70	3.24	7.33	僅與其他親戚或朋友同住	0.68	0.95	0.82
不知道／拒答	1.29	0.92	1.10	住在共同事業戶	3.70	1.94	2.79
合計	100	100	100	其他	-	-	-
				合計	100	100	100
婚姻狀況				**理想居住方式**			
有配偶或同居	73.75	41.60	57.13	與子女同住	62.46	74.13	68.49
喪偶	20.20	53.96	37.64	僅與配偶同住	22.10	9.46	15.57
離婚或分居	4.01	3.09	3.53	獨居	6.09	7.55	6.85
未婚	2.04	1.36	1.69	住在老人安養機構	2.03	1.34	1.68
合計	100	100	100	住在養護機構或護理之家	1.12	0.64	0.87
				與親戚朋友同住	1.09	1.53	1.32
				其他	0.27	0.10	0.18
				很難說或拒答	4.85	5.25	5.06
				合計	100	100	100

資料來源：內政部統計處（2010）。*中華民國98年老人狀況調查報告*。

　　上述老人人口和社會特性的分析顯示：在2010年的時空背景下，65歲以上老年人的教育程度以小學畢業居多、近六成的婚姻狀況爲「有配偶或同居」、與子女同住者居多（約占六成八）；且兩性有明顯的差異。然不識字、喪偶、獨居的狀況也大有人在，顯示出：老人是個異質性的團體。其次，與子女同住的居住安排仍是目前國內老人的最愛，且實證研究也指出與子女關係是影響老人獲得家庭支持的重要因素。然臺

灣老人與子女配偶同住的比例，由圖1-5可知，從1986年的70.24%，降為2005年的57.28%，減少了13個百分點；反而僅與配偶同住的比例，從14.01%，增為2005年的22.2%；至於獨居的老人在過去20年，繼續在8%到15%之間徘徊。若將兩者相加，則「獨居」與「僅與配偶同住」的比例，從1986年的25.59%，升為2005年的35.86%（引自中央研究院，2011：28），因此，獨居老人獲得社會支持的情形實值得政策的關注。

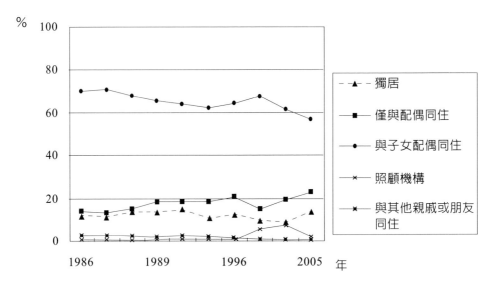

圖1-5　臺灣老人居住安排（1986-2005年）

資料來源：中央研究院（2011）。人口政策建議書。頁28。

陸、人口老化之政策意涵

呂寶靜等人在2007年的「人口政策白皮書及實施計畫之研究」——子計畫二「因應我國邁入高齡社會對策之研究」中，歸納出我國邁入高齡化社會之挑戰有：(1)支持家庭照顧老人；(2)完善老人健康與社會照顧體系；(3)提升老年經濟安全保障；(4)促進中高齡就業與人力資源運用；(5)打造適合老人安居之住宅與居住環境；(6)規劃交通運輸環境；(7)促進老人休閒參與（呂寶靜等，2007：17-19）。而依內政部

（2008：20-23）「人口政策白皮書」對高齡化變遷趨勢之問題分析指出，人口老化所衍生的相關議題有：(1)人口老化加劇，扶養負擔更加沉重；(2)老年人口快速成長，健康與社會照顧議題愈趨重要；(3)家庭照顧功能漸趨式微，支持機制亟需介入；(4)人口及家庭結構變遷，經濟保障風險增加；(5)人口快速老化及退休年齡偏低，對於整體社會生產力產生衝擊；(6)友善高齡者居住與交通運輸之相關制度有待建構；(7)鼓勵高齡者從事休閒活動的完整制度有待建立；(8)人口老化知識有待普及。此外，中央研究院在2011年出版的《人口政策建議書》中則指出，高齡化的重要議題有：(1)家庭支持功能的變遷；(2)老化與健康；(3)退休與人力資源運用。

上述被提及的議題，有些是在分析人口老化對社會所造成的衝擊；另有些則是聚焦在如何增進老人的健康與福祉之政策回應。有關增進老人健康福祉之政策與服務，將留待本書後面的章節詳細討論；以下分析側重在與人口老化相關的社會制度面之議題。

一、人口老化加劇，扶養負擔更加沉重

根據推估約在2016年時，我國的老人與15歲以下幼年人口同為302萬人，此後，老年人口數將超過幼年人口數，扶老比也跟著上升，從2010年的14.6%，上升到2020年的22.6%。亦即，如果情況不變，到了2051年時已經是每1.5個青壯人口要養1個老人。由此可知，國民扶養老人的負擔將更加沉重（引自內政部，2008：20）。

二、勞動人口減少，勞動人力老化

如依中推計來看臺灣未來50年的人口結構變化（圖1-6）發現，15-64歲的工作年齡人口，將由2010年的1,705萬人，減為2060年的922萬人，降幅為45.9%。不過更值得注意的是，逐漸顯現的勞動人力老化現象。依經建會的推估，2010年15-44歲及45-64歲人口數，分別為1,076萬人及628萬人，所占工作年齡人口比例，分別為63.2%及36.8%，但是到了2060年，這兩組人數分別降為469萬人及453萬人，預估工作年齡人口

比例分別轉為50.9%及49.1%，值得政府相關經濟部門多加注意（引自中央研究院，2011：23）。

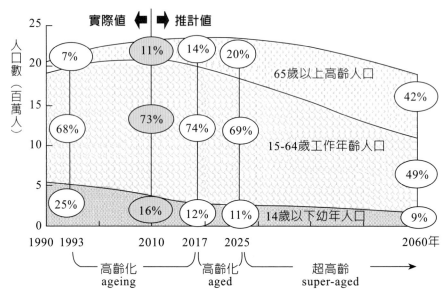

圖1-6 臺灣未來50年人口結構圖（1990-2060年）

資料來源：行政院經濟建設委員會人力規劃處（2010）。*2010年至2060年臺灣人口推計*，頁18。

三、家庭關係改變，社會政策亟需介入

　　1982年臺灣家庭人口平均數為4.58人，之後逐年下降至2000年的3.33人。家庭人數的減少，是否意味著臺灣的父母、子女間的自主性提高，將產生所謂的核心化家庭走勢？目前臺灣75歲以上的男性，在1984年有33%與兒子同住，到了2005年增加到40.8%，由此可見改良型的主幹家庭仍然重要，同時也是年老父母養老的依靠。但隨著教育機會的增加與經濟的獨立，也有愈來愈多65歲以上的老人選擇與配偶同住，此一數據在1984年為16.7%，至2005年增加到25.7%。這也顯示有愈來愈多健康且經濟獨立的父母，退休後寧願選擇與配偶同住，也不願意與子女住

在一起（引自中央研究院，2011：24）。

如以2009年總生育率1.03，甚至比這更低來預測，未來淨繁殖率將不到0.5。以每對父母只生養1名小孩來看，未來這名小孩將要1人照顧2位年邁父母，當父母年齡增加到一定歲數且日常生活自理能力有困難時，部分老人照護將由家庭外提供的服務來照顧，而老人照顧責任勢必由家庭和國家來分攤。這種因低生育所逐漸改變的代間交換關係，也會隨著老人絕對數的快速增加及失能、失智老人數的增加，愈顯不安與緊張。可以預見的是，如果子女對於父母的經濟擔負仍維持一樣，而國家或社會政策也沒有介入，未來臺灣子女的負擔將愈來愈沉重，進而也可能影響親子關係、家庭相處及社會穩定（引自中央研究院，2011：25）。

四、老年人口快速成長，健康與社會照顧議題愈趨重要

隨著老人人口的快速成長，慢性病與功能障礙的盛行率呈現急遽上升趨勢；這些功能障礙者或缺乏自我照顧能力者，特別需要健康促進與醫療服務，以期延緩老化或降低失能發生率；而對於失能者，也需要密集的長期照顧服務。

依據2009年老人狀況調查報告（2010）顯示：老人針對自己目前健康狀況之自評結果，表示「良好」者（包括很好及還算好）占52.21%，「普通」者占19.02%，「不好」者（包括不太好及很不好）占27.15%。而臺灣地區老年人口十大死因，以惡性腫瘤者最多，其次為心臟病和腦血管疾病分別占第二和第三大死因，臺灣每年死亡的老人中，約有四成五死於前述三大死因（行政院衛生署，2012）。此外，依據行政院衛生署統計資料顯示，2010年全民健康保險對象當中，老年人口占全體被保險人數為10.6%，惟其所消耗的醫療費用支出占全部的33.5%（行政院衛生署，2011）。可見，高齡化社會對於全民健康保險的醫療利用與醫療支出有非常大的影響。

在複雜的身體問題背景下，老人對健康照護服務的需求隨之多元化，除了對老人提供長期照顧和醫療服務外，絕大多數老人所需的健康

促進與疾病預防需求更應加以重視，以預防或延緩老人身心功能的退化，減少長期照顧的需求，控制節節升高的照顧費用。對照先進工業國家因應人口老化的政策，我國推動高齡者健康促進及各項照顧服務有關措施雖已實施一段時日，惟相關制度內容未來有待密切整合與擴大推展（引自內政部，2008：21）。

五、退休與人力資源運用

工作對老人而言，不僅是經濟的來源，也是個人社會地位建構的基礎、引導人際互動的模式，所以工作角色的喪失，容易造成老人與社會隔離。就勞動參與率而言，2008年65歲以上高齡者的勞動參與率仍占了8.10%（行政院勞委會，2009）。但進一步觀察臺灣近20年勞動參與率的變化趨勢發現，從50歲之後開始，近20年間呈現下降的趨勢，尤其以55-59歲與60-65歲這兩個年齡層的變化最明顯，降幅皆達到8-9%。另外，近年來因退休而離職的員工年齡似乎也有提早的現象（引自中央研究院，2011：30）。

根據行政院主計處（2007）「受僱員工動向調查」，2006年工業及服務業受僱員工的平均退休年齡為55.2歲，惟近年企業合併，多採員工優退措施，以致45-54歲退休者高達41.9%。若按領取勞工保險老年給付平均年齡觀察，2006年領取老年給付者平均為57.2歲，較2001年之59.1歲為低，顯示申領老年給付之年齡亦呈下降趨勢（引自中央研究院，2011：30）。

退休年齡的年輕化，意味退休後的歲月增長。以2006年為例，平均餘命為77.9歲，退休年齡為57.2歲，故退休後將有20.7年的時間，生活費用來源不可能再靠工作收入，而是依賴年金制度、個人儲蓄與子女的奉養。另一方面，不工作表示自由的時間增加，如何安排退休後的休閒生活，也是老年期主要的發展職責之一。由上述可知，我國依法退休年齡，似乎有持續提前的趨勢，但隨著平均壽命的延長，高齡者人力資源運用的議題也將愈來愈受到重視（引自中央研究院，2011：30-31）。

柒、結語

本章運用老化的人口學資料來瞭解老人人口數增加的情形，並透過老人人口所占的比例相對於幼年人口、青壯年人口比例的關係，來說明人口結構老化的趨勢及政策意涵。除了提供鉅視層次（aggregate-level）的資訊外，本章也指出老人人口群間多元差異性的存在。其次，2010年老人的圖像是不同於1991年的老人。以教育程度為例，1991年的老人人口中，不識字者占40.63%，但於2009年，不識字的比例降為22.04%。除了人口學特質大不相同外，不同歷史時期的老人所擁有的資源機會和限制也相異，老化的生命經驗也就迥異。最後，人口結構老化的趨勢對現有的社會制度勢必造成衝擊。然各國如何因應上述挑戰，不單單視其老人人口數多寡而定，而是與該國政治經濟等大社會結構有密切的關係。

問題與思考

1. 有人主張鼓勵生育政策可用來解決人口老化的問題，你同意不同意這樣的說法？又基於什麼樣的理由？
2. 一般說來，女性的平均餘命較男性為長，又在老年期比起男性較易陷入貧窮。你認為造成兩性在老年期差異的因素有哪些？
3. 「老人與子女同住」就可獲得子女提供的支持與照顧，你同意不同意這樣的說法？又基於何種理由？
4. 你覺得在臺灣當今社會的老人之地位與1960年代的老人相較是比較好或比較差？又什麼原因造成他們地位的差異？

建議研讀著作

1. 中央研究院（2011）。*人口政策建議書*。臺北：中央研究院。
2. 內政部（2008）。*人口政策白皮書：針對少子化、高齡化及移民問題對策*。臺北：內政部。

參考書目

一、中文書目

中央研究院（2011）。人口政策建議書。臺北：中央研究院。

內政部（2008）。人口政策白皮書：針對少子化、高齡化及移民問題對策。臺北：內政部。

內政部統計處（2010）。中華民國98年老人狀況調查報告。臺北：內政部。

內政部統計處（2011）。原住民簡易生命表。http://sowf.moi.gov.tw/stat/Life/native.htm

內政部統計處（2012a）。人口年齡分配。內政統計年報。http://sowf.moi.gov.tw/stat/year/m1-06.xls

內政部統計處（2012b）。歷年簡易生命表平餘命。內政統計年報。http://sowf.moi.gov.tw/stat/year/y02-11.xls

行政院主計處（1990）。79年臺閩地區戶口及住宅普查報告。臺北：行政院主計處。

行政院主計處（2007）。受僱員工動向調查統計結果綜合分析。http://www.dgbas.gov.tw/public/Data/910291603271.doc

行政院衛生署（2011）。99年度衛生統計動向。http://www.doh.gov.tw/CHT2006/DM/DM2_2.aspx?now_fod_list_no=12183&class_no=440&level_no=2

行政院衛生署（2012）。民國100年死因統計年報。（http://www.doh.gov.tw/CHT2006/DM/DM2_2.aspx?now_fod_list_no=12336&class_no=440&level_no=4）

行政院經濟建設委員會人力規劃處（2008）。中華民國臺灣地區民國97年至民國145年人口推計——中華民國臺灣97至145年人口推計簡報檔。臺北：行政院經濟建設委員會。（http://ja.scribd.com/doc/16707764/97145）

行政院經濟建設委員會人力規劃處（2010）。2010年至2060年臺灣人口推計。臺北：行政院經濟建設委員會。

呂寶靜、陳政雄、羅孝賢、李晶、傅從喜、王中允（2007）。人口政策白皮書及實

施計畫之研究期末報告——子計畫二「因應我國邁入高齡社會對策之研究」。臺北：內政部。

鄭麗珍、黃泓智（2006）。*高齡社會的來臨：為2025年臺灣社會規劃之整合型研究，高齡社會之老人經濟安全（III）*。2005〜6年高齡社會研究規劃成果發表會。

二、英文書目

Kinsella, Kevin, & Wan He (2009). *An Aging World: 2008, International Population Reports*. Washington, DC: U. S. Government Printing Office.

Moen, P. (2001). The Gendered Life Course. In Robert H. Binstock and Linda K. George (Eds.), *Handbook of Aging and the Social Sciences* (5th ed., pp. 179-196). San Diego: Academic Press.

Morgan, Leslie A., & Suzanne R. Kunkel (2007). Aging People in an Aging World: Demographic Perspectives. In *Aging, Society, and the Life Course* (3rd ed., pp. 59-90). New York: Springer Publishing Company, LLC.

Myers, George C. (1990). Demography of Aging. In Robert H. Binstock and Linda K. George (Eds.), *Handbook of Aging and Social Science* (3rd ed., pp.19-44). San Diego, California: Academic Press.

U.S. Population Reference Bureau (2006). 2006 World Population Data Sheet. http://www.prb.org/publications/datasheets/2006/2006worldpopulationdatasheet.aspx

2

第二章

高齡化社會對策之目標

壹、前言

　　健康與福祉被聯合國認定為老人的兩大迫切與普及的社會議題（Antonucci, Okorodudu, & Akiyama, 2002）。依據世界衛生組織之定義，健康為「一種生理、心理及社會安適的狀況，而不是沒有生病或障礙」，至於福祉的意涵則含括生活滿意度及情感平衡等。由此可知，個體隨著年齡增長雖歷經老化過程，但大多數人仍能過著安好、滿意的生活。對於美好老年生活圖像的刻劃，有些學者提出「成功老化」（successful ageing）的主張；也有學者提出「生產力老化」（productive ageing）的呼籲；而世界衛生組織則於2002年提出「活力老化」（active ageing）的概念。「成功老化」、「生產力老化」及「活力老化」的意涵為何？三者之間的異同為何？又為達成上述目標，可採行的策略有哪些？再其次，不論是成功老化或活力老化的概念都強調個體在老年期的安好（ageing well），但我們如何瞭解老人是否過著安好的生活呢？老人的生活品質、主觀幸福感（subjective well-being，或譯為「主觀福祉」）及生活滿意等概念廣被用來呈現老化時安好的情況，但其意涵為何？實值得深入的探究。因此，本章的內容首先在釐清高齡化社會對策中常被討論的「成功老化」、「生產力老化」及「活力老化」之概念及其執行策略；其次則闡述生活品質、主觀幸福感及生活滿意的意涵。

貳、成功老化

　　人口結構的老化對於一個國家的經濟成長和公共支出帶來莫大衝擊，各工業先進國家無不積極推動因應政策來確保老人的福祉，惟政策所追求的目標也不斷地被討論。「成功老化」的主張自1998年被提出後，已成為各國老人福利政策遵循的理念，並紛紛推動各項服務方案，以提升老年期的生活品質和福祉。惟成功老化的意涵為何？又為達成成功老化的目標可採行哪些策略？

一、成功老化的要素

　　根據Rowe & Kahn（1998）指出，成功老化保有三項關鍵行為或特徵的能力，包括：疾病或失能的低風險、高度的心理和生理功能、積極或主動投入生活（active engagement with life，或譯為「社會參與」，如：林歐貴英、郭鐘隆譯，2003），此三項要素即為成功老化模式的重要成分（見圖2-1）。此三種要素有階層的排列：沒有疾病或失能將使維持認知與身體的功能較為容易，而高度的認知與身體功能將促使積極參與社會活動較為可能。至於持續的投入生活之兩項任務為：(1)維持與他人的親近關係；以及(2)持續參與有意義、具目的性的活動。更具體來說，即是建立（維持）關係（relations to others）（與他人產生關聯並成為社會支持的提供者和接受者）和從事生產力的（productive）活動（包括有酬或無酬的活動、創造有價值的物品或服務），期能帶來親近感和有意義感。由圖2-1可知，避免疾病與失能、維持認知和身體功能，以及持續投入生活，三者交會組合之處，最為完全呈現成功老化的意涵。

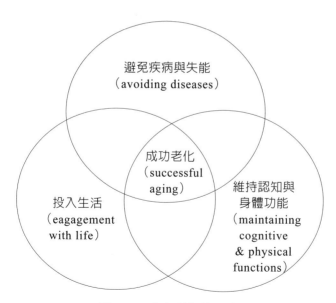

圖2-1　成功老化的要素

資料來源：Rowe & Kahn (1998). *Successful Aging*, p. 39.

二、成功老化的預測因子與策略

Rowe & Kahn（1998）也進一步討論與成功老化各要素相關的預測因子與策略，具體說明如後：

（一）避免疾病與失能

不僅是沒有疾病而已，還包括避免疾病和失能的危險因子，故採取預防的取向，譬如：定期健康檢查、運動及營養。而在預防老年期的疾病方面，特別關注在心血管疾病、中風、骨質疏鬆等疾病之預防。

（二）在維持認知與身體功能之表現方面

麥克阿瑟基金會（the MacArthur）研究發現，較能維持身體功能的老人具備下列特性：肺功能較好、體重適中且參與體能活動者；另有較高心智功能也較可能維持較好的身體功能。此外，擁有較多的社會支持（尤其是情感支持）也是維持身體功能強而有力的預測因子。至於在維持認知功能方面，教育程度是最佳的預測因子，教育對認知功能影響之解釋或許是因：(1)成年早期的教育對於腦部電路（brain circuitry）之發展已產生有利的影響，而後促使晚年期認知功能得以維持。(2)第二種解釋則是因個人的教育程度會形塑其平日所從事的智能活動型態，譬如：閱讀、下棋等，認知功能則可透過上述活動得以終生練習而維持功能。

（三）在持續投入生活方面

第一個要素是「與人有關係」，也就是產生社會關聯性（social connectedness），係指個體與他人可相互交談、觸摸且形成關係。麥克阿瑟基金會的老化研究發現，那些成功老化者與重要的社會連帶（家人和朋友）維持好的關係，而在親密的關係中經常會有相互支持行為的出現。第二項要素是持續投入生產力的活動，而生產力活動含括有酬的或無酬的活動，這樣的活動可產出具經濟價值的貨品或服務。麥克阿瑟基金會的研究發現增進老年期生產力的因素有：(1)個體的心智和身體功能：身體和心智功能愈好者，愈有可能從事生產力活動；(2)友誼和其他社會

關係的參與情形：愈常與朋友互動或參加會議者，愈可能投入生產力活動；(3)個人的特質，如：較高的教育程度，相信自己具備能力去處理人生各種情境問題的信念（也就是較高的自我效能感者），愈可能投入生產力活動。

George（2006）發現Rowe & Kahn（1998）的定義至少出現以下兩個問題：(1)依據Rowe & Kahn成功老化的定義，失能、經歷身體與認知功能退化或未持續活動的老人，就被認定是非成功老化的老人，但這個結論顯然與許多自認具有高度福祉的老人不相符。(2)成功老化是否等同於主觀福祉？一個符合成功老化定義、免於失能、具有良好的身體和認知功能並有經常從事活動等之老人，也有可能會認為自己的生活品質低落。誠如Strawbridge et al.（2002）的研究發現，生理或認知並不健康的老人當中，仍有35%認為自己是成功老化的。

三、心理學觀點的成功老化

Baltes & Baltes（1990）以心理觀點出發，提出補償性的優質化選擇模式（the model of selective optimization with compensation）來說明成功老化，此模式是立基在下列七項命題：

（一）正常老化、最佳老化（optimal aging）及生病（病理學）老化間存在著明顯的差異：正常老化（normal aging）意指老化過程中沒有出現生物上或心理學的病理；而最佳老化係為烏托邦的一種想像，描繪出在促進發展和友善老人的環境狀況之老化情形；至於病理的老化所描述出的老化過程係受到醫學上的病因和疾病的症狀之決定。

（二）老化異質性／變異性高（heterogeneity/variability）：老化是一個相當個人化和差異化的過程。

（三）老人仍有許多隱藏的儲藏力（reserve capacity）：在適宜（favorable）的環境和醫療情境下，大多數的老人仍能持續擁有高度功能。

（四）在接近儲藏力的極限時，老化會引起認知功能的降低：愈來愈多的證據顯示，與年齡相關的（因素）會限制老人認知儲藏力的深度及廣度。

（五）以年齡爲主的實用主義和科技可補償與年齡相關的認知機制之衰退。

（六）隨著年齡增長，失與得之間的關係變得較不平衡：個體在老年期可期待的能力喪失（loss）較多，而能力獲得（gain）較少。

（七）老年期的自我（self）仍維持韌性（resilient）：老人對其自我抱持正向的看法。

依據上述七項命題，Baltes & Baltes（1990）研提成功老化的策略如下：

（一）養成健康的生活型態，以降低病理的老化狀況之機率。

（二）因老化的異質性，故避免簡單的對策，而是強化老人和社會的可塑性。

（三）個體透過從事教育的、健康的相關活動，以及建構社會支持網絡等策略來強化其儲藏力是可追求的目標。

（四）儲藏力的限制：重視知識和科技發展的角色，故建議老人需要特殊的補償方案，譬如：使用人工代用品（假牙、義肢）之用具、養成年齡適當的生活型態、建構友善的生態環境。

（五）至於第六項命題（得失比的平衡）及命題七（老年期的自我仍維持韌性），建議考慮採用的策略爲：增進個人對外在客觀現實的適應，而不會喪失自我感。

此補償性的優質化選擇模式之核心成分有：(1)選擇性（selective）：意指老化會逐漸限縮可活動的生活空間及條件，所以老人會將可滿足的功能選擇性地限縮在有限的範疇；(2)優化（optimization，或譯爲「極大化最佳狀態」）：老人會選擇去參與可以豐富化或擴大化（優化）其保留功能或能力的生活歷程；(3)補償（compensation）：補償涉及到認知功能和科技層面，認知方面指的是可以透過參與認知訓練、團體活動和運動以維持其心智功能；科技方面則是尋求輔具協助，以改善功能。

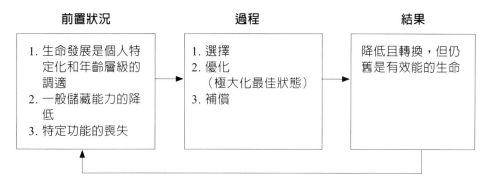

圖2-2　補償性優質化選擇模式

資料來源：Baltes & Baltes (1990). *Psychological perspectives on successful aging: The model of selective optimization with compensatio*n, p. 22.

四、成功老化目標下的老人服務原則

此外，Grams & Albee（1995）運用初級預防（primary prevention）的系統性架構，針對成功老化和生產力老化的目標提出老人服務的公式如後：

$$發生變化 = \frac{器官失能狀況＋壓力＋剝削}{社會技能與勝任能力＋自尊＋支持系統}$$

更具體而言，依據此公式發展出六項原則：(1)降低器官的損傷而導致的失能並推動健康促進（如：推動營養方案、運動方案）；(2)降低不必要的壓力（如：增進個體對老化的認識或瞭解）；(3)減少對老人的剝削；(4)增進老人的社會技能（social skills）與勝任能力（competence）：創造適足的社會化機會供老人參與，有助於降低老人的憂鬱和沮喪，譬如：社區組織辦理老人團體的休閒和運動方案，或提供擔任志工的機會；(5)維護自尊：老人能繼續運用他們的才能貢獻社會，被視為是有價值的表徵，自尊因而得以維護；而另一個正向的自我評價之要素就是老人覺得對自己的生命有掌控感；(6)增進社會支持：增進老人人際

間、組織的和社會的社會支持形式是初級預防中最重要的。除了家庭提供支持外，教會組織、社區團體也提供老人許多方案，另地方政府、州政府和聯邦政府都有角色扮演，如：美國1935年的社會安全法案（Social Security Act）、1965年的老人法案（The Older Americans Act）及就業年齡歧視法案（The Age Discrimination in Employment Act, ADEA）。

五、成功老化的內涵與策略

　　從表2-1可知，Rowe & Kahn之策略在「主動或積極投入生活中」所重視的其中一個層面是「維持與他人的關係」，但Grams & Albee則採用社會支持的概念，除了含括家人親友間的人際連帶外，也包括組織社會層次所提供的支持體系，甚至含括政府的政策法案。其次，Baltes & Baltes（1990）重視科技（如：假牙、義肢等生活輔具）在老年期維持有效能生活的重要性。再其次，保持自我感或對自我抱持正向的看法是補償性優質化選擇模式之要素，但針對此原則，Baltes & Baltes（1990）似乎未提出較為具體的策略，至於Grams & Albee則強調維護自尊的原則，主張老人運用才能貢獻社會以維護自尊，另也注重老人的正向自我評價，也就是讓老人覺得自己有生命掌控感。由此可知，個體在老年期的安好，不僅是靠個人的努力而已（如養成好的生活型態），還與大社會結構提供給老人的機會資源（譬如：組織團體舉辦的老人教育、休閒和運動方案，提供擔任志工的機會，社會政策法規，生活輔具的開發和運用等）密切相關。其次，在經歷老化的過程中，除了避免疾病或失能、維持身體和認知功能、增進社會支持外，維護自尊、維持自我效能感、對生命的掌控感與自我的正向感都是具同等的重要性。

表2-1　成功老化的內涵與策略

內　涵	策　略
（一）Rowe & Kahn（1998） 1. 疾病或失能的低風險 2. 高度的認知和身體功能 3. 主動或積極投入生活 　(1)維持與他人關係 　(2)參與生產性活動	1.預防的策略，如：健康檢查、運動和營養 2.參與體能活動，維持體重，從事用腦力的活動 3.維持好的社會連帶關係

（續）

內　涵	策　略
（二）Baltes & Baltes（1990）補償性的優化選擇模式 1. 正常老化、最佳條件老化及生病（病理學）老化間存在著明顯的差異 2. 老化異質性高 3. 老人仍有許多隱藏的儲藏力 4. 在接近儲藏力的極限時，老化會引起認知功能的降低 5. 以年齡為主的實用主義和科技可補償與年齡相關的認知機制之衰退 6. 隨著年齡增長，失與得之間的關係變得較不平衡 7. 老年期的自我仍維持韌性	1. 健康的生活型態 2. 從事教育、健康相關的活動 3. 建構社會支持網絡 4. 使用生活輔具（假牙、義肢） 5. 建構友善（老人）的環境 6. 保有自我感
（三）Grams & Albee（1995） 1. 降低器官的損傷並推動健康促進 2. 降低不必要的壓力 3. 減少對老人的剝削 4. 增進老人的社會技能與勝任能力 5. 維護自尊 6. 增進社會支持	1. 推動營養方案、運動方案 2. 增進個體對老化的認識或瞭解 3. 辦理老人團體的休閒和運動方案 4. 提供擔任志工的機會，貢獻社會 5. 生命有掌控感 6. 增進非正式和正式體系的支持

資料來源：作者整理。

六、國內實證研究結果

　　徐慧娟、張明正（2004）將成功老化定義為「滿足日常生活中身體、心理、社會健康基本需求，指標包括：ADL未失能；認知功能無失能與無憂鬱症狀；具有高度社會支持」，進而檢視臺灣地區老人的現況，結果發現達到上述成功老化指標的老人占38.1%；其次，老人年齡較輕、教育程度較高、收入較高者，其達到成功老化的可能性較高；再其次，女性在成功老化的指標上也呈現較男性低的情形（Hsu, 2005）。至於臺灣老人對於成功老化的看法，最被認可的構面為：身體健康、獨立、沒有罹患慢性疾病、與家人同住，以及獲得情緒上的關懷照顧（Hsu, 2007）。此外，林麗惠（2006）將成功老化歸納為六個層面，包括：生活適應、社會及親友關係、健康自主、經濟保障、學習、以及家庭等層面，其研究發現，在各層面中，以健康自主最重要，其餘依次為

家庭、經濟保障、生活適應、學習、社會及親友關係層面。上述研究顯示國內學者在定義成功老化時，有關「投入生活」的要素，較側重在與他人有關係的構面，而對「投入生產力活動」則較不重視。其次在分析與他人有關係的面向時，聚焦在家人關係及具社會支持功能的關係，而對正式體系的支持則較不重視。

參、生產力老化

　　近年來愈來愈多的實證研究顯示出，老人仍對社會有貢獻。為對抗「老人是依賴」、「老人是社會負擔」的迷思，學者遂有「生產力老化」主張之提出。生產力老化的意涵係指老人從事任何能產生財貨或服務的活動，或從事準備以發展能量來生產財貨或服務，不論此活動是否獲得金錢酬賞（Caro et al., 1993；引自楊培珊、梅陳玉嬋，2011：287）。依據此定義，生產力老化僅侷限在那些具某種經濟價值形式的活動。更具體而言，它含括有酬的就業、無酬的志工工作，如：兒童照顧、對家人和朋友的幫助，以及可增進從事生產性活動的技能和能力之訓練（Bass & Caro, 2001）。而更廣泛的定義則是含括老人所從事的社會活動，包括休閒和娛樂。Morrow-Howell & Sherraden（2001）進而試圖區分生產力老化和老年期的生產性（productive in later life）。在後者的概念中，從事生產力活動是老年期追求的諸多項目之一，但生產力活動的範疇也包括休閒、靈性生活，而較不傾向去指稱生產是老年期的最高成就（Hooymen, 2005）。

　　生產力老化常被認為是一個老人持續從事有酬工作的能力（capacity），此種定義凸顯老人對國家經濟發展的貢獻，但此種定義有其規範上的限制，因未工作的老人就不被認定他們是過著有生產力或活力的生活型態，因而Kaye（2005）對生產力的老年提出較廣泛的觀點，含括：非報酬性的社區和家庭支持、有酬的就業，以及內在導向的行為。這些行為對個人而言是有意義的，且是讓其滿意的，但不一定直接對他人或社會有益。由此定義反映出生產性老化或活力老化概念的三個面向：(1)一個內在的、情感的觀點，強調個人的或成長的哲理會影響其福祉和生

活品質；(2)一個內在的、實用性的觀點，側重在成長和福祉等方面的活動，譬如：退休計畫、旅行、休閒、體能運動和強化、教育等；(3)外在的、實用性觀點，對個人、團體、組織、社區均有所貢獻，聚焦的活動有：職業訓練、就業、志願服務、家庭支持等。不論哪一個面向的意涵，其追求終極的結果爲：增強自尊、提高士氣、較好的生活品質、增加生活滿意、提高情緒上和身體上的安好。

二、生產力老化之概念架構

Bass & Caro（2001）提出一個生產老化的概念架構，在此架構中包含五類因素：制度、個人、環境、社會政策及結果，每類因素下的變項可能與其他類因素下的變項相互作用，並產生影響。而前四類因素下各變項之改變，老人的生產力活動之參與情形就會不同（見圖2-3）。

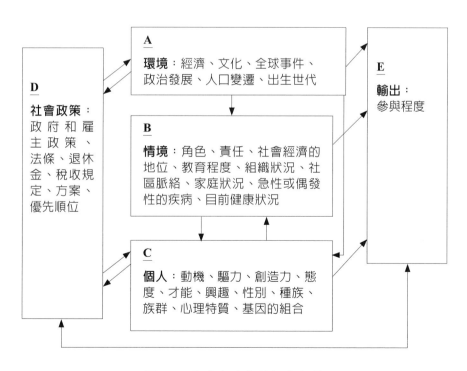

圖2-3　生產力老化的概念架構

資料來源：Bass & Caro (2001). Chap. 3 Productive Aging: A Conceptual Framework, p. 47.

　　Sherraden等人（2001）提出的概念架構圖（見圖2-4）就是重視個人和制度的能力。依據此模式，個人在晚年期從事生產性活動（productivity in later life）會受到下列因素之影響：(1)社經人口變項：如性別、種族、年齡、教育程度、居住地區等；(2)公共政策：包括政策、服務方案及稅收制度；(3)個人的能力（capacity）：身體功能、認知功能、經濟資源、知識技能、社會支持及交通工具等；以及(4)制度的能力：所謂制度的能力係指商業、公立和私立機構、教堂、立法制度、社會或公民團體等可提供、創造、促進老人從事生產性活動的能力。而相異的社會制度所創造出來的志工需求量、志工的角色類型等都會有異。其次是志工角色的連結（linkage to roles）可能也與下列因素有關：訊息、誘因、可接近性以及助長因素等。爰此，有關志工機會的訊息如儘可能廣為周知，將可開啓老人考慮參與之窗，而後才有投入的實際行為之發生。

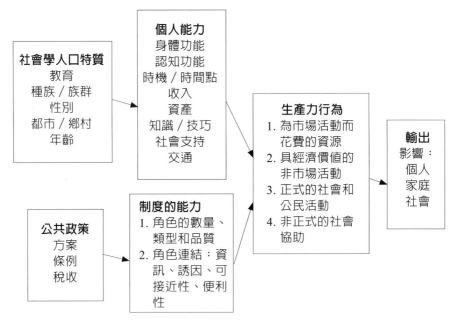

圖2-4　晚年期的生產力

資料來源：Sherraden et al. (2001). *Productive Aging: Theoretical Choices and Directions*, p. 277.

　　依據生產力老化的概念，社工介入的策略大致可歸納爲下列三項：(1)維持自我勝任感（維持對生活的掌控權）和自主；(2)建構或改變環境：制定政策或方案，以滿足老人在住宅、經濟安全、健康照顧、營養及安全等方面之需求，因若老人的基本需求未能被滿足，則「生產力」和「生命的目的」等概念就沒有意義；另老人在學習新的生產性角色時，常面對制度化的歧視，因而促進制度勝任能力也是重點；(3)介入方案通常在增進老人正式和非正式的社會支持，且這些方案也具增進自我效能的功能（Hooyman, 2005）。

表2-2　生產力老化的內涵與策略

內　　涵	策　　略
側重在老人對社會有貢獻的活動參與和角色扮演	介入策略： (1)運用結構和制度的策略來增進個人的勝任感 (2)創造「生產力」的機會，這些機會有助於創造目的感、意義感及自尊 (3)介入方案通常在增進老人及正式和非正式的社會支持，且這些方案也具增進自我效能的功能

資料來源：作者整理。

肆、活力老化

　　世界衛生組織（WHO, 2002）在2002年提出活力老化（active age-ing，或譯爲「活躍老化」）的概念，並提出政策架構建議。「活力老化」一詞可傳遞比「健康老化」更廣泛周延的訊息，並認知到除了健康照顧會影響個人和人口老化外，尚有其他因素可能會有影響。活力老化之觀點係立基在聯合國基本老人人權──獨立、參與、尊嚴、照顧和自我實現的原則。此主張促使策略計畫從「需求爲主」導向（視老人爲被動的主體）到「以權利爲主」的觀點，認可老人隨著年齡增長在所有生活層面機會的平等，並支持老人在從事政治過程及參與社區生活之責任。

　　活力老化之政策和方案應具潛力去處理個人老化和人口老化的議

題，如果健康、勞動市場、就業、教育及社會政策都支持活力老化的觀點，則其潛力如下：(1)避免在高度生產力的生命階段之早死；(2)減少老年期因慢性病而招致失能；(3)較多的人們隨著年齡增長，仍享有正向的生活品質；(4)當人們邁入老年時，仍積極參與整個社會的社會、文化、經濟和政治各層面，且在私人的、家庭的、社區的生活範疇中扮演有酬的和無酬的角色；(5)降低醫療治療和照顧費用的成本（WHO, 2002）。

活力老化受到個人的、家庭的和國家的多元因素之影響，對於這些因素之瞭解，有助於老人政策和方案之發展。WHO（2002）辨識出的決定因素有：(1)性別和文化；(2)與健康和社會服務體系相關的因素（譬如：健康促進和疾病預防、健康照顧和長期照顧、心理衛生服務）；(3)行為決定因素：健康的生活型態，包括從事適當的體能活動、健康的飲食，以及口腔保健；(4)與個人有關的決定因素，包括生物和基因的因素、心理的因素，如：智力和認知能力的老化；(5)與物理環境相關決定因素，如：安全的住宅，預防跌倒、乾淨的水、空氣和安全的食物等(6)與社會環境相關之因素有：社會支持、暴力與虐待、教育程度和識字；(7)經濟性因素，包括收入、社會保障制度及工作就業制度等。

至於在政策建議方面，活力老化強調健康促進、社會參與和安全維護等三大基礎原則，其內涵說明如後：

（一）健康促進：透過多元角度介入，促進人們具備積極、有效的能力，以維護及自主管理健康。具體策略包括：(1)失能、慢性疾病，以及過早死亡之降低和預防；(2)降低與主要疾病相關之危險因素，並增進終其一生健康保護因子；(3)發展可負擔、可接近、高品質、友善老人的健康和社會服務體系之連續性服務；(4)提供照顧者教育和訓練。

（二）社會參與：(1)主張橫貫生命週期都應提供教育及學習機會，如：基礎教育、健康教育及終生學習；(2)強調當民眾逐漸老化時，應鼓勵個人依照其能力、偏好及需求，積極的投入經濟發展相關的活動與志願服務等工作；(3)鼓勵民眾充分的參與社區及家庭生活；(4)透過提供良好交通運輸環境之建構、不分年齡人人共享社會之打造、性別不平等之消除、正向的老年圖像之形塑等策略，加強民眾社會參與的動機與實際的參與行動。

（三）安全維護：主張政策的制定並非僅止於社會安全，亦應加強經濟安全、老人保護、住宅安全、物理環境之安全等，並需考量老年人口的尊嚴及社會正義議題。另一方面，也強調應考量老年女性的安全需求（如：婚姻暴力及其他形式的暴力），並減少老年女性在社會安全權益的不公與不平等。

2002年聯合國所舉辦第二屆老化問題世界大會（World Assembly on Aging）中，通過了今後行動的三大重點領域為：(1)老人與經濟成長；(2)老年期健康和福祉增進；以及(3)確保使能和支持性環境的築構。此顯示世界各國在尋求人口老化對策時，已正視老人的主體性，且老人的能力愈加受到重視（呂寶靜等，2007：20）。此外，環境的築構也是行動的重點。

綜上，成功老化的概念強調在個人層次身體上和心理上的能力及其表現；而生產力老化則側重在社會中老人可扮演的貢獻性角色，以及如何透過制度設計來擴展機會；至於活力老化係從老人的權利出發，強調健康促進、社會參與及安全維護的重要性。為達成活力老化的目標，建構使能的支持性環境是其要件，而致力於生產力老化目標的追求，以及強化社會制度的勝任能力，也都是重要的課題。爰此，國家的角色是不可或缺的。

表2-3　活力老化的內涵與策略

內　涵	策　略
立基在「老人的權利」之觀點	1. 基礎原則和策略行動 　(1)健康促進。 　(2)社會參與：①提供教育及學習機會；②積極的投入經濟發展相關的活動與志願服務等工作；③鼓勵民眾充分的參與社區及家庭生活；④研提策略以增強民眾社會參與的動機與實際的行動參與。 　(3)安全維護：經濟安全、人身安全（老人保護）、住宅安全、物理環境之安全、尊嚴與社會正義之安全。 2. 相關的政策和方案：健康、勞動市場、就業、教育及社會政策。

資料來源：作者整理。

伍、生活品質、主觀福祉與生活滿意

　　成功老化或活力老化的政策主張致力於追求老年期的安好，而在實證研究上，有些學者用生活品質（quality of life）來呈現，另有些學者則建議採用主觀福祉感（subjective well-being，或譯為「主觀幸福感」）來測量之。

一、生活品質

　　生活品質是所有人追求的目標，在社會研究領域卻是相當新穎的主題，並與福祉的主觀面向有關，故將生活品質視同於主觀的福祉。其實「生活品質」涵蓋多元的面向，且須將其轉化為可研究的概念。此研究領域由兩派傳統觀點所主導。第一派觀點源於經濟學，主要聚焦在收入和物質方面的生活水準之測量。然而，生活條件並不僅限於金錢，因此，社會學家就加入其他的社會指標，如：住宅、健康、教育、社會整合與社會支持等。另一派傳統則聚焦在個人的生活經驗，即主觀的和心理的福祉。這派觀點主要受到心理學家以及部分社會學與健康科學的支派所採用。第三派觀點則藉由瞭解福祉如何受到生活條件之影響，試圖連結並整合上述兩派傳統觀點（引自Daatland, 2005: 371）。

　　Veenhoven（2000）試圖以「生活品質的四個要項」整合這兩派觀點（見表2-4）。他將生活品質分為「好的生活之機會」以及「好的生活結果」，即表2-4中的「生活機會」（life chances）與「生活結果」（life results）。第二個面向則分為外部品質（external qualities）與內部品質（internal qualities），Veenhoven認為此種概念更勝於客觀與主觀指標的分類。其中「生活機會」有兩類：「環境的可居住性」（livability of environment）和「個人的生活能力」（life-ability of person），環境的可居住性係指好的生活條件之意義，如：區位學家和社會學家所用的「福祉」或經濟學家所稱的生活水平。然Veenhoven主張使用「可居住性」乙詞，因其含括的意義超過物質狀況。至於個人的生活能力意涵著個人內在的生活機會，係指個人裝備去因應生活問題的能力，在生

物學界此係指適應的潛力，在醫療領域則是指健康（health），而在心理學領域使用的詞彙為效能感（efficacy）或效力感（potency），也有學者稱之為能力（capability）。好的「生活結果」含括外部品質的「生活效用」（utility of life）和內部品質的「生活感恩」（appreciation of life）。生活效用不僅是生活的外部結果，而是指生活品質的超越（transcendental）概念，另類平行的用詞則是生命的意義；至於對生活的感恩，也就是所稱的主觀福祉（subjective well-being）、生活滿意（life satisfaction）、快樂（happiness）（Veenhoven, 2000: 5-7）。

表2-4 生活品質的四個要項

面 向	外部品質	內部品質
生活機會	環境的可居住性	個人的生活能力
生活結果	生活效用	生活感恩

資料來源：Veenhoven (2000). *The four qualities of life: Ordering concepts and measures of the good life*, p. 6.

惟強調生活品質之概念包括個人的主觀感受和環境的客觀特質之學者，通常會使用多面向量表來進行測量，而SF-36健康狀態調查量表是最常被使用來測量與健康生活品質（Health-Related Quality of Life, HR-QoL）相關的工具，共由36項問題組成8個量表（scale），分別為：身體生理功能（physical functioning）、因身體生理問題角色受限（role limitation due to physical problems）、身體疼痛（bodily pain）、一般健康狀況（general health）、活力（vitality）、社會功能（social functioning）、因情緒問題角色受限（role limitation due to emotional problems），以及心理健康（reported health transition）（盧瑞芬等，2002）。另WHO的WHOQOL-BREF量表則列舉出評估生活品質的四個主要範疇：(1)生理健康範疇（包括原先的生理及獨立程度範疇）；(2)心理範疇（包括原先的心理及心靈／宗教／個人信念範疇）；(3)社會關係範疇；(4)環境範疇（姚開屏，2002：194）。由此可知，WHO提出的生活品質量表較強調環境的元素，也重視「社會關係」的面向。

另一派觀點則認為，生活品質係個人主觀福祉之評量，客觀生活條

件也許和生活品質有所關聯，但兩者並不相同。而主觀生活品質之測量方式有很多，包括：對生活滿意的單一題項測量，以及對生活滿意或士氣的多題項測量。其中一項困難在於，生活品質包括生活滿足、主觀福祉及士氣（morale）等三個常被交替使用的概念（George, 2006）。以下進一步討論「主觀福祉感」和「生活滿意」兩個概念。

二、主觀福祉感

（一）意涵

　　主觀福祉感在成功老化的指標下，使用不同的術語來說明之，譬如：調適、勝任能力、士氣－快樂、滿意等（Neugarten, et al., 1961）。主觀福祉係指個人對生活的正面感受，包含認知與情感的層面。在認知層面常以生活滿意來判斷，以及特定心理領域的評估（譬如：對環境的掌控力和勝任能力）；在情感層面則包括正向情感的存在、負向情感的消除，以及較低的憂鬱。此外，主觀福祉感係指人們依據其個人的經驗來評估生活，並以個人的觀點進行測量（Diener, 1984）。主觀福祉感之特性是關注長期的狀態，而非短暫的心情，因此，研究者有興趣的是對福祉的持久感受，而非快速消失的情緒（Diener, Suh, & Oishi, 1997）。

（二）組成元素

　　主觀福祉感包括滿意度、愉悅的情緒（pleasant affect）、低度或不愉悅的情緒（unpleasant affect）等三個面向（Diener, 1984; Diener & Larsen, 1993），而後兩者又可以被合併為情感平衡。更具體來說，生活滿意度係指個人對於其生活的整體認知評斷。至於情感平衡指涉讓人愉悅和令人不愉悅的情緒經驗間之比較，也是個人情緒經驗之總和。

表2-5　主觀福祉感的組成元素

面向	愉悅的情緒	不愉悅的情緒	生活滿意
元素	愉快	罪惡感與羞愧	改變生活的渴望
	高興	悲傷	對生活現況感到滿意
	滿足	焦慮及煩惱／擔心	

（續）

面向	愉悅的情緒	不愉悅的情緒	生活滿意
	自豪	憤怒	對過去感到滿意
	情感	壓力	對未來感到滿意
	幸福感	憂鬱	重要他人對個人生活的觀感
	狂喜	嫉妒	

資料來源：Diener, Suh, Lucas, & Smith (1999). *Subjective Well-Being: Three Decades of Progress*, p. 277.

(三) 主觀福祉感的面向

主觀福祉感有七個面向：(1)生理福祉：包括一般健康情形、身體的 fitness（體適能）、有活力及免於疾病的徵狀；(2)在心理福祉方面：包括正向的情感、負向的情感、自我及認知功能；(3)在發展方面：包括學習、成長和獨立等三個次面向，感覺自己可以發展自我，追求個人成長和自我照顧（獨立、不需要依賴他人）；(4)在物質方面：包括經濟安全及住屋狀況，感覺自己不需要為經濟狀況煩惱；(5)在靈性生活方面：包括生活的意義和價值，以及宗教生活，感覺自己的生活是有意義的，且受到信仰和靈性所支持；(6)在環境方面：包括政治情勢、社會福利政策和生活環境，感覺自己對政治狀況、政府社會福利服務、生活環境及休閒生活等都滿意；(7)在社會面方面：向包括家人、朋友、有貢獻，此面向之福祉安好是指感覺到自己能夠和朋友、家人維持親近的關係，並且能提供支持給社區的其他人（Ku, Fox, & McKenna, 2008; Ku, McKenna, & Fox, 2007）。

(四) 主觀福祉感的相關因素

個人感受到的主觀福祉感，某些部分與基因有關，但也有實證研究指出擁有外向和樂觀的人格特質者是較快樂的人；另自尊與主觀福祉是存在著正向關係的。在人口變項方面，在婚姻方面，不管是男性或女性，結過婚的人所報告的主觀福祉感都比未婚、離婚以及分居的人高（Lee, Seccombe, & Shehan, 1991）。至於收入方面，在大多數的國

家，主觀福祉感和金錢間的關係頗弱。

三、生活滿意

Neugarten, Havighurst, & Tobin（1961）所發展的生活滿意度量表含括五個向度：(1)熱忱 vs. 冷漠；(2)有決心、毅力或認命；(3)慾求的目標和獲得的目標之一致性；(4)正向的自我概念；以及(5)情緒。因此，如果個體呈現下列情形：(1)對組成其每日生活的活動感到歡愉；(2)認爲自己的生活是有意義的，且能接受自己；(3)感覺自己已達成其主要的目標；(4)抱持一個正向的自我形象；以及(5)維持快樂和正向的態度及情緒，則其被視爲是處在心理福祉連續體之正向的極端。

國內有關老人生活滿意之實證研究顯示，與高齡者生活滿意度相關之影響因素有：教育程度、健康狀況、經濟狀況等。教育程度愈高、健康狀況較好或身體功能較佳、經濟狀況較好者，生活滿意度較高（林麗惠，2004；連雅芬等，2007；葉淑娟等，2004；陳肇男，2003；劉淑娟，1999）。由此可知，老人的健康和經濟資源與生活滿意度呈正相關。除了健康和經濟資源與老人生活滿意度有關外，社會支持也具影響：社會支持愈佳者，其生活滿意度較高（連雅芬等，2007；劉淑娟，1999）。

陸、結語

在高齡化的社會中，如何讓個體過著有品質的老年生活或者歷經老化的安好，是各國老人福利政策追求的終極目標。惟生活品質的確保與外在環境存在著生活機會和生活條件有關，也與個體生理、心理健康情況與社會支持體系密切相關。而成功老化、生產力老化與活力老化則是老人福利政策中間層次的目標，雖然上述三種術語各有其強調的重點內容，但策略大致可歸納爲下列五項：(1)培養健康的生活型態從事體能活動，推動營養方案及運動休閒方案；(2)建構正式和非正式支持網絡，正式支持所指的正式照顧體系，含括政策、立法與服務方案，較爲相關的政策和方案爲：健康照護、勞動與就業、教育，以及社會政策等；(3)增

Box 2：生活滿意度量表

　　我們如何知道老人對其生活的滿意情形呢？除了用深度訪談的方法獲得資訊外，較常使用的方式是運用問卷調查法。行政院衛生署國民健康局中老年健康狀況調查自1989年開始舉辦，至2007年已完成六波調查資料蒐集，各次問卷內容中也含括生活滿意度量表。

生活滿意度量表

人生感受	1 是	0 不是
(1)您的人生，和大多數的人比，您的命是不是比他們都要好？		
(2)您是不是對您的人生感到（有）滿意？		
(3)您是不是對您做的事感覺有意思？		
(4)這些年是不是您人生中最好的日子？		
(5)即使可能（再來一次、重新來過），您是不是願意改變您過去的人生？		
(6)您是不是期待將來會有一些令人高興的（歡喜的）事情發生？		
(7)您的日子是不是應該可以過得比現在好？		
(8)您是不是感覺所做的事大多數都是單調枯燥的（沒趣味的）？		
(9)您是不是感覺老了，而且有一些厭倦？		
(10)您這一生是不是可以說大部分都符合您的希望？		
(11)您是不是覺得自己生活在一個安全及有保障的環境中？		
(12)您是不是對自己的生活環境感到滿意（如：汙染、氣候、噪音、景色……）？		

資料來源：行政院衛生署國民健康局（2007）。

進社會參與方面，則重視社區及家庭生活的參與、教育及學習機會之提供等；(4)創造貢獻社會的機會給老人，以增進目的感、意義感，並維護自尊；(5)維護安全，特別強調經濟安全、人身安全、住宅及社區生活環境的安全。本書的內容結構和章節安排就是討論與老人福祉較為相關的社會福利政策與服務方案。

問題與思考

1. 你覺得美好的老年生活之圖像為何？又這「美好老年」的意涵在1990年、2020年或2040年會有什麼變異？抑或其會有哪些相同之處？

2. 有些健康狀況還不錯的老人對生活很不滿意，但有些相反的案例則是乘坐輪椅的老人卻過著還算滿意的生活。你認為與老人生活滿意度相關的因素有哪些？

3. 臺灣老人較常使用的生活輔具或用具有哪些？如果沒有這些輔具，你想像老人將過著什麼樣的生活？

建議研讀著作

1. 黃碧霞、莊金珠、楊雅嵐（2010）。高齡化社會新對策——從「友善關懷老人服務方案」談起。*社區發展季刊*，132，3-14。

2. 楊培珊、梅陳玉嬋（2011）。第九章健康、活力、有貢獻。*臺灣老人社會工作：理論與實務*（第276-300頁）。臺北：雙葉。

參考書目

一、中文書目

行政院衛生署國民健康局（2007）。*民國96年中老年身心社會生活狀況長期追蹤（第六次）調查*。臺北：行政院衛生署國民健康局。

呂寶靜、陳政雄、羅孝賢、李晶、傅從喜、王中允（2007）。*人口政策白皮書及實施計畫之研究期末報告——子計畫二「因應我國邁入高齡社會對策之研究」*。臺北：內政部。

林歐貴英、郭鐘隆譯（2003）。*社會老人學*。臺北：五南。

林麗惠（2004）。高齡者生活滿意度之調查研究。*玄奘社會科學學報*，2，45-84。

林麗惠（2006）。臺灣高齡學習者成功老化之研究。人口學刊，33，133-170。

姚開屏（2002）。臺灣版世界衛生組織生活品質問卷之發展與應用。*臺灣醫學*，6(3)，193-200。

徐慧娟、張明正（2004）。臺灣老人成功老化與活力老化現況：多層次分析。*臺灣社會福利學刊*，3(2)，1-36。

楊培珊、梅陳玉嬋（2011）。*臺灣老人社會工作：理論與實務*。臺北：雙葉。

連雅芬、黃惠滿、蘇貞瑛（2007）。社區獨居老人人格韌性、社會支持與生活滿意度相關性研究。*長期照護雜誌*，12(1)，161-178。

陳肇男（2003）。臺灣老人休閒生活與生活品質。人口學刊，26，96-136。

葉淑娟、施智婷、莊智薰、蔡淑風（2004）。社會支持系統與老人生活滿意度之關係——以高雄市老人為例。*中山管理評論*，12(2)，399-427。

劉淑娟（1999）。罹患慢性病老人生命態度及生活滿意度之探討。*護理研究*，7(4)，294-306。

盧瑞芬、曾旭民、蔡益堅（2002）。國人生活品質評量（I）：SF-36臺灣版的發展及心理計量特質分析。*臺灣衛誌*，22(6)，501-511。

二、英文書目

Antonucci, T., C. Okorodudu, & H. Akiyama (2002). Well-being Among Older Adults on Different Continents. *Journal of Social Issues*, 58(4), 617-626.

Baltes, Paul B., & Margret M. Baltes (1990). Psychological perspectives on successful aging: The model of selective optimization with compensation. In Paul B. Baltes and Margret M. Baltes (Eds.), *Successful Aging: Perspectives from the Behavior Sciences* (pp.1-34). Cambridge: Cambridge University.

Bass, S. A., & F. G. Caro (2001). Chap. 3 Productive Aging: A Conceptual Framework. In Nancy Morrow-Howell, James Hinterlong, and Michael Sherraden (eds.), *Productive Aging: Concepts and Challenges* (pp. 260-284). Baltimore, Maryland: The John Hopkins University Press.

Daatland, S. O. (2005). Quality of life and ageing. In M. L. Johnson (ed.), *The Cambridge Handbook of Age and Ageing* (pp. 371-377). Cambridge, U. K.: Cambridge University Press.

Diener, E. (1984). Subjective well-being. *Psychological Bulletin*, 95, 542-575.

Diener, Ed, Eunkook Suh, & Shigehiro Oishi (1997). Recent Findings on Subjective Well-being. *Indian Journal of Clinical Psychology,* 24(1), 25-41.

Diener, Ed, Eunkook M. Suh, Richard E. Lucas, & Heidi L. Smith (1999). Subjective Well-Being: Three Decades of Progress. *Psychological Bulletin*, 125(2), 276-302.

Diener, Ed, & R. J. Larsen (1993). The experience of emotional well-being. In M. Lewis & J. M. Haviland (eds.), *Handbook of emotions* (pp. 405-415). New York: Guilford.

Grams, Armin, & George W. Albee (1995). Chap. 1 Primary Prevention in the Services of Aging. In Lynne A. Bond, Stephen J. Cutler and Armin Grams (eds.), *Promoting Successful and Productive Aging* (pp. 5-33). Thousand Oaks: Sage Publications.

George, L. K. (2006). Perceived quality of life. In Robert H. Binstock & Linda K. George (eds.), *Handbook of Aging and the Social Sciences* (pp. 320-335). Burlington: Academic Press.

Hooyman, N. (2005). Chap. 3 Conceptualizing Productive Aging. In Lenard W.

Kaye(ed.), *Perspectives on Productive Aging: Social Work with the New Aged* (pp. 19-36). Washington D. C.: NASW Press.

Hsu, Hui-Chuan (2005). Gender disparity of successful aging in Taiwan. *Women & Health,* 42(1), 1-21.

Hsu, Hui-Chuan (2007). Exploring elderly people's perspectives on successful ageing in Taiwan. *Ageing & Society,* 27, 87-102.

Kaye, L. W. (2005). Chap.1 A Social Work Practice Perspective of Productive Ageing. In Lenard W. Kaye (ed.), *Perspectives on Productive Aging: Social Work with the New Aged* (pp. 3-17). Washington D. C.: NASW Press.

Ku, Po-Wen, Jim McKenna, & Kenneth R. Fox (2007). Dimensions of Subjective Well-Being and Effects of Physical Activity in Chinese Older Adults. *Journal of Aging and Physical Activity*, 15, 382-397.

Ku, Po-Wen, Kenneth R. Fox, & Jim McKenna (2008). Assessing Subjective Well-Being in Chinese Older Adults: The Chinese Aging Well Profile. *Social Indicators Research*, 87, 445-460.

Lee, G. R., K. Seccombe, & C. L. Shehan (1991). Marital status and personal happiness: An analysis of trend data. *Journal of Marriage and the Family*, 53, 839-844.

Neugarten, Bernice L., Robert J. Havighurst, & Sheldon S. Tobin (1961). The Measurement of Life Satisfaction. *Journal of Gerontology,* 16, 134-143.

Rowe, John W., & Robert L. Kahn (1998). *Successful Aging.* New York: Dell Publishing.

Sherraden, M., Morrow-Howell, N., Hinterlong, J., & Rozari, P. (2001). Productive Aging: Theoretical Choices and Directions. In Nancy Morrow-Howell, James Hinterlong, and Michael Sherraden (Eds.), *Productive Aging: Concepts and Challenges* (pp. 260-284). Baltimore, Maryland: The John Hopkins University Press.

Strawbridge, William J., Margaret I. Wallhagen, & Richard D. Cohen (2002). Successful Aging and Well-Being: Self-Rated Compared With Rowe and Kahn. *The Gerontologist*, 42(6), 727-733.

Veenhoven, R. (2000). The four qualities of life: Ordering concepts and measures of the good life. *Journal of Happiness Studies*, 1, 1-39.

World Health Organization (2002). *Active Ageing : A Policy Framework*.

3

第三章

老人與社會照顧體系

壹、前言

在第二章的討論中，吾人可知高齡化社會對策之目標，旨在保障每位國民在進入老年期能過著有品質的生活，所採行的策略為：培養健康的生活型態、建構正式和非正式支持網絡、增進社會參與、創造貢獻社會的機會給老人，以及維護安全等。惟這些策略的制定與實施究竟是個人的責任、家庭的責任、抑或是政府的責任？就是一項值得探究的主題。本章的目的係在說明老人的正式照顧體系與非正式照顧體系，內容的安排如下：(1)討論國家和家庭在照顧老人上的分工；(2)引介老人的社會照顧體系（含正式照顧體系及非正式照顧體系）；(3)分析正式照顧體系和非正式照顧體系的關係；(4)釐清老人正式照顧體系中老人福利服務範疇；(5)說明非正式照顧提供的現況（側重在家庭照顧上），以及支持家庭照顧者之政策措施。

貳、照顧老人之責任歸屬

西方學者在分析亞洲國家人口結構老化的議題時指出：東亞國家社會福利制度係屬殘補式的社會福利制度，在預防老年貧窮方面，國家扮演相當微小的角色，反而是家庭扮演著重要的角色（Hill, 2009）。因此，國家和家庭在照顧老人的責任分工，屢成為政策制定者關注的議題。現有文獻中，關於協助老人的責任認知之相關意識型態，大致可歸納為：個人主義、家庭主義和集體主義。個人因抱持的意識型態不同，對於政府責任的認知也就有所不同；抱持個人主義的人，強調自立自賴，傾向認定是個人責任，較不會期待政府的介入，而抱持家庭主義者，主要是立基於中產階級的核心家庭模式，且假設這樣的家庭有能力提供家中成員所需的一切照顧。因此，不論是抱持個人主義或家庭主義的意識型態，均傾向支持家庭照顧弱勢成員的責任（Hooyman & Gonyea, 1995）（引自中央研究院，2011：26）。

依據臺灣社會變遷基本調查，第五期第二次調查計畫「家庭組」之調查結果，臺灣民眾對照顧老人責任歸屬之態度，不論是在「老人的醫

療和照護」或是在「老人的生活需求」這兩個提問，均以「一半是政府的責任，一半是個人／家庭的責任」居多。其次，在日常生活需要之滿足方面，被大多數人認為是個人／家庭的責任（「大都是個人／家庭的責任」和「都是個人／家庭的責任」，合計占43.0%），且高於認為是政府的責任。但在醫療照護服務之提供，較傾向認定主要是政府的責任（「都是政府的責任」與「大部分是政府的責任」，兩者合計20.6%），遠超過主要是個人和家庭的責任（呂寶靜，2007）。其實臺灣民眾的想法，與大多數福利國家的人民相同。舉瑞典為例，大多數的民眾、老人和家庭，皆偏好一個均衡的國家和家庭責任之照顧模式，也就是由家庭與國家共同承擔老人的照顧責任，而非偏向於某一邊（Sundstrom, Malmberg, & Johansson, 2006）（引自中央研究院，2011：26）。

參、老人的社會照顧體系[1]

如果從「國家和家庭共同承擔老人的責任」之預設出發，老人的社會照顧體系之建構乃就成為關注的議題。所謂老人的社會照顧體系（或稱為「社會支持系統」），係指提供給老人的廣泛支持[2]。更具體來說，社會照顧是指由家人、親戚、朋友和鄰居提供的非正式支持，和由社會服務機構及其工作人員所提供的服務（Munday, 1996: 6）[3]。對老人而

---

[1] 本節摘取自呂寶靜（2001）。第一章老人和社會照顧。老人照顧——老人、家庭、正式服務（頁1-36）。臺北：五南。

[2] Cantor & Little（1985: 747）認為老人的社會支持系統是一種連續的連帶（tie）和協助的分擔，以維持個體生理的、心理的和社會的整合。又依Antonucci（1985: 95）界定社會支持為人際之間協助、情感支持及肯定（自我價值再確認）的交換。

[3] 社會照顧（social care，或譯為社會照護）一詞在英國有不同的意義。在英國，社會照顧常用來界定在法定部門和獨立部門的機構（通常是指日間照顧中心或住宿型機構）內非社會工作專業背景的人員之責任和任務（Munday, 1996: 6）。周月清（2000: 122）為社會照護所下的定義如下：社會照護指為了促使個別使用

言，社會照顧可滿足老人的下列三項需求：(1)社會化和個人成長的需求；(2)在執行日常生活任務時，需要協助之需求；及(3)在生病或其他危機時，需要個人協助之需求（Cantor & Little, 1985: 747；引自呂寶靜，2001：4）。

老人的社會照顧體系包括正式照顧體系（含政治和經濟制度、公私立社會福利機構，和基於血緣、地緣、種族而結合的人民團體）和非正式支持網絡。Cantor & Little（1985: 748-749）從系統觀點出發來建構社會照顧的模型（如圖3-1所示）。此模型中，老人在中心，支持來源之元素則根據其與老人的社會距離之遠近（即從最近到最遠）及支持元素的科層化程度（即從非正式到正式）而向外輻射。系統的最外圍是決定老人可獲得什麼基本權利（資格）的政治經濟實體（entity）。這種權利資格的政策規定嚴重影響老人在所有領域的福祉，特別是與所得維持、健康、住宅、安全與交通等方面相關的政策。其次是公共與志願組織，這些組織係在執行由法律所規定的經濟、社會之政策與方案，如美國的社會安全部與老人局這兩個最外圍的制度或機構，均屬於正式支持系統的一部分。這兩個支持元素因具有科層組織的特性，故依循效率與理性原則來運作，俾能一致地、公平地提供需要運用技術性知識的服務給所有人。再者，在正式組織與非正式網絡之間的支持來源是非服務性的（non-service）正式組織或準正式的（quasi-formal）服務組織，這通常指的是中介團體的次體系，包括：宗教組織、種族或文化團體、社會團體與鄰里團體。而離老人最近並涉入老人日常生活最多的是由親屬、朋友與鄰居所構成的非正式支持系統，也就是與老人有最頻繁互動的重要他人（引自呂寶靜，2001：5）。

者（user：即吾稱案主）可以在社區中生活，或協助其自立居住的能力，經由評量（assessment）過程並根據其個別需要所提供之非醫療性的照護；即指個人照護、社會支持與家事協助，或指所有的社會服務，或所有的社會工作實務，甚或超越由社會工作者提供的服務。這些服務可包括家事、日間照護、長期照護或居住服務，一般是由地方政府的社會服務（社會工作）局提供。Cantor & Little（1985: 746）也認為社會照顧一詞傾向被用來描述正式的社會服務，但彼等仍主張一個較廣泛的定義，故認為社會照顧應包括非正式和正式社會支持。

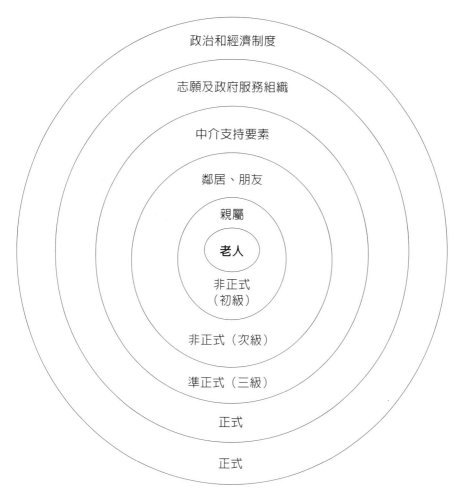

圖3-1 老人社會支持系統之模式

資料來源：Cantor, M. & V. Little (1985). Aging and Social Care. In R. H.
Binstock and E. Shanas (eds.), *Handbook of Aging and Social Sciences*
（2nd ed., p. 748）. New York: Van Nostrand Reinhold.

一、老人的正式照顧體系

正式照顧體系若採狹義的定義，則正式照顧體系係指正式服務和非
服務性網絡（non-service networks）。所謂的正式服務和非服務性網

絡，係由那些先前與受照顧者之間沒有孝道責任、情感和社會連結的照顧者所組成。正式照顧體系的協助者通常在科層制的結構下，以可預測的、有組織的方式來輸送服務。正式照顧的特徵有：任務取向的、目標導向的、只在特定的時段內提供協助、高度專門化的、而且是需付費的（Travis, 1995: 461；引自呂寶靜，2001：14）。

　　正式照顧體系對於老人所提供的服務方案也會因老人的身體功能狀況之不同而有異（如表3-1所示）。對較為年輕而健康的老人而言，正式服務之重要性係在促進老人社會化和個人的成長，因此相關的服務方案包含：老人服務中心、集體用餐方案、成人教育、志願服務，以及其他以活動和社會化為主要成分的方案。針對中度衰弱的老人，則提供家務事、代為購物、交通接送服務及其他日常生活上的協助。而對於極為衰弱的老人，正式服務體系的重要性急遽增加，包括：廣泛的居家服務和個人照顧。此外，不論身體功能情形，所有的老人都需要的服務項目有：訊息和轉介服務，協助尋求或獲得福利給付，協助填寫各項申請、報稅和保險的表格，有些老人和其家庭亦需要諮商和法律服務（Cantor & Little, 1985: 763；引自呂寶靜，2001：15）。

表3-1　老人和社會照顧
　　　　（非正式體系和正式體系之協助項目，按老人的身體健康狀況分）

健康狀況	非正式體系	正式體系
極為衰弱老人（10%）	・同住 ・全權處理財務 ・在老人家中提供協助，譬如：家務事、準備餐食、購物 ・個人照顧，譬如：盥洗、洗澡、監督或協助服藥	・機構照顧 ・保護服務 ・個案管理 ・諮商服務，譬如：老人及其家人的諮商或成立自助團體 ・喘息服務，譬如：日間醫院、日間照顧中心 ・家務服務 ・居家健康助理服務與訪視護士 ・送餐到家

（續）

健康狀況	非正式體系	正式體系
中度衰弱老人（30%）	・與正式體系協商 ・協助財務管理 ・陪同就醫 ・在老人家中提供較頻繁的協助，協助的項目較為廣泛，譬如：購物、偶爾代為準備餐食、家務事	・連結相關福利設施、老人諮商服務 ・交通接送 ・友善訪問 ・聚合式的老人住宅 ・雜務服務
健康老人（60%）	・因疾病而需要的短期協助 ・在老人家中偶爾提供協助 ・交通接送 ・問題的建議 ・物質與金錢的協助 ・閒聊、提供情感的支持	・搭乘公共交通工具的費用減免 ・資訊與轉介服務 ・協助申請相關服務 ・文化與精神充實方案 ・社會化與娛樂機會的提供，譬如：老人中心、公園

資料來源：Cantor, M. & V. Little (1985). Aging and Social Care. In R. H. Binstock and E. Shanas (eds.), *Handbook of Aging and Social Sciences* (2nd ed., p. 750). New York: Van Nostrand Reinhold.

二、老人的非正式照顧體系

(一) 非正式體系的組成要素及其特性

　　非正式照顧體系由親屬、朋友與鄰居等三個部分所組成，親屬所構成的基本支持網絡包含：配偶、子女、手足與其他親戚（如堂兄弟姐妹）。而非正式照顧體系具備下列五項特性：(1)提供非技術性的協助（譬如：料理家務、洗澡、餵食等）；(2)較能符合個別老人不可預測和即興式的需要；(3)較能迅速提供協助，在時間的投入和協助的項目上較具彈性；(4)協助是基於互惠的關係，對於老人過去給予的照顧加以回饋；(5)非正式體系所提供的情緒支持是非常重要的（Cantor & Little, 1985: 756-757）。雖然在探討老人能否獲得非正式支持體系的協助時，有沒有親屬是關鍵性的因素，但有親屬並不一定保證老人就能獲得協助，另需考慮親屬之間的互動頻率、居住鄰近性及關係親近的程度（引自呂寶靜，2001：7-8）。

（二）非正式照顧體系的協助項目

　　非正式照顧體系對老人提供協助項目的種類或數量、照顧者與受照顧者間的互惠程度，皆會因老人身體功能之不同而有異。當老人身體健康時，子女只有在父母有需要時才提供協助，譬如：危機介入（crisis intervention）或給予建議；並藉由經常地訪視、通電話和表達親近感等方式提供情感上的支持。此外，子女也扮演倡導者的角色，提供訊息給父母，並代表父母與那些辦理老人服務方案的機關或團體聯繫。但當老人的健康狀況惡化時，協助的型態則會有下列四方面的改變：(1)在時間的架構上：從斷續的、短期的、危機取向的協助轉變為持續的、長期的照顧；(2)在介入的範圍方面：對老人日常生活介入的程度由有限的轉變為廣大的；(3)互惠的性質：協助不再是互惠的，而是成年子女對老年父母的協助較多；(4)協助的項目從邊陲的、較不重要的項目（譬如：交通接送）轉變為日常生活活動中較重要的項目（譬如：個人的照顧、財務的全權處理）。所以，當老人身體較衰弱時，非正式照顧體系提供協助的項目包括：情感支持和情緒維持，協助購物、辦雜事、護送和交通接送，以及財務管理；另也代表老人與正式照顧體系協商。又當老人變為失能時，非正式照顧體系協助的項目為：料理家務（如：洗衣服、準備餐食及打掃房間等，也就是工具性日常生活活動的協助），有時亦需提供個人照顧（如：梳洗、洗澡、如廁等日常生活活動的協助），上述料理家務和個人照顧之協助工作項目均具勞力密集的性質（Cantor & Little, 1985: 757-759；引自呂寶靜，2001：8）。

（三）非正式照顧體系各要素的內涵

　　正式照顧體系由親屬（主要含配偶、子女、手足）、朋友及鄰居所組成，以下說明非正式照顧體系中各支持要素提供老人協助的情形（詳見表3-2）：

表3-2 老人非正式照顧體系的內涵

支持要素	基 礎	協助項目	限 制
配偶	婚姻的誓約	個人服務 家務協助 生病照料 情緒支持	1. 配偶本身也年老體衰，甚難擔任照顧的重任 2. 寡婦比鰥夫多，故女性較少有配偶可提供支持 3. 照顧者承擔過重的負荷與壓力
子女	回饋、責任、依附	情感支持 交通接送 財務管理 家務協助	有相互競爭的角色衝突： 1. 照顧老年父母，又要養育子女 2. 照顧者和就業者的角色衝突
兄弟姐妹	血親	情緒支持 交通接送 住宅修繕 協助出院後的照顧	1. 兄弟姐妹本身也是老人，較難提供工具性的協助 2. 若不住在鄰近，不便就近提供實質上的協助
朋友	共同的生活經驗 共同的興趣	1. 情緒上的支持和相互作伴 2. 工具性支持（協助購物、交通接送、辦雜事） 3. 老人自我價值的再確認	1. 老人的行動力受限，會阻斷友誼的發展，也會侵蝕朋友間的相互支持 2. 老人的朋友年齡相仿，故隨著年齡增長，朋友紛紛過世，朋友自然就減少
鄰居	居住的鄰近性	1. 代收信件、代為看守房屋、互借用品、拜訪聊天、情感上的支持 2. 遭遇危機時的立即協助	1. 鄰居若平日不往來，有突發事件或危機時也難以相互支援 2. 鄰居的互惠關係是短期的，會因搬家而結束

資料來源：呂寶靜（2001）。*老人照顧——老人、家庭、正式服務*。頁9。

肆、老人福利服務體系與非正式照顧體系之關係[4]

在現有文獻中，正式和非正式照顧體系之關係，基本上有兩種理論模式：「層級補償模式」（Hierarchical Compensatory Model）或「職務

---

[4] 本節摘取自呂寶靜（2001）。第二章替代？分工？或補充？：家人和日間照顧中心工作員協助項目之比較分析。老人照顧——老人、家庭、正式服務（頁37-65）。臺北：五南。

取向模式」（Task Specific Model），最近亦有補充關係之說（Supplemental）。茲將各模式的主張簡要說明如下[5]：

（一）社會支持的層級補償模式

Cantor & Little（1985: 748-749）提出社會支持的層級補償模式（或稱替代模式），此一模式的觀點主張親屬（特別是配偶和子女）是社會支持的核心，其次是朋友、鄰居，最後才是正式組織。老人首先和最常去找非正式體系的家屬親友協助，除非家屬親友不在時，或者是親屬和重要他人不能再承擔協助的負荷時，才會向正式體系中的機構求助。此乃因家庭和其他非正式網絡的成員被老人視爲是自己的自然延伸，老人在生命週期中較早階段所根植的互惠之協助型態，在年老遭遇危機時就發揮作用。在追求「自賴」和「自足」的社會規範下，老人對於家庭協助的如此偏好，係因接受家庭協助可極小化對其自我（ego strength）的傷害。換言之，老人對於協助的選擇呈現一個有順序的層級過程。而老人對社會支持體系要素之偏好程度是立基於可獲性及可接受性（引自呂寶靜，2001：40）。

（二）職務取向模式

另一個模式即是Litwak（1985: 8-12）所建構之職務取向模式（或稱分工模式），認爲正式體系和非正式照顧網絡是互補的（complementary）角色，主張兩者之間的關係是「分擔的功能」（shared functions）。非正式體系較適合從事不可預測的、偶發的、簡單的（只需日常生活知識的）項目；反之，正式照顧體系較能處理可預測的、例行性的、需要技術性知識之工作。因老人每天的生活中充滿著不可預測和偶發事件，而且照顧工作項目不容易分工，上述這些情況不能單單藉由技術性知識來處理。以不可預測性爲例，Litwak稱之爲非固定不變的

---

[5] 對於此三種理論模式的批判，見呂寶靜（2002）。老人照顧——老人、家庭、正式服務之第二章：替代？分工？或補充？家人和日間照顧中心工作員協助項目之比較分析。

（non-uniform）情況、事件或工作項目，並主張這些非固定不變的工作由初級團體來處理較為有效率，因正式體系專家所使用的技術性知識只能處理片斷的、特殊性的情境；然在不可預測的事件發生時，地理上的鄰近性才能較有效地處理緊急狀況，譬如老人半夜發病，必須有人察覺到老人的異狀而親自將老人送到醫院或叫救護車來接送。換言之，在處理不可預測的事件時，初級團體所具備小規模、持續的面對面接觸、接近性等特性，優於正式照顧體系所強調的科層制及規則。依職務取向模式之說，社會照顧體系中的各支持要素（element）基於不同的連帶關係和結構特性而提供相異的照顧項目，而整個相關的支持要素形成合理和周延的分工（引自呂寶靜，2001：41-42）。

（三）補充模式

補充模式強調非正式網絡是最基本的、主要的，而正式照顧處在邊緣的、次要的地位。只有當家人不勝照顧負荷或老人的需要無法由非正式資源所滿足時，正式服務方才用來補充非正式照顧（Stoller, 1989: 49）；而且兩個體系對於所有的照顧項目均是共同擔任的。因此，非正式照顧者連結正式服務的決定並不會減少其本身協助的提供。抱持此種看法的支持者強力鼓吹擴大居家式照顧和社區式服務以支持家庭照顧者（Travis, 1995: 466；引自呂寶靜，2001：43）。

（四）其他主張

在探討正式照顧體系和非正式體系之間的關係時，由於非正式照顧體系中包含的要素有家人、親屬、朋友、鄰居，而正式照顧體系所提供的服務項目也非常多樣化，故應將非正式體系的要素更加明確化，究竟是指家人、親屬、鄰居或朋友？而正式體系的服務項目也應先釐清是機構式服務、社區式服務或居家式服務？Logan & Spitze（1994: S33）研究非正式網絡和正式服務使用的關係，結果發現：有些服務方案提供的協助（如：老人服務中心和集體用餐）或許可替代家庭照顧的功能；另有些服務則是補充家庭成員的照顧（如：居家服務）。也就是說，正

式和非正式照顧體系之關係端賴該正式服務方案之性質而定（引自呂寶靜，2001：44）。

呂寶靜（2001）以日間照顧服務方案的老人使用者為對象，比較分析家人和工作員之協助項目以釐清正式和非正式照顧體系之關係，研究結果顯示：正式照顧體系和非正式照顧體系所提供的協助項目不是完全相同，也不是全然分工，而是部分重複、也有部分不同。因此，這兩個體系之間的關係不是全然地職務分工，也不是完全地替代，而較符合補充關係之說。此一發現乃因本研究的正式服務以日間照護服務方案為例，而日間照護方案係屬社區式服務方案的一類，其目的旨在協助老人留在社區內生活，並促使家庭對老人之持續照顧。也就是說，日間照護方案原就具有補充家庭照顧的意涵。惟當老人可從家人和工作員獲得相同項目的協助之同時，老人接受家人的協助感到較自在，此一發現證實家人仍是老人支持要素中的優勢偏好。又就家人和工作員提供相異的工作項目之發現來看，意味著某些照顧項目甚難相互替代，故職務分工模式的主張也部分獲得支持。本研究顯示使用日間托老服務的老人仍從家人獲得許多協助，由此可知，「正式服務會取代家庭照顧」是一種迷思。此外，使用日間照顧服務的老人，有些協助項目僅能從家人獲得協助，而未能從日間照顧中心工作員得到服務。此一研究結果指出：家庭照顧甚難完全由正式服務所取代，顯示了家庭照顧的基本性和主要性。因此，支持家庭照顧者成為「我國長期照顧十年計畫」的一項推動原則。更具體的支持照顧者之福利政策及服務措施（包括：喘息服務、心理暨教育性支持方案、經濟性支持方案）亦應積極來推動。

伍、何謂老人福利服務

所謂的老人服務，是一種狹義的老人福利，也就是「社會福利領域的老人對策，老人福利法及其他有關措施制度的各種老人援助政策與服務」（江亮演，2001：12）。而其目的是使老人能過著有尊嚴的、和常人一樣的生活。換言之，老人福利服務係用來滿足老人的各項需求：最基本的需求，如收入、棲身之所和食物；以及次級的需求，如教育、休

閒、娛樂；當然，正式體系所提供的服務也包括那些可減輕老年期身體健康惡化和心理問題的服務。

以美國爲例，爲了滿足老人各項福利需求的服務方案相當多元，簡要說明如下：(1)爲了滿足老人經濟安全之需求，則有社會保險的老年、身心障礙、遺屬給付，以及社會救助的補充性安全收入；(2)老人食物和營養需求的方案有：定點用餐、送餐到家、食物券等方案；(3)在滿足老人居住需求方面則有：房屋捐稅減免、不動產逆向抵押、住宅低息貸款、住宅修繕服務、居家分租或分住、老人公寓，以及房屋補助津貼等；(4)在滿足老人移（行）動的需求方面則有：特殊的交通接送服務、小型巴士（如：復康巴士）、計程車服務、公車票折價等；(5)健康相關的服務項目則有：醫療保險、醫療救助、護理之家、訪視護士服務、居家衛生助理服務、安寧照護及日間照護服務；(6)滿足社會接觸和休閒的需求之方案有：多目標老人中心、友善訪問、電話問安、休閒活動、志願服務，以及成人教育等（Huttman, 1985: 16-23）。

又Tobin & Toseland（1990: 29）依老人身體功能損傷的程度（分爲輕度、中度及重度三級）及服務提供的地點（分爲社區式、居家式及機構式）兩個面向，將老人服務的類型分類爲九大類，如表3-3所示：

表3-3　老人服務的分類（以服務輸送爲焦點）

服務提供地點　　　身體功能損傷的程度	社區式的服務（community-based）	居家式的服務（home-based）	聚合式住宿與機構式的服務（congregate residential and institutional-based）
輕度	·成人教育 ·老人中心 ·志願服務組織 ·定點用餐方案 ·個人及家庭之資訊、轉介、輔導及諮商	·住宅修繕服務 ·不動產逆向抵押 ·居家分租或分住 ·電話關懷 ·交通服務	·退休老人社區 ·老人公寓 ·提供膳食的聚合式住宅

（續）

服務提供 地點 身體功能 損傷的程度	社區式的服務 （community- based）	居家式的服務 （home-based）	聚合式住宿與 機構式的服務 （congregate residential and institutional-based）
中度	·多目標老人中心 ·社區心理衛生中心 ·門診健康服務 ·個案管理系統（社 會／健康維護組織 等）	·寄養家庭照顧 ·居家服務 ·送餐到家 ·個案管理	·團體之家 ·庇護式住宿設施 ·住宿和照顧（設 施） ·喘息服務
重度	·醫療型日間照護機 構 ·精神病患日間照護 ·阿茲海默症患者家 屬團體	·居家健康服務 ·保護服務 ·居家醫療照護	·急性醫院 ·精神病醫院 ·中度護理機構 ·技術性護理機構 ·安寧照護機構

資料來源：Tobin, S. S. & R. W. Toseland (1990). Models of Service for the Elderly. In: A. Monk (ed.), *Handbook of Gerontological Services* (p. 29). New York: Columbia University.

Huttman（1985: 16-23）認為正式體系提供的各項服務，可依下列五項判準來分類：(1)使用者的健康狀況：服務究竟是針對衰弱老人、嚴重功能障礙者或罹患長期慢性疾病患者來設計；(2)社區式抑或機構式照顧：服務提供的地點可能依老人的需求而有不同，有些在機構，如：護理之家，但有些卻是在社區；(3)年齡整合（age-integrated）抑或年齡區隔（age-segregated）：有些方案是針對所有年齡層的，如：居家服務，因此算是年齡整合的方案；但有些服務只限定老人可以使用，即是年齡區隔的方案；(4)服務的類型：有些服務只提供經濟協助，有些則是提供住宅、醫療、健康、交通接送、餐食服務、或者其他預防性的方案；(5)資助者的類型：有些方案是由政府出資且由政府直接提供服務；然有些則是由政府出資補助非營利機構，而由非營利機構提供服務；另有些服務方案是由非營利機構出錢，且由非營利機構直接提供服務。

陸、家庭照顧之現況及支持家庭照顧者之福利措施[6]

一、家庭在老人正式照顧體系之角色與功能

家庭照顧者在正式照顧體系之角色，大致以下列兩類為主（Twigg & Atkin, 1994: 11-15）：(1)照顧者是一項資源（resources）；(2)家庭將照顧者視為需要協助的案主之一（co-clients）[7]。若將家庭照顧者視為是照顧的資源，則分析的焦點是家庭對老人提供直接照顧，另也發揮連結正式組織之功能；若是將其視為案主，則探究的重點是照顧提供對家庭成員的影響，進而關注照顧者的福利需求（引自呂寶靜，2005：28）。

（一）提供直接照顧

臺閩地區65歲以上的老年人口，至2000年12月底已有192萬餘人，依「民國89年老人狀況調查報告」顯示：老人在日常生活起居活動有困難者占9%（約17萬3千人）；而在無法自行料理生活的老人中，有77.21%係在家由家人照顧（內政部統計處，1997）。換言之，有近13萬3千位生活無法自理的老人係由家人來照顧。又若依吳淑瓊等（1993：25）之調查報告顯示，社區老人需要一項以上日常生活活動項目（Activities of Daily Living，簡稱ADLs）之幫忙者占6.8%，則有約10萬名失能老人由家庭照顧。另胡幼慧等人（1995：102）的研究發現：出院後的失能老人中，有78%由家人照護，8.4%請看護工，13.7%送安養院（引自呂寶靜，2005：28-29）。

家庭成員對老人提供的協助，一般可歸納為下列四種：(1)協助老人

---

[6] 本節摘取自呂寶靜（2005）。支持家庭照顧者的長期照護政策之構思。*國家政策季刊*，24(4)，25-40。

[7] Twigg & Atkin（1994）將家庭照顧者在正式體系之角色歸納為四類，除了照顧者是一項資源及需要協助的案主外，另還包括家庭是協同工作者（co-works）以及被取代的照顧者（the superseded carer）兩類角色。

吃飯、盥洗、穿衣服、洗澡、上廁所、移動等個人照顧；(2)提供給老人工具性支持，譬如：食物製備、衣物換洗、家事清理等工具性日常生活活動之協助（Instrumental Activites of Daily Living，簡稱IADLs）、金錢支持、陪伴看病及生病時的照料；(3)情感性支持，包括：關心與慰藉、傾聽問題；及(4)財務支持（引自呂寶靜，2005：29）。

　　林松齡（1993：265）的研究結果顯示：臺灣地區老人之支持來源主要侷限於家庭成員的配偶、兒子和媳婦。配偶主要提供病痛的服侍、閒聊慰藉及日常家事的支持；兒子主要提供親情下的經濟與生活安全的功能性責任；媳婦主要是提供家事方面的功能性責任。又老年男性的各項需求多半仰賴配偶；但老年女性的各項需求並不是完全依賴老伴，而是依賴子女。相同地，吳淑瓊與林惠生（1999：47-48）發現：將近一半的女性老人是由媳婦照護，而將近一半的男性老人由配偶照護。另Hermalin等人（1993: 6-10）的研究結果亦顯示：媳婦及配偶是日常生活活動之主要支持者，兒子主要提供錢財，女兒則是物質的提供者；老人所獲得的支持來源並不集中在某一人身上（引自呂寶靜，2005：29）。

（二）連結正式組織

　　近年來，各項老人福利服務紛紛推出，當老人和正式服務體系接觸時，其家庭成員在正式社會服務體系中能扮演何種角色？Sussman（1985: 419）認為，家庭是介於老人與正式組織間的仲介者（mediator），主張家庭除可直接提供照顧給老人外，亦會代表老人從事連結（linkage）正式組織的活動（引自呂寶靜，2005：29）。

　　國內一項實證研究資料之初步分析發現（呂寶靜，1998）：老人的成年子女除了提供直接協助給老人外，還扮演老人和正式服務體系的協調者，不僅將服務訊息提供給老人（告知訊息、代閱政府通知單），而且是老人的代辦者（代為準備相關資料、代填申請表格、代辦申請手續、代為查詢服務訊息），代表老人去辦理各項申領服務的手續（引自呂寶靜，2005：30）。

二、家庭照顧者之福利需求

英國的照顧者高度重視的服務項目為：訊息、忠告建議及喘息服務。對於失智老人的照顧者而言，喘息服務和日間照顧是最受到重視，但較少被肢障者及配偶照顧者所使用（Pickard, 1999: 33；引自呂寶靜，2005：31）。

在臺灣，家庭照顧者的福利需求有哪些呢？邱啓潤等人（1988：76）覺得主要照顧者希望獲得的協助是：獲得照顧病人的技巧、有人分擔照顧的工作，以及獲得短暫的休息。吳聖良等人（1991：244）的研究則指出：照顧者希望獲得協助的項目是「有人替換看護」、「金錢方面的補助」，以及「有人能提供照顧之知識和技術」（引自呂寶靜，2005：31-32）。

呂寶靜（1997：33）的研究試圖瞭解與老人同住之成年子女對支持家庭照顧者各項福利措施之看法，研究結果發現：七成以上的受訪者很贊成「提高扶養親屬寬減額的額度」及「給予三代同堂家庭優先承購國宅之權利」的措施，六成以上很贊成的項目有：「居家護理服務」、「發放家庭照顧者津貼」、「提供老人交通接送服務」、「暫代照顧服務」、「規定公司行號實施家庭照顧假」、「補助與老人同住家庭改善住宅設備之經費」、「諮商服務」及「居家服務」；五成以上很贊成的項目有：「設立日間照護中心」、「舉辦照顧者教育研習」、「協助照顧者自助團體之組成」；而對「送餐到家」及「電話問安」兩項服務項目表示很贊成者有四成（引自呂寶靜，2005：32）。

一項臺灣地區功能障礙老人照顧者的調查研究發現，照護者對外來的協助需求如下：七成認為需要協助他們防範老人發生意外；四到五成的照護者希望有人幫忙打電話向老人問安、或帶老人做休閒活動、或提供諮詢服務；42%希望能開辦短期臨托服務（吳淑瓊、林惠生，1999：50；引自呂寶靜，2005：32）。

上述分析顯示：照顧者由於受照顧對象失能程度或失智狀況的不同，或者照顧者本身特性的差異，也造成照顧者需求的多樣性。惟較常提及的福利需求項目可歸納為：(1)喘息服務（如：有人分擔照顧的

工作、獲得短暫的休息、有人替換看護）；(2)心理暨教育性支持方案
（譬如：獲得照顧病人的技巧，有人提供照顧之技術性服務，提供諮詢
服務）；以及(3)經濟性支持方案（如：金錢方面的補助、發放家庭照
顧者津貼）等三大類，而就業性支持方案則較少被討論（引自呂寶靜，
2005：32）。

三、支持家庭照顧者之政策規劃

　　近10年的服務方案推行和政策之制定，無不揭櫫支持家庭照顧者
的理念，但為了落實此一理念，可採取的福利措施有哪些？如何界定支
持家庭照顧者的政策或措施？Twigg（1992: 60-61）主張採取雙元焦點
（dual focus）的立場，認為照顧者的支持措施通常包括兩種形式：一
是特別針對照顧者的政策和措施；另一種形式則是針對受照顧者的服務
（如：老人福利服務），但照顧者也能獲得好處（引自呂寶靜，2005：
32）。為嚴謹區分老人福利服務和支持家庭照顧者之福利措施，本節僅
討論針對照顧者的福利政策和服務措施。以英國為例，1995年訂頒「照
顧者法案」[8]，敘明照顧者應有被評量之權利；至於美國，2000年修正之
老人法也增加「支持家庭照顧者」專章[9]，規定各州政府應對家庭照顧者
提供下列五項服務：(1)提供資訊服務；(2)協助照顧者獲得服務；(3)個

---

[8] 英國政府於1995年訂頒「照顧者（認可和服務）法案」，該法案的要旨可大致歸
納為下列三項：（一）照顧者得要求地方政府，在決定相關他人需要任何服務之
前，應對其提供和持續提供照顧給相關他人之能力進行評量。如果照顧者提出如
此的要求，則地方政府應進行評量，且將評量的結果作為決定服務提供的參考。
（二）照顧者係指一個人正提供或試圖提供給相關他人大量的且定期的照顧之人
士。但若一個人提供照顧是(1)經由僱用的契約或與任何人之契約，(2)一個志願服
務機構的志願服務人員，則不能要求評量。（三）相關他人係指依1990年全民健
康服務與社區照顧法案47(1)(5)之規定，應評量其社區照顧服務需要的個人，或依
1989年兒童法案（Children Act 1989）第三章所界定的失能兒童或1970年「長期疾
病和失能者法案」（The Chronically Sick and Disable Persons Act）第二條界定的
對象。

[9] 美國2000年修正版之老人法，規定支持性服務提供之對象為：(1)家庭照顧者；
(2)祖父母或年長的親戚照顧者。

人諮商、支持團體、照顧者教育研習；(4)喘息服務；以及(5)其他補充性服務（引自呂寶靜，2005：27-28）。

西方國家已實施之照顧者支持政策可歸納爲三類：一是服務性支持措施（含喘息服務及心理暨教育性支持方案）；二是與就業相關的支持措施；三是經濟性的支持（Pickard, 1999：4）。呂寶靜、陳景寧（1997：72）則將照顧者之福利措施分爲：勞務性支持措施、心理性支持措施、經濟性支持措施，以及就業性支持措施。各項支持家庭照顧者福利措施之目標、方式及實施成效，見表3-4（引自呂寶靜，2005：32-33）：

表3-4　家庭照顧者福利措施

項目 說明		勞務性支持措施	心理性支持措施	經濟性支持措施		就業性支持措施
方案目標	顯性	減輕身體負荷	減輕心理負荷	減輕財務負荷		減輕社會參與負荷
	隱性	避免或延遲受照顧失能老人進住機構	1. 增加家庭照顧誘因 2. 增加受照顧者的選擇權			1. 減少照顧者對國家的經濟依賴 2. 企業得以留任具專業技能的員工，並維持高生產力
方式		1. 居家喘息服務 2. 日間喘息服務 3. 較長時間的喘息服務	1. 教育課程及講座 2. 諮商服務 3. 支持團體	稅賦優惠： 1. 免稅 2. 減稅 3. 寬減額	現金給付 1. 津貼制 2. 薪資制	1. 政策 2. 福利給付 3. 服務
主要受益者		照顧嚴重失能的老人或缺乏社會支持之照顧者	缺乏資訊、心理壓力大或孤立感高之照顧者	收入達繳稅標準之照顧者	低收入或未就業之照顧者	1. 就業之照顧者 2. 具專業技能之工作者
實施成效	績效	1. 減輕照顧者負荷與壓力 2. 提高工作士氣、生活滿意度 3. 提升生活品質	1. 減少照顧者的精神疾病症狀 2. 增加照顧者的知識，改變其態度和行為 3. 擴大社會支持網絡，認識社會資源	1. 酬金方案可持續非正式照顧之供給 2. 照顧津貼可促進照顧者經濟獨立 3. 增加受照顧者的選擇權 4. 提升照顧者的生活品質		1. 減輕工作與照顧角色的衝突 2. 提高持續工作的可能性 3. 維持較佳的工作表現

（續）

項目 說明		勞務性支持措施	心理性支持措施	經濟性支持措施	就業性支持措施
	限制	延緩受照顧者進住護理之家,但呈現兩極化的效果:降低受照顧老人進住護理之家的可能性;但有些案例則是加速機構式照顧方式的選擇	解決個別照顧者的心理負荷,但缺乏對照顧者提供實質上的協助,故在降低失能老人進住機構的效果較為有限	1. 深化女性成為照顧者 2. 讓女性照顧者陷入貧窮 3. 灰色勞動市場的發展,對女性進一步的剝削和控制	1. 只有少數企業辦理 2. 低技能、低職位的員工被排除在外

資料來源:呂寶靜(2001)。老人照顧——老人、家庭、正式服務(頁203-204)。臺北:五南。

柒、結語

　　老人福利服務係指正式照顧體系對老人所提供的社會服務,這些服務不僅可滿足老人的基本福利需求,且可因應個體在老年期生理、心理和社會老化所衍生的問題和需求。而針對老人福利服務之分類主要就(1)福利需求;(2)身體健康或功能狀況;以及(3)服務提供地點來分類。其次,老人福利服務的對象通常會有資格上的規定,在服務對象標的(targeting)方面,通常是依據「弱勢優先」或將服務提供給最需要的人之原則來規劃,而服務對象標的之規劃就涉及兩項考量:(1)決定誰可獲得服務;(2)怎麼樣的服務提供量才是適足的?也就是說,服務對象需要審慎規劃,且其與資源配置有關。

　　人口結構老化造成健康和社會照護服務所花費的公共支出遽增,但政府財政緊縮,故期望善用家庭照顧的資源來降低政府的公共支出;另一方面,也開始規劃實施家庭照顧者的支持方案,期望藉由措施和服務之提供,以降低照顧對照顧者生活不利的影響,進而提高家庭照顧者的生活品質,故西方社會自1980年代起就逐漸受到重視。反觀我國家庭照顧者的議題,十多年來也逐漸浮上檯面,先有中華民國家庭照顧者關

懷總會於1996年成立[10]，主動積極爲家庭照顧者的權益倡導，提出家庭照顧者的處境與福利需求之議題，期能引起社會的重視，也影響方案的通過和實施。譬如1998年行政院訂頒爲期2年之「加強老人安養服務方案」，將「居家服務與家庭支持」列爲其中一項實施要項。另1998年衛生署訂頒「長期照護三年計畫」，明示該計畫所抱持之基本理念爲「著重居家照護，維護家庭功能」。上述兩項計畫之實施顯示，支持家庭照顧的理念漸進式地被體現，不僅影響著服務方案之推動，而且還躍升到政策層次。這可從2004年訂頒之「社會福利政策綱領」和「家庭政策」窺知一二（呂寶靜，2005）。

　　至於在立法方面，2007年修訂通過之老人福利法第31條載明：「爲協助失能老人之家庭照顧者，直轄市、縣（市）主管機關應自行或結合民間資源提供下列服務：一、臨時或短期喘息照顧服務。二、照顧者訓練及研習。三、照顧者個人諮商及支援團體。四、資訊提供及協助照顧者獲得服務。五、其他有助於提升家庭照顧者能力及其生活品質之服務。」而身心障礙者權益保障法第51條也規定：「直轄市、縣（市）主管機關應依需求評估結果辦理下列服務，以提高身心障礙者家庭生活品質：一、臨時及短期照顧。二、照顧者支持。三、家庭托顧。四、照顧者訓練及研習。五、家庭關懷訪視及服務。六、其他有助於提升家庭照顧者能力及其生活品質之服務。」由此可知，政府當前對支持家庭照顧老人的服務措施已有所回應，例如：喘息服務的實施、心理暨教育支持方案的辦理等，惟均尚有發展空間（內政部，2008：37）。而在經濟性支持方面，實施稅賦優惠措施，建議政府對於「扶養老年親屬寬減額」

---

[10] 中華民國家庭照顧者關懷總會於1996年5月成立，其成立宗旨為：(1)增進大眾對家庭照顧者的瞭解與關懷；(2)督促政府提升照顧者與家人之生活品質；(3)督促政府訂定保障照顧者權益之法令；(4)爭取照顧者權益相關之預算；(5)督促政府規劃相關服務措施；(6)督促政府培育所需人才；(7)福利服務方案之研究發展；(8)促進相關團體之聯繫與合作。其提供的服務項目有：(1)喘息服務；(2)支持團體；(3)關懷專線；(4)訓練課程；(5)出版期刊；(6)參與相關公聽會。又為了就近提供照顧者服務，目前在臺北市、新北市、新竹市、臺中市、嘉義市、高雄市均成立分會（引自中華民國家庭照顧者關懷總會網站：http://www.familycare.org.tw）。

及「殘障特別扣除額」之額度，每年應隨生活費用上漲而調升。此外，建議修法將納稅人因照顧老年親屬而購置之健康醫療和社會照護之服務的費用也可納入列舉扣除額的範圍（呂寶靜，2005：35）。總之，有關老人福利政策之發展方向，較務實的作法是一方面肯定家庭是照顧老人的重要資源；但另一方面同時也認知到家庭照顧者的處境及福利需求，將家庭照顧者視爲新的案主團體，建議政府應投注適足的資源以支持家庭照顧，方能促使家庭照顧能力得以維持，且能確保家庭照顧者的生活品質（呂寶靜，2005：38）。

問題與思考

1. 有人說政府提供社會服務會造成家庭棄養老人，你同意或不同意這樣的說法？爲什麼？

2. 「遠親不如近鄰」這句話的意涵爲何？又在臺灣，住在都會地區的老人和住在鄉村地區的老人相較之下，從鄰居獲得協助的情形會相同或相異？

3. 依你的經驗或觀察，具備什麼樣特性的老人較可能去使用老人福利服務？

4. 「提供家中衰弱成員或失能老人之照顧」主要以女性居多，試問何以「家庭照顧者」以女性居多？又提供家庭照顧對照顧者的影響爲何？

建議研讀著作

1. 呂寶靜（2001）。第二章替代？分工？或補充？家人和日間照顧中心工作員協助項目之比較分析。*老人照顧——老人、家庭、正式服務*（頁39-66）。臺北：五南。

2. 呂寶靜（2001）。第一章老人和社會照顧。*老人照顧——老人、家庭、正式服務*（頁1-36）。臺北：五南。

3. 呂寶靜（2005）。支持家庭照顧者的長期照護政策之構思。*國家政策季刊*，24(4)，25-40。

參考書目

一、中文書目

中央研究院（2011）。*人口政策建議書*。臺北：中央研究院。

內政部（2008）。*人口政策白皮書：針對少子化、高齡化及移民問題對策*。臺北：內政部。

江亮演（2001）。老人福利緒論。見江亮演、余漢儀、蕭肅科、黃慶鑽（編著），*老人與殘障福利*。臺北：國立空中大學印行。

呂寶靜（1999）。家庭成員在正式社會服務體系角色之初探——從個案管理的觀點分析老人成年子女的角色。*國科會人文及社會科學研究彙刊*，9(2)，347-363。

呂寶靜（2001）。*老人照顧——老人、家庭、正式服務*。臺北：五南。

呂寶靜（2005）。支持家庭照顧者的長期照護政策之構思。*國家政策季刊*，24(4)，25-40。

二、英文書目

Cantor, M. & V. Little (1985). Aging and Social Care. In R. H. Binstock and E. Shanas (eds.), *Handbook of Aging and Social Sciences* (2nd ed., pp. 745-781). New York: Van Nostrand Reinhold.

Huttman, Elizabeth D. (1985). *Social Services for the Elderly*. New York: The Free Press.

Tobin, Sheldon S., & Ronald W. Toseland (1990). Models of Service for the Elderly. In Abraham Monk (ed.), *Handbook of Gerontological Services* (pp. 27-51). New York: Columbia University.

4

第四章

臺灣老人福利服務之
法源基礎與推動概況

壹、前言

　　人口結構老化已是全球化現象，由於其不可逆轉性，故關注的焦點不在於成因之探究，而是側重在人口老化對社會經濟所造成的衝擊，其中，老人扶養造成社會高負擔之預測，更引發政策制定者之重視。人口快速老化對國家的挑戰來自四個顯著的社會人口變遷：一是生命歷程的延長；二是社會人口結構的改變；三是家庭關係與結構的變遷；四是對政府期待與責任的改變（Bengtson et al., 2005）。

　　1982年7月26日，聯合國在維也納召開第一屆老化問題世界大會（World Assembly on Aging），大會通過了「維也納老化問題國際行動計畫」（Vienna International Plan of Action on Aging）；除了在奧地利維也納所通過的老化國際行動計畫之外，並在1991年通過「聯合國老人綱領」，特別強調「維持個人自立、增進社會參與、獲得照護、促進自我實現、維持尊嚴與公平對待」之原則（呂寶靜，1998）。因著全球人口快速老化，1999年聯合國再次宣布該年為國際老人年，要求各會員國提出針對老人的全國性與地方性的方案，處理涉及代間議題的「邁向一個全齡的社會」（towards a society for all ages），意圖避免將漸增的高齡社會中的老人邊緣化，同時緩和因人口老化帶來的世代間照顧負擔的壓力。聯合國提醒各國政府結合鄰里、家庭、個人、商業部門、學校、大學及媒體，採行因應策略，包括住宅、交通、健康、社會服務、就業、教育等（林昭文，1998）。緊跟著國際老人年之後，2002年聯合國在馬德里召開聯合高齡會議，再次確認老化不只是一個個人的議題，也是一個社會的議題；該會議通過「馬德里國際老齡行動計畫2002」，確定了今後行動的主要三大重點領域：(1)老化世界的發展；(2)老年人的健康；(3)改善社會及支持性環境（楊培珊、梅陳玉嬋，2011）。

　　臺灣地區的人口結構呈現快速老化的現象，而在未來3、40年老化的速度將更加速地發生。在老年人口遽增的時代裡，更加凸顯老人照顧的重要性。又若從個體老化的過程來看，老人容易遭遇到一些問題，如何保障老人的生活乃成為社會關心的課題。人口老化的國家無不紛紛制定

政策和推行服務方案以增進老人的福祉。在臺灣，政府也透過各相關法案和規定的訂頒，以及各項福利服務措施的實施來增進老人的福利。本章說明「老人福利政策立法和方案計畫」及「老人福利服務辦理現況」兩項主題。

貳、老人福利政策立法和方案計畫[1]

吳玉琴（2011）將臺灣百年老人福利政策之發展軌跡分為：(1)從貧困救濟到現代社會福利措施初現時代（1912-1945年）；(2)收容照顧措施的時代（1946-1979年）；(3)老人福利法象徵意義大於實質期（1980-1992年）；(4)老人福利修法需求浮現期（1993-1996年）；(5)老人福利服務措施蓬勃發展期（1997-2006年）；及(6)老人福利制度法令逐漸建置完善待落實期（2007年-）等六個階段。從第三時期1980年老人福利法通過後，老人福利需求開始受到地方政府的重視，老人福利服務也逐漸推動。因此，本章的討論著重在1980年以後，故將老人福利政策立法和方案計畫就歷史發展分為：(1)1980至2007年，以及(2)2007年迄今兩個階段來說明之。

一、1980至2007年

（一）老人福利法

呂寶靜（1998：200）回顧臺灣地區老人福利政策的發展過程（如：1947年訂頒的憲法基本國策中有關社會安全6條的條文，以及1965年訂頒之「民生主義現階段政策」），發現早期仍以貧苦或遭受災害的老人為對象。林萬億（2006：388-390）指出，在老人福利立法之前，所實施的福利服務措施有：設立救濟院、提供老人休閒康樂活動、辦理老人健康檢查、試辦老人搭乘水陸公共交通工具半票優待。一直到1980年「老

---

[1] 此節內容摘取自呂寶靜主編（2011）。社會工作與臺灣社會第五章第三節「二、臺灣的老人福利政策、法規和方案」。臺北：巨流。頁142-149。

人福利法」的訂頒，方才顯示政府對老人的重視，並願以措施來增進福利。該法在1980年和2007年歷經兩次大幅度的修正，三版的立法宗旨、對象群、法條章節，以及修法重點，詳見表4-1。

表4-1　老人福利法各版之比較

版本	1980年	1997年修法	2007年修法
立法宗旨	為宏揚敬老美德，安定老人生活，維護老人健康，增進老人福利，特制定本法。	為宏揚敬老美德，維護老人健康，安定老人生活，保障老人權益，增進老人福利，特制定本法。	為維護老人尊嚴與健康，安定老人生活，保障老人權益，增進老人福利，特制定本法。
對象群	本法所稱老人，係指年滿70歲以上之人。	本法所稱老人，係指年滿65歲以上之人。	本法所稱老人，係指年滿65歲以上之人。
法條章節	全文21條	修正全文34條 第一章 總則 第二章 福利機構 第三章 福利措施 第四章 保護措施 第五章 罰則	修正全文55條 第一章 總則 第二章 經濟安全 第三章 服務措施 第四章 福利機構 第五章 保護措施 第六章 罰則 第七章 附則
特點	基本精神如下（徐立忠，1989：232-234）：(1)明定70歲以上為老人界定的標準；(2)倡導子女之扶養義務；(3)化消極性之綜合救濟機構為積極性之專設福利機構，並兼顧生活、健康、精神三者之需要；(4)弘揚敬老美德；(5)開拓老年才俊；(6)結合專家學者共謀老人福利之發展；(7)寬籌老人福利經費之來源；(8)老人福利工作專業化；(9)老人福利之內容有實質的改善；及(10)加強福利機構的管理。	修正重點（呂寶靜，2002）：(1)降低老人法定年齡為年滿65歲以上之人；(2)增列各級主管機關應設專責單位或置專責人員，以加強執行有關老人福利業務；(3)增列獎助民間參與老人福利工作之規定；(4)擴大各級政府老人福利之經費來源；(5)為恢弘我國奉養老人之傳統，增列各級政府及老人福利機構得督促、協助有法定扶養義務之人應善盡奉養之責；(6)增列舉辦老人福利專業人員訓練之規定，以提升老人福利之服務品質；(7)修正老人福利機	修法重點（立法院，2007）：(1)增訂老人財產保護規定，對於心神喪失或精神耗弱不能處理自己事務之老人，法院得因主管機關之聲請，宣告禁治產。禁治產宣告確定前，主管機關為保護老人之身體及財產，得聲請法院為必要之處分，積極維護老人財產；(2)增訂直轄市、縣（市）主管機關對於有接受長期照顧服務必要之失能老人，應依老人與其家庭之經濟狀況及老人之失能程度提供經費補助，讓長者能享有尊嚴及有品質的生活；(3)增訂老人照顧

（續）

版本	1980年	1997年修法	2007年修法
		構之種類、範圍，並為鼓勵民間參與，對於經許可設立之小型老人福利機構不對外募捐、接受補助或享受租稅減免者，得免辦財團法人登記；(8)為協助老人解決居住問題，並鼓勵三代同堂，增列政府直接興建之國民住宅，提供符合國民住宅承購或承租條件，且與老人同住之三代同堂家庭給予優先承購或承租之規定；(9)增列對於老人經濟生活保障應採生活津貼、年金保險制度方式逐步規劃實施之規定；(10)增列中低收入老人未接受收容安置者，得申請發給生活津貼，以保障老人最低生活水準；(11)增列地方政府辦理居家服務之規定；(12)增列對於老人參加全民健康保險之保險費、部分負擔費用或保險給付未涵蓋之醫療費用無力負擔者由政府補助之規定；(13)增列老人保護與安置之相關規定；(14)增列罰則以收立法之效；(15)增列老人扶養人或其他實際照顧老人之人，若有遺棄、傷害或虐待老人情事者，應接受家庭教育與輔導之規定。	服務以全人照顧、在地老化、多元連續服務為規劃辦理原則，使老人照顧服務能以在地老化為目標，並滿足需要照顧服務老人之多元化選擇；(4)增訂居家式及社區式服務措施規定，要求直轄市、縣（市）主管機關應推動各項居家式及社區式服務，以增強家庭照顧老人之意願及能力，提升老人在社區生活之自主性；(5)增訂機構式服務措施規定，老人福利機構應依老人需求提供各項機構式服務，以滿足居住機構之老人多元需求；(6)增訂反就業歧視條文，禁止雇主對於老人員工予以就業歧視；(7)增訂家庭照顧者支持性措施規定，明定直轄市、縣（市）政府應推動臨時或短期喘息照顧服務與其他有助於提升家庭照顧者能力及其生活品質之服務，以協助增強老人之家庭照顧者之照顧能量及意願，期使被照顧之老人獲得妥適之照顧，並提升照顧者及其家庭之生活品質；(8)直轄市、縣（市）主管機關應協助中低收入老人修繕住屋或提供租屋補助，以維持老人居住環境品質；(9)直轄市、縣（市）主管機關應推動設置適合老人安居之住宅，並以小規模、融入社區及多機能之原則規劃辦理。

　　從表4-1中可看出立法之宗旨從1980年版即開始重視老人的健康和福祉，但為兼顧華人文化敬老的美德，故將「宏揚敬老美德」也列為一項立法宗旨。1997年修法時，另增添「保障老人權益」為立法宗旨，此乃參考美國老人法（The Older Americans Act）的作法，期冀能揭示立法的目的旨在保障老人作為社會成員的權益，此項主張將「標的對象群」從孤苦無依老人的消極性救濟，擴展為「全體老人社會權的保障」，體認到老人的需求有經濟安全、醫療保健、居住安養和家庭支持、社會參與、人身安全的保障，因此在法條的內容就增加福利措施和保護措施，除此之外，也增加「罰則」專章以收立法之效。其實在1994年內政部委託的「老人福利政策之研究」中，已提到老人福利政策的目標為「保障老人的基本生活、提升老人的生活品質，進而維護老人的尊嚴和自主」（呂寶靜等，1995）。爾後，呂寶靜（1998）撰文「保障老人社會權的福利政策規劃」，以闡明此理念。其實此理念的提出係在回應聯合國1991年的老人權利宣言，特別強調「維持個人自立、增進社會參與、獲得照顧、促進自我實現、維護尊嚴與公平對待」之原則。

　　至於2007年修法，將「維護老人尊嚴與健康」乙詞列入立法宗旨，尊嚴的意涵包括不受剝削和虐待、公平對待，以及自由安排老年生活。「尊嚴」的正視源自於21世紀初期，此乃因老人長期照護的議題逐漸受到國人的重視（1998年至2007年先後通過「加強老人安養服務方案」、「老人長期照護三年計畫」，以及「建構長期照護體系先導計畫」），維護尊嚴是社會家庭應努力的目標，故2007年老人福利法的版本中將老人照顧服務的原則明示（見第16條），並增訂居家式和社區式服務措施（見第17、18條），以及支持家庭照顧者的措施（見第31條）等條文。除此之外，有關經濟安全部分除了明列政府實施的措施外，也加入禁治產宣告及財產信託的條文，以保護老人的財產（第13、14條）。同時亦正視輔具在維持老人獨立生活能力的重要性（第23條）；另擴大社會參與的範疇從志願服務延伸到老人參與「教育學習」及「休閒體育活動」的需求。此外，老人福利法的主管機關分列為主管機關及目的事業主管機關（第3條），該條文賦予(1)衛生，(2)教育，(3)勞工，(4)建設、工務、住宅，(5)交通，(6)保險、信託主管，(7)警政主管之權責，自此，

老人福利法的推動成為中央政府相關部會需要協同合作的任務。

（二）服務方案與計畫

除了法規和政策之外，政府亦透過服務方案與計畫之推行，期能補充及落實老人福利服務。在1980至2007年間相繼推動的主要方案及計畫包括：(1)加強老人安養服務方案；(2)老人長期照護三年計畫；及(3)建構長期照護體系先導計畫。

1.加強老人安養服務方案

行政院於1998年通過為期三年的「加強老人安養服務方案」。該方案共有三期：第一期（1998年5月1日至2001年6月31日）開始重視獨居老人生活照顧問題、開展社區照顧，以及提升機構照顧品質；若仔細分析「加強老人安養服務方案」的內容，則可看出「加強老人安養服務方案」試圖補強1997年修正之老人福利法的不足之處，譬如：(1)提供支持家庭照顧者之措施，以示對照顧者福利需求的正視；(2)擴大醫務服務的範圍，包括長期照護服務；(3)社區照顧列為實施要項，且列舉社區式服務的項目；(4)擴大社會參與的意涵，強調老人服務老人及老人的社團參與；(5)多元化滿足老人住宅需求之策略；及(6)具體化專業人員培訓的實質內容（呂寶靜，2001a：6）。

在第二期（2002年7月1日至2004年12月31日）開始與行政院經建會「照顧服務福利及產業發展方案」相互搭配，至此，該方案之具體成效包括：居家服務補助對象擴大至一般戶失能民眾、各縣市開辦獨居老人緊急救援連線、完成「建構長期照護體系先導計畫」、完成全國未立案老人安養護機構清查輔導、開辦「敬老福利生活津貼」、開設「老朋友專線」、完成「照顧服務員技術士技能檢定制度」等。

第三期（2005年1月1日至2007年12月31日）的推動策略則以資源開發、鼓勵民間投入及強化志工參與為主，並在2005年訂頒「建立社區照顧關懷據點實施計畫」，期望透過社區照顧關懷據點的設置，一方面可提供在地的初級預防性照顧服務，同時也能推廣「在地人提供在地服務」之精神，鼓勵健康老人參與志願服務。

2.老人長期照護三年計畫

隨著國內醫療水準提升，國民平均餘命延長、疾病型態慢性化，再加上家庭結構及照顧功能之變遷，國人對長期照護服務之需求日漸殷切，政府開始正視此一議題。首先，行政院衛生署於1998年訂頒「老人長期照護三年計畫」，其內容包括七要項：(1)建立整合性服務網絡；(2)普及機構照護措施；(3)充實社區化照顧設施；(4)加強長期照護人力培訓；(5)加強長期照護服務品質；(6)加強民眾長期照護教育與宣導；(7)健全長期照護財務制度。實施期間為1998年7月1日起至2001年6月30日止。

3.建構長期照護體系先導計畫

至於2000年推動之「建構長期照護體系先導計畫」，係採取在地老化之政策目標，並從資源發展、經濟支持、組織管理與服務提供等四大面向規劃體系建構策略（吳淑瓊等，2004）：(1)資源發展策略：為具體落實「在地老化」之政策目標，在社區中發展九類照顧模式，包括：照顧住宅、失智症日間照護中心、家庭托顧、居家復健、居家護理、居家服務、喘息服務、緊急救援通報和居家無障礙環境改善等，其中，照顧住宅、失智症日間照護中心和家庭托顧是創新服務項目。(2)服務提供策略：藉由補助民眾接受社區服務，但不補助機構服務，以提升民眾選用社區服務的意願。(3)組織與管理策略：在社區建置照顧管理制度，以社區中心為單一窗口，其中配置照顧經理（care managers），讓民眾只要進入窗口，就能在經理的協助下獲得全套服務。(4)經濟支持策略：服務的補助範圍，僅含括個人和生活照顧的部分，且在「需要者導向」之設計理念下，依照個案依賴程度等級設計補助額度，依賴程度愈嚴重，補助愈多；另為避免服務的濫用，節約長期照護成本，採用「自付額」和「守門員」（gate-keeper）等兩項策略，希望民眾因自付部分照顧成本，而不過度使用服務，並在照顧經理把關下，依個案依賴程度專業核定，以達到控制照顧成本之效。

二、2007年迄今

（一）我國長期照顧十年計畫

　　「我國長期照顧十年計畫」於2007年4月3日經行政院院會通過，並於2008年正式全國推動實施，預計在10年內投入817億，建構我國完善的長期照顧體系。本計畫的基本目標為：「建構完整之我國長期照顧體系，保障身心功能障礙者能獲得適切的服務，增進獨立生活能力，提升生活品質，以維持尊嚴與自主。」制度規劃所立基之原則有：(1)普及化：以全民為服務對象，不侷限於低所得家戶，以因應老化所致日常生活活動需要協助之失能者為對象；(2)連續性照顧：發展多元服務之長期照顧，優先發展居家和社區式服務，並整合保健醫療與社會照顧；(3)鼓勵自立：發展復健服務及居家環境改善服務，以支持失能者自立；(4)支持家庭照顧責任：透過照顧服務及喘息服務方案，支持家庭照顧持續照顧能量，並增進照顧者之生活品質；(5)階梯式補助原則：依照顧需求者家戶經濟能力及失能程度，提供不同額度補助；(6)地方化：為促使失能者在社區內可獲得所有必要之服務，服務資源開發以縣市為中心的策略；(7)夥伴關係：內涵包括「中央與地方政府」、「政府與民間單位」、「政府部門之間」，以及「政府、市場、家庭間」的夥伴關係。

　　依據該計畫，長期照顧服務對象為：(1)ADLs失能之65歲以上老人；(2)ADLs失能之55歲以上山地原住民；(3)ADLs失能之50歲以上之身心障礙者；(4)僅IADLs失能且獨居之老人。長期照顧係為滿足老化導致之照顧需求，故以65歲以上老人為主要服務對象；但考量個人之老化經驗不同，除以65歲年齡為切割點外，亦需將因身心障礙、地區因素致使提早老化需照顧之對象一併納入，包括55至64歲的山地原住民，以及50至64歲的身心障礙者。至於僅IADLs失能且獨居老人因較可能缺乏家庭社會支持，造成因無人可協助購物、煮飯、洗衣服，致使無法在家獨自生活，過早進住機構；考慮IADLs失能且獨居老人特殊需求之情形，爰將其納入現階段規劃的服務對象範圍內。服務項目則有：(1)照顧服務（含居家服務、日間照顧、家庭托顧）；(2)居家護理；(3)社區及居家復健；(4)輔具購買、租借及居家無障礙環境改善服務；(5)老人營養餐飲服

務；(6)喘息服務；(7)交通接送服務；(8)長期照顧機構服務（行政院，2007）。

(二) 人口政策白皮書

　　行政院於2008年3月10日核定我國「人口政策白皮書：針對少子女化、高齡化及移民問題對策」，配合少子女化、高齡化及移民等當前問題及未來人口結構趨勢，擬定具體因應對策，期望藉由前瞻性的人口政策，提升我國生育率，促使人口合理成長，讓老年人得以頤養天年，使我國成為移民者圓夢的理想家園（內政部，2008）。其中有關我國高齡化社會對策，政策目標在於「建構有利於高齡者健康、安全及終生學習的友善環境，以維持高齡者活力、尊嚴與自主」，其價值理念包括：對老人個別性、自我決定、選擇權、隱私權和對外在環境掌控能力之尊重。即使老年期失能致行動無法自理，亦能透過長期照顧制度所提供之服務獲得適切的照顧；除了健康照顧之外，完善的老年所得支持體系將可保障國民之經濟安全，而無障礙的住宅和交通環境之構築，則有利國民在老年期享有安全、安心的生活，免於受到社會上的年齡歧視或社會排除（內政部，2008）。

　　從政策方針的層次來看，從強調對老人之健康照護、經濟安全、安養照顧、文康教育等基本需求的回應，逐漸朝向重視提供老人無障礙（包括：有形的物理障礙及無形的歧視障礙）的生活空間，從更廣泛的面向（如：住宅、交通、建築等）來築構一個友善的生活環境。

　　其實，世界衛生組織在2002年提出活力老化（Active Ageing）概念時，乃強調健康促進、社會參與和安全維護三大基礎原則，其中健康促進為透過多元角度介入，促進人們具備積極、有效的能力，以維護及自主管理健康；社會參與為提供教育及學習機會，鼓勵個人依能力、偏好及需求，投入經濟發展相關的活動或志願服務，以及透過各項服務，鼓勵民眾充分參與社區及家庭生活等教育學習、社區生活參與、開發人力資源等；至於安全維護，則包含老人保護、經濟安全等（呂寶靜等，2007）。為達到活力老化的目標，主張政府除衛生及社會部門外，各部門皆有共同維護及促進活力老化方案的權責，包括：教育、勞動、財

政、社會安全、住宅、交通、司法及農村與都市發展等議題的相關部門等。

2007年老人福利法修法時，對於友善老人安全環境之築構、良好交通運輸環境之建構、正向的老人圖像之形塑，以及對老人態度等主張還不夠具體；另有關老人教育與終生學習、志願服務等社會參與的範疇也未更加普及化，故2008年訂頒之「人口政策白皮書」才將這些內涵納入。

（三）友善關懷老人服務方案

有鑑於長期照顧服務及國民年金制度等，較偏重於失能老人之照顧服務及國民之老年基本經濟安全保障，對於非屬失能之老人，相關生活照顧與權益維護服務相對顯得欠缺與不足。為因應高齡化社會新興課題，輔以考量當前社會變遷與國際發展趨勢，配合社會福利政策綱領、老人福利法之宗旨與辦理原則等，行政院於2009年訂頒「友善關懷老人服務方案」，該方案爰以「活躍老化」、「友善老人」、「世代融合」為推動主軸，期積極維護老人尊嚴與自主，形塑友善老人的生活環境，強化老人身體、心理、社會參與的整體照顧，使老人得以享有活力、尊嚴與獨立自主之老年生活。其策略包括：(1)加強弱勢老人服務，提供關懷照顧保護；(2)推展老人健康促進，強化預防保健服務；(3)鼓勵老人社會參與，維護老年生活安適；(4)健全友善老人環境，倡導世代融合社會（黃碧霞等，2010）。

友善關懷老人服務方案之訂頒係三期「加強老人安養服務方案」之延續，惟此時「長期照顧十年計畫」方才通過實施，而高齡化社會對策某種程度也引導各部會的施政方向，因而將這些原則納入；另也試圖將WHO（2007）「全球化友善老人城市準則」（Global Age-friendly Cities: A Guide）之八大參考指標納入，包括：(1)戶外空間與公共建築；(2)交通；(3)房屋住宅；(4)社會參與；(5)尊重及社會包容；(6)公民參與及就業；(7)傳播與資訊；(8)社區與健康服務。其中，「尊重及社會包容」項下所含括的「代間互動」的面向，也成為該方案的策略之一。

綜合言之，上述各項服務方案與計畫的發展脈絡，大致可看出三項趨勢：(1)關注對象：從「弱勢老人」逐漸納入「一般老人」，又從「失

能老人」擴大至「健康老人」；(2)服務內容：從「長期照顧」為主的照顧服務朝向對「健康促進」及「社會參與」的重視；(3)工作方針：從老人基本福利需求之滿足擴展至無障礙、友善環境之建構。

參、老人福利服務措施之現況

一、老人福利服務措施辦理現況

目前辦理之老人福利措施可分為經濟安全、健康照護、生活照顧、老人保護、教育、休閒及社會參與，以及心理和社會適應等六類來說明（詳見表4-2）。各項服務措施的性質及辦理情形，將在後面的章節再深入討論。

表4-2　內政部辦理的老人福利措施現況一覽表

一、經濟安全 　1. 國民年金 　2. 低收入戶老人生活補助 　3. 中低收入老人生活津貼 　4. 中低收入老人特別照顧津貼 　5. 敬老福利生活津貼	四、老人保護（含獨居老人關懷照顧） 五、教育、休閒及社會參與 　1. 長青學苑／老人大學 　2. 興設老人福利服務（文康活動）中心 　3. 參與社團及志願服務 　4. 各類優待措施（搭乘國內交通工具、進入康樂場所及參觀文教設施半價優待） 　5. 其他老人福利活動（如：敬老活動、長青運動會、才藝競賽、歌唱比賽、槌球比賽、老人健康講座及老人福利宣導）
二、健康照護 　1. 老人預防保健服務 　2. 中低收入老人重病住院看護費補助 　3. 中低收入老人裝置假牙補助	
三、生活照顧 （一）居家式與社區式服務 　1. 居家服務 　2. 居家無障礙改善 　3. 輔具購買租借 　4. 日間照顧 　5. 營養餐飲 　6. 短期或臨時照顧 （二）機構式與住宿式服務 　1. 補助民間興建老人福利機構 　2. 辦理機構評鑑 　3. 提升機構照顧品質 （三）建立社區關懷據點 （四）失智症老人多元服務方案	六、心理及社會適應 　1. 設置老人諮詢服務中心

資料來源：內政部（2010）。老人福利與政策。取自http://sowf.moi.gov.tw/04/01.htm

註：國民年金依據「國民年金法」由勞工保險局辦理，低收入戶老人之生活補助依「社會救助法」辦理。

二、老人對於福利措施的服務認知和服務使用

　　雖然目前提供的老人福利服務相當多元，但老人對於福利措施的使用率並不高。根據內政部統計處（2010）的「老人狀況調查報告」，65歲以上老人對政府各項老人福利措施的認知與利用情形，以知道且曾利用「長青學苑或老人大學」的比例最高（占11.52%），其次為「中低收入老人生活津貼」（9.04%），其他各類福利措施比例皆在1.6%以下，包括「居家服務」（1.57%）、「居家護理」（1.52%）、「獨居老人關懷服務」（1.4%）及「中低收入老人特別照顧津貼」（1.31%）等。除了使用率外，對於老人服務措施的認知也偏低，老人表示「不知道」的福利措施以「中低收入老人住宅設施設備改善補助」占最多數（85.04%），其次則是「喘息服務」（84.2%）。

　　在有關服務使用的現有文獻中，大多數的論著係在探討哪些因素會促成個人去使用服務，其中尤以安德遜模式廣被使用。依安德遜模式，影響個人使用醫療照顧服務的因素有：(1)前置因素（predisposing characteristics）；(2)使能因素（enabling characteristics）；及(3)疾病程度的需求因素（illness level）（Andersen & Newman, 1973）。由於安德遜模式係在分析醫療照護使用的決定因素，故在需求因素項下只認定「疾病程度」是影響因素。然其他學者運用此模式來解釋老人使用健康或社會服務的行為時，則提出修正的模式，認為應將老人的認知功能障礙（Bass et al., 1992: 40-42）和身體功能障礙（Calsyn & Roades, 1993: 70-71）兩項因素放入模式中，認知功能障礙較嚴重、身體功能障礙較嚴重者，使用較多的社會服務。另一些研究建議除了老人本身的相關需求因素會影響服務使用外，家庭成員（尤其是主要的家庭照顧者）的需求亦應納入考量，而多數的研究都以負荷來表示照顧者的需求（引自呂寶靜，2001b：73-74）。

　　此外，家庭成員對老人提供的支持會影響老人對正式服務的使用。依層級補償模式，有家庭支持的老人較少去使用正式服務。其實，除了家庭支持資源的可獲性會影響老人對正式服務的使用外，家庭成員對於正式服務的態度及其對使用正式服務有用性（usefulness）的信念等因

素，亦不容忽視（引自呂寶靜，2001b：75）。

上述安德遜服務使用的決定模式，並未討論時間或階段上的過程，若從服務使用的流程來看，有些障礙存在會影響民眾對服務的使用。Gates（1980: 165-167）認為民眾必須克服一系列的障礙，才能達到實際上使用服務的階段。這些障礙包括：(1)個人的知識、認知和動機：係指個人對問題的認知、求助的動機、具備向何處尋求協助的知識；(2)地理上的障礙是指考慮到機構使用服務所花費的交通時間和費用；(3)心理上的障礙乃是指向他人暴露自己個人問題的不安感，或接受服務可能造成被烙印之害怕感，這不安感或害怕感就是使用服務時的心理障礙；(4)資格規定之障礙：許多機構對於服務對象設有資格規定，若資格不符合就阻礙了服務的使用；又對使用者付費的機構而言，民眾若無足夠的所得收入去購買服務，可能就是使用上的障礙；另一些機構資格的認定係立基在有無需求的專業診斷上；(5)資源的可獲性係指當民眾有需要時，服務資源是可獲得的（引自呂寶靜，2001b：76）。

另Yeatts等人（1992: 25-26）從實務取向出發，提出一個服務使用的概念架構，依此概念架構，有需要的潛在案主群可能因某些服務輸送程序的欠缺而造成使用上的障礙。這些欠缺包括：(1)缺乏知識：包含對問題缺乏知識，故不體認有使用服務的需要、欠缺有關現有服務的知識及缺乏申請服務手續之知識；(2)缺乏可近性：可接近性的障礙至少有三種：①達到服務機構地點的能力，指交通問題；②可負擔性，指使用服務所需的費用；及③可獲性，服務不普及，故很難獲得服務；及(3)缺乏意圖：覺得服務沒有吸引力、對使用服務或接受協助抱持負面的態度，以及服務提供者與潛在案主間存在著的文化差異（引自呂寶靜，2001b：76-77）。

由此可知，若從服務使用的流程來看，「缺乏知識」或「缺乏知識、認知、動機」是使用服務首先要克服的障礙。換句話說，即使老人或家庭成員略略覺知到有尋求外來正式服務的需求，但因不認知居家服務或日間照護服務方案的存在，也就不可能使用該項服務，服務認知乃是服務使用的必要條件。有鑑於老人對於服務措施的認知偏低，故加強服務方案的宣傳是機構應努力的方向。因電視是老人較常接觸的大眾傳

播媒介，也是老人獲得訊息的主要管道之一，故透過電視來實施老年教育方案或傳遞政府各項社會福利措施的訊息，不失為可採行的好方法（引自呂寶靜，2001b：78-79）。

三、老人福利服務輸送的議題

如果側重在老人福利服務輸送過程，則有四個值得重視的議題：可獲性（availability）、可近性（accessibility）、可接受性（acceptability）及可負擔性（affordability）。在老人居住的鄰近地區有無上述服務之提供？又老人若要使用服務，是否有地理上或語言上的障礙？又服務若需使用者自付，則老人及其家人是否負擔得起費用？另人們對這類服務抱持何種看法——接受或排拒它？除此之外，還牽涉到資源配置的適當性（是否服務為真正需要的人所使用）及公平性（區域間的正義、不同族群間的公平）的考量。

首先，在可獲性方面，雖然表4-2中列舉出各項辦理的老人福利服務措施，但並不是每一個縣市所有的老人福利服務措施都有提供。以日間照顧服務為例，目前只有20個縣市提供（內政部統計處，2011）。即使是各縣都有辦理的項目，如機構或照護服務，也呈現某些地區供過於求的現象，但偏遠地區則是嚴重不足，如老人養護機構之供給量並不是患寡而是患不均的現象。其次，在可近性方面，為促進老人使用社區式的服務（如日間照護服務），交通接送服務乃是必要的。再次，在可接受性方面，呂寶靜（2001b：93）以日間照護服務之使用為例，探索影響老人使用福利服務的障礙，結果發現：若家人（特別是兒子）感受到老年父母使用正式服務會威脅到其孝順的形象，家人不贊成的態度可能就成為服務使用的障礙。另外，在老人方面，使用日間照護服務讓老人聯想到「自己已進入養老的階段」、「自己需要他人照顧」等「依賴者」的形象，則老人會抗拒去使用服務。再其次，在可負擔性方面，2007年通過之「我國長期照顧十年計畫」，照顧服務的部分分擔之設計原先為一般戶由民眾自行負擔40%，但實施後自付額偏高，民眾負擔不起，故自2010年起，自付額降為30%。綜上，建構一個普及化、可接近性高、

且民衆負擔得起的老人福利服務體系是政府應有的作爲。

肆、結語

　　我國老人福利政策方向，已從過去偏重在失能老人之照顧，進而強調活力老化和社會參與等議題。雖然政策對整體高齡化社會有回應，但對前述人口老化的歧異性與不平等議題，目前仍未受到政府部門足夠的關切。根據現有的實證研究或統計數據來看，人口老化在地區、性別及種族上，確實存有明顯之差異，這是因爲不同地區、性別或種族，所擁有之生活機會不同所致，其所造成的不平等，必須透過資源的重新配置加以消弭，而這項課題也將是未來政府需努力的方向。

　　誠如第二章所述，各國所推行的高齡化社會政策之目標旨在「提升老人的生活品質」，而生活品質除了個人主觀的感受外，還含括環境的客觀特質，特別是環境資源的可近性。故建構友善老人的住屋及生活環境是核心策略，此策略涉及到的政府部門較爲廣泛，依老人福利法的規定[2]，與建設、工務、住宅主管機關及交通主管機關之職責有關，有賴各相關部會協同合作才能完成，但本書並未加以討論。其次，在「社會關係」範疇方面，維護好的社會連帶關係，此策略看起來與個人的特質及生活型態較相關，但結識他人並進一步建立關係是需要機緣的，因而具社會化功能之活動的舉辦是有必要的；另鼓勵老人參與社團也是可推行的策略。此外，針對社會弱勢老人提供服務也是社會服務部門的重要工作。

　　再其次，在降低老年期疾病以及失能風險和維護認知與身體功能方面，培養健康的生活型態（如：從事體能活動、營養方案及運動休閒方案）和提供好的健康照顧服務是衛生主管機關的重點工作。此外，針對

---

[2] 老人福利法第三條指出「建設、工務、住宅、主管機關」之權則爲：主管老人住宅建築管理，公共設施與建築物無障礙生活環境等相關事宜之規劃、推動及監督等事項；「交通主管機關」之權則爲：老人搭乘交通運輸工具之規劃、推動及監督等事項。

老人複雜的健康問題，近來各國在因應老化的健康照護策略上，已開始朝向重視「健康促進」的概念發展，主張在發生障礙之前，先採取行動預防。不少研究指出，衰弱（frail）是造成日常生活功能依賴的重要且獨立之預測因素，針對衰弱但未失能的老人，或有輕微失能、高危險性惡化的老人，應即早採取適當的介入措施，這將能避免或延緩功能障礙發生。預防老人衰弱的發生，應是未來非常重要的介入方向。在衰弱老人的預防介入方面，可從降低老人的憂鬱情形、預防跌倒、促進老人從事休閒活動及鼓勵社會參與等方向著手（中央研究院，2011：55）。除了社會參與及健康促進的策略外，除了為實現活力老化目標項下的安全維護，特別是經濟安全，勞動市場政策和所得保障制度也需回應。

最後，愈來愈多的實證研究發現老人仍對社會有貢獻，學者遂有「生產力老化」（productive aging）主張之提出。生產力老化的意涵係指老人從事任何能產生財貨或服務的活動，或從事準備以發展能量來生產財貨或服務，不論此活動是否獲得金錢酬賞（Caro et al., 1993）。典型的生產力活動包括：(1)有酬工作，(2)志願服務，(3)終生學習，(4)照顧家人、朋友或鄰居。Sherraden等人（2001）則整理出六大種類的生產力活動，包括：(1)市場性的經濟活動，(2)非市場性但有價的活動，(3)正式部門的社會與公民投入，(4)非正式社會支持與協助，(5)社會關係與社會活動，(6)自我提升（引自楊培珊、梅陳玉嬋，2011：287）。在生產力老化的倡導下，吾人認知到健康老人所面對的挑戰有下列四項：(1)有些老人仍希望保有就業，他們可能有就業訓練、技能養成等方面之需求；(2)有些老人希望尋求社會、情緒上及智力上的刺激，譬如：維持一個智力上具挑戰、且沉思的心靈狀態；(3)建立非正式社會支持網絡是關鍵性的要素；(4)找出有意義的、且讓人滿足的社區志工活動（Kaye, 2005）。爰此，政府未來的政策發展將需要採取更為主動積極之取向。

問題與思考

1. 你覺得影響我國老人福利法制定的因素有哪些？
2. 內政部目前辦理的老人福利措施是否足以達成「保障老人生活品

質」的目標？除了內政部辦理的措施外，中央其他部會推動的相關
措施有哪些？

建議研讀著作

1. 行政院（2009）。友善關懷老人服務方案。

2. 呂寶靜（2001）。第三章老人使用日間照護服務的決定過程：誰的需求？誰的決定？*老人照護——老人、家庭、正式服務*（頁67-108）。臺北：五南。

3. 吳玉琴（2011）。臺灣老人福利百年軌跡——老人福利政策及措施之省思與展望。*社區發展季刊*，133，139-159。

參考書目

一、中文書目

立法院（2007）。*立法院第6屆第4會期第16次會議議案關係文書*。臺北：立法院。

中央研究院（2011）。*人口政策建議書*。臺北：中央研究院。

行政院（2007）。*我國長期照顧十年計畫——大溫暖社會福利套案之旗艦計畫*。臺北：行政院。

內政部（2008）。*人口政策白皮書：針對少子女化、高齡化及移民問題對策*。臺北：內政部編印。

內政部（2010）。*老人福利與政策*。（http://sowf.moi.gov.tw/04/01.htm）

內政部統計處（2010）。*中華民國98年老人狀況調查報告*。臺北：內政部。

內政部統計處（2011）。*內政統計年報*。（http://sowf.moi.gov.tw/stat/year/list.htm）

吳玉琴（2011）。臺灣老人福利百年軌跡——老人福利政策及措施之省思與展望。*社區發展季刊*，133，139-159。

吳淑瓊、戴玉慈、莊坤洋、張媚、呂寶靜、曹愛蘭、王正、陳正芬（2004）。建構長期照護體系先導計畫——理念與實踐。*臺灣衛誌*，23(3)，249-258。

呂寶靜（1998）。保障老人社會權的福利政策規劃。收錄於詹火生、古允文（編），*新世紀的社會福利政策*（頁199-210）。臺北：厚生基金會。

呂寶靜（2001a）。「加強老人安養服務方案」在我國老人福利政策的角色。內政部「加強老人安養服務方案」執行情形座談會會議資料。

呂寶靜（2001b）。*老人照顧——老人、家庭、正式服務*。臺北：五南。

呂寶靜（2002）。第五章老人福利服務。見呂寶靜（主編），*社會工作與臺灣社會*（頁177-220）。臺北：巨流。

呂寶靜、施教裕、吳淑瓊、張淑英（1995）。*老人福利政策之研究*。臺北：內政部社會司委託研究報告。

呂寶靜、陳政雄、羅孝賢、李晶、傅從喜、王中允（2007）。人口政策白皮書及實施計畫之研究期末報告——子計畫二「因應我國邁入高齡社會對策之研究」。

臺北：內政部委託研究案。

林昭文（1998）。一九九九國際老人年：不分年齡人人共享的社會。*社區發展季刊*，83，280-286。

林萬億（2006）。「高齡社會的來臨：為2025年臺灣社會規劃之整合型研究」計畫簡介（I），發表於行政院國家科學發展委員會高齡社會研究團隊主辦之「2005-6年高齡社會研究規劃成果發表會」，2006年7月。

徐立忠（1989）。*高齡化社會與老人福利*。臺北：臺灣商務印書館。

黃碧霞、莊金珠、楊雅嵐（2010）。高齡化社會新對策——從「友善關懷老人服務方案」談起。*社區發展季刊*，132，3-14。

楊培珊、梅陳玉嬋（2011）。*臺灣老人社會工作：理論與實務*。臺北：雙葉。

二、英文書目

Bengtson, V., P. Norella, & J. Malcolm (2005). The Problem of Theory in Gerontology Today. In M. Johnson (Ed.), *The Cambridge Handbook of Age and Ageing* (pp. 3-20). Cambridge: Cambridge University Press.

Kaye, L. W. (2005). Chap. 1 A Social Work Practice Perspective of Productive Ageing. In Lenard W. Kaye (ed.), *Perspectives on Productive Aging: Social Work with the New Aged* (pp. 3-17). Washington D.C.: NASW Press.

WHO (2007). Global Age-friendly Cities: A Guide, available at http://www.who.int/ageing/publications/Global_age_friendly_cities_Guide_English.pdf.

5

第五章

經濟安全

壹、前言

由於大多數工業國家都實施退休制度，通常將65歲訂為退休年齡，結果使得一般勞工喪失原有的收入，除非該勞工有足夠的累積資產可資利用，或有公共或私人的退休金等其他收入來源，否則將面臨經濟不安全的問題。更甚者，一個勞工退休後除了喪失所得外，還可能會因年老生病需要住院醫療而產生額外的照顧費用，更加重此時期的經濟不安全（柯木興，2000：7-14）。故人口結構快速老化的社會裡，老人如何獲取資源以安養餘年，成為政策關注的議題。

本章的內容首先說明如何瞭解個人的經濟地位；其次分析老年期經濟不安全的因素；再其次探討各國因應人口老化之經濟安全制度的發展趨勢；最後討論我國保障老年經濟安全之作法。

貳、老人的經濟狀況

現代社會裡，個人最主要的經濟來源是薪資收入，然在評量老人的經濟狀況時，除了貨幣所得（money income）外，老人的其他經濟財富資源也應列入考量。個人的經濟財富資源大致包括以下四類（Smeeding, 1990）：(1)傳統或經常性所得（traditional or regular income）：即傳統定義的所得收入，如：薪資、公共的現金移轉及私人的現金移轉等；(2)財產及借貸（wealth and loans）：包括因財產所得的收入，如：利息、租金等，以及回收的借款；(3)經常性實物給付（regular in-kind payments received）：係指一些實物上的收入，例如：由健康照顧、食物、房子等獲得的實物性移轉，生意上的移轉或是因親戚代為照顧年老的家庭成員所獲得的時間移轉等；(4)間歇性移轉（intermittent transfers received）：包括親友的禮物、保險收入等。由此可知，在評量老人的經濟狀況時，對經濟資源範疇的界定不同，老人的經濟狀況就會有異。

以美國為例，稅賦與政府移轉對所得的影響如後：(1)未稅前的貨幣所得，有65歲以上老人的家戶，每個家戶平均年所得為每年美金23,369

元；(2)如果扣除政府移轉性的收入，但將資產獲利（capital gain）及受雇者的健康照護之給付納入計算，則調整後的未稅所得降爲10,337元；(3)又如果也不考量各種稅賦減免（換言之，對老人如同其他年齡層者課稅），則其所得降爲9,890元；(4)但如果將政府的各種移轉納入計算，則家戶所得增加爲30,134元；又將房屋資產（home equity）的報酬也納入計算，則提高爲33,201元。由此可知，稅賦減免與政府移轉確實大大改變了老人的經濟狀況，也會降低老人家戶間的所得不平等（Crown, 2001）。

參、老年期貧窮風險的致因

一、個人歸因或結構解釋觀點

爲何某些個人或團體易於淪爲貧窮，可歸納出「個人解釋」與「結構解釋」兩個論點。個人解釋的論點是強調貧窮之所以會發生，乃係由於個人的缺失、錯誤或是缺陷所造成。又有從人力資本（human capital）的觀點，認爲貧民本身缺乏教育、知識、技術與訓練等。此外，人類學者Oscar Lewis（1959）提出「貧窮文化」（culture of poverty）的觀點，這個觀點透過Harrington等人的進一步詮釋，認爲貧民與其他社會成員在價值、行爲模式及信念上有所不同，形成貧窮次文化，代代相襲，造成貧窮的持續與循環（Popple & Leighninger, 2007: 188-200；呂朝賢，2007；引自孫健忠、王篤強，2011：40）。

至於結構觀點的解釋則認爲個人之所以淪爲貧窮，並不是個人因素或文化因素的影響，而是整個社會與經濟制度建構的結果。以年齡而言，Walker（1980）提出「老年依賴的社會建構」（social construction of dependency in old age）的論點，藉以說明老年貧窮不應歸因於老年人本身，而是社會建構退休制度及排除老人就業的結果（引自孫健忠、王篤強，2011：40）。

二、社會排除觀點

　　將「社會排除」的概念運用於老人貧窮因素的探索,則是在晚近隨著歐盟的組成才逐漸建構出來。目前的相關實證資料顯示,老年時期的貧窮風險似乎較易集中在女性、居住鄉村、少數族裔、喪偶、獨居等老人族群,其中最引人注目的就是「貧窮女性化」和「貧窮鄉村化」的議題(引自鄭麗珍、黃泓智,2006:30)。

三、生命歷程觀點

　　有關老人經濟地位的分析,近年來納入生命歷程的觀點:老人的經濟地位受其一生之選擇與事件的影響,遠大於退休後單獨發生事件的影響力。舉例來說,個人婚姻、家庭規模、成家或生育時機、教育年數等,均會影響到工作的歷史及消費、儲蓄之決定,進而又影響到個體退休後獲得年金的管道與適足性(Crown, 2001)。若就生命歷程觀點從時間的縱貫面來進行分析發現:老年時期的經濟福祉不僅受到個人目前經濟現實的限制(如:每月收入、存款金額、持有房地產等因素)和健康問題之影響外,早年社經地位和人力資本累積具有不可忽略的影響力。其次,個人所歷經的負面的生活歷程事件(譬如:親子關係絕裂、喪偶或離婚、城鄉遷移等),也會加劇貧窮危機。而兩性走向老年貧窮的路徑不盡相同,尤其在年歲愈大之時,男性經濟風險與其人力資本直接相關,而女性則是以配偶為主要保障,其次才是教育程度與現有資產(引自鄭麗珍、黃泓智、吳文傑,2008:47)。

肆、老年期經濟安全保障體系

一、資源移轉的方式

　　一般老人如何獲得資源以有效保障老年時期經濟生活的安全呢?涂肇慶、陳寬政(1990)指出:個人勢需運用各種資源移轉的方式,以獲取所需的物資或服務。資源的移轉可分類為三種:(1)生命週期的移轉:即個人將生命中的早期或中期的資源移轉至晚期使用,如:儲蓄、投資、

Box 5：老年婦女陷入貧窮之因素及困境

　　老年婦女陷入貧窮的因素為何？吳雅惠（1997）深入訪談12位領取中低收入老人生活津貼的老年婦女，藉以勾勒出其生活狀況及一生中面臨的困境與難關。研究結果顯示：由於女性身為經濟依賴者的身分，因此，陷入貧窮最大的因素在於被依賴者無法提供充足的經濟生活，而女性的被依賴者包含丈夫、子女及自己（含娘家）。由女性的一生來看，她們先是出生在不甚富裕的家庭，原生家庭無法對她們做人力投資，再加上勞力市場的性別歧視，使她們無法靠自己的力量賺取薪資。除此之外，娘家的困窘也無法提供任何財產的繼承。長大成人後，在婚姻市場上找不到條件較佳的丈夫，經濟生活得不到保障。而在這種貧困的條件下，對所生育的子女自也無法做良好的投資，培育其人力資本，影響其在勞力市場的表現；再加上子女若無撫養之意願，「養兒防老」的期待自然落空。更深一層去探究老年婦女陷入貧窮的因素，其實是受到「男主外、女主內」的分工方式之影響，女性擔負起無酬的家務工作及照顧工作的責任，再加上女性在教育、財產繼承、勞力市場等所受到的不平等待遇，致使她們要靠自己的力量賺取薪資是相當不容易的，造成她們的經濟生活只能依賴男性，而當被依賴的男性無法支持時，就無可避免的陷入貧窮。

　　面對貧窮這項事實，大多的受訪者都抱持著宿命論的態度，把一切歸因於命運的安排，對這些生活上的磨難，認命似乎使得她們較能接受貧窮，對未來也不抱持希望，認為生活就是這樣過了，改善的機率不大。對受訪者來說，她們不僅要調適貧窮的事實，亦要調適老化。而在適應的方法上，受訪者多是參與宗教活動、運動、與鄰居聊天等方式來調適自己的心情。但由她們所從事的活動來看，侷限於自家附近，並很明顯的偏向從事免費的活動，形成了社會疏離的現象。會造成這種現象的因素即是因為受訪者受限於經濟狀況、教育程度以及自卑心理，使她們與外界聯繫的程度不高。

個人年金等均是。(2)家庭間或家庭內的移轉：家庭間的移轉指不同家戶間所得的移轉，如：親友的協助、成年子女提供父母生活所需等；家庭內的移轉包括就業者對同一家戶內未就業者的扶養，如：丈夫扶養妻子、子女扶養年邁父母等均是。(3)社會的移轉：即將資源由高所得者移轉給低所得者、年輕的勞動人口移轉給年老退休者等的有關制度屬之。社會的移轉往往需透過政府或企業等制定相關制度方能順利推展，其具體措施包含各種企業福利以及社會安全制度等均是。

二、多層次的年金體系

國際勞工組織具體提出了一個因應人口老化和年金財務壓力的解決之道，就是建立多層次的年金體系。國際勞工組織所建議的是一個四層的年金體系（Gillion et al., 2000）：第一層是針對自身無足夠資源者提供資產調查給付，以避免貧窮；第二層是強制性的、公營的、隨收隨付的確定給付體系，提供適當程度的所得替代（40%至50%之間）；第三層以確定提撥為基礎，將一定的薪資等級強制納入，可交由民營，提供定期性給付；第四層是志願性、私營的年金體系。根據國際勞工組織的主張，這個四層的年金體系是以第二層的社會保險隨收隨付制的年金制度為核心，而由其他的三個體系作為補充（引自呂寶靜等，2007：144）。

世界銀行（World Bank）於1994年曾就人口老化與社會結構改變引發老人所得安全之危機，提出一個多柱的年金體系。世界銀行認為，為了避免通貨膨脹、景氣及投資報酬率影響，年金體系的設計應該發揮儲蓄、所得重分配及保險三大功能，但這並非單一體系所能達成，應包括下列三柱（World Bank, 1994: 15-16；引自黃源協、蕭文高，2006：168-169）：

1. 強制性公共管理支柱：主要由稅收支應，負擔重分配與共同保險功能，其可採取三種形式：資產調查、最低保證年金、普及性或與就業相關的定額給付。
2. 強制性民間管理支柱：主要為法定完全提存準備制，負擔儲蓄與相互保險功能，其可採取兩種形式：個人儲蓄帳戶或職業年金計畫。

3. 自願性支柱：屬志願性職業年金或個人年金，主要為完全提存準備制，負擔儲蓄與相互保險功能，乃個人為了老年享有更多所得與保障之措施。

世界銀行隨後於2005年將既有的三柱擴大成五柱，增加了第零柱與第四柱，原先第一柱中的社會救助或津貼分出來成為第零柱，並加入了非正式部門在家庭內或世代間的支持而成為第四柱（Holzmann & Hinz, 2005: 1-2；引自黃源協、蕭文高，2006：170）。

柯木興、林建成（2005）針對五柱的保障模式，說明如後（見圖5-1）：

1. 第零柱或底柱（zero or basic pillar）保障：一種「殘補式」的全民補助或「社會年金」（social pension），主要係在有效保障終生貧窮者，以及資源不足或不適用任何法定年金的非正式部門和正式部門的年老勞工；亦即，非納費式的社會救助或社會福利制度，其目的在於提供貧窮老人的最低生活保障。

2. 第一柱（the first pillar）保障：一種「強制性」的社會保險或公共年金制度，保險財源來自社會保險保費，是隨收隨付式的確定給付型態，其主要特色係透過社會連帶責任的重分配功能，藉世代間所得移轉作用來提供老年退休者最低生活水準的終生保障。

3. 第二柱（the second pillar）保障：一種「任意性」的員工退休制度，無論是職業年金或個人年金，其主要特色係採確定提撥制為主的完全提存處理方式運作。

4. 第三柱（the third pillar）保障：一種「自願性」的個人商業保險儲蓄制度，無論是職業年金或個人年金，均採自願性的事前提存準備制度，給付的型態均透過私部門的保險機構來承保，用以提供長期的保障。

5. 第四柱（the fourth pillar）保障：一種「倫理性」的家庭供養制度，它對無工作的家庭成員提供其晚年生活照顧，這層保障主要係導入開發中國家固有傳統重視孝道的倫理道德思想，以及疾病相扶持的共濟觀念。

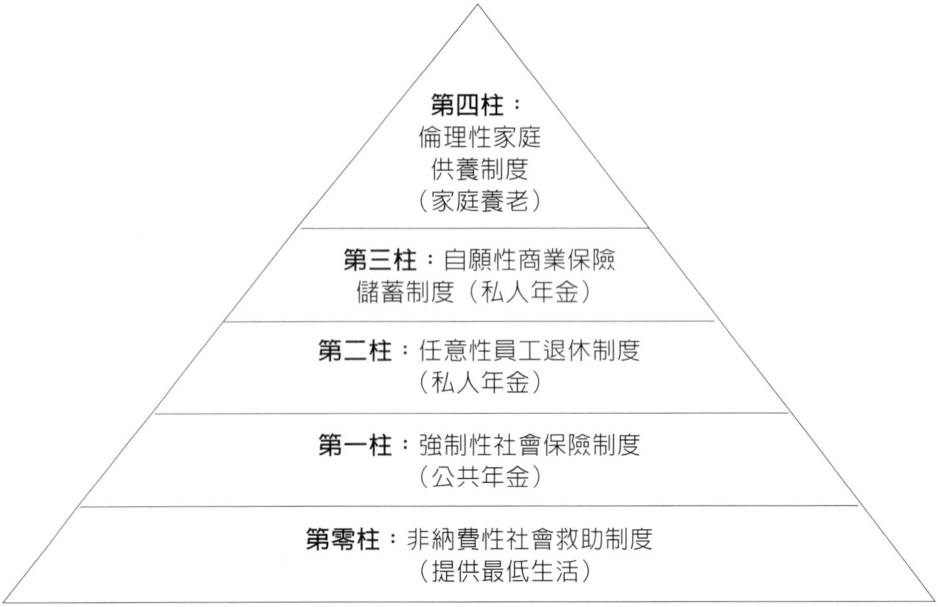

第四柱：
倫理性家庭
供養制度
（家庭養老）

第三柱：自願性商業保險
儲蓄制度（私人年金）

第二柱：任意性員工退休制度
（私人年金）

第一柱：強制性社會保險制度
（公共年金）

第零柱：非納費性社會救助制度
（提供最低生活）

圖5-1　多柱式老人經濟保障模式圖

資料來源：柯木興、林建成（2005）。*漫談社會保險與個人帳戶制*，頁42。

伍、臺灣老年所得保障制度

一、老人的生活費用來源和工作就業狀況

　　臺灣地區65歲以上老人對未來生活最擔心的問題之前三項為：自己的健康問題（占34.45%）最多，其次為經濟來源問題（占16.67%）及自己生病失能照顧問題（占16.42%）（內政部統計處，2010）。由此可知，經濟上的不安全感是存在著的。

（一）老人之主要生活費用來源

　　老人的所得支持體系可區分為六個層次：(1)就業；(2)非繳費式的津貼或社會年金；(3)繳費式的年金給付方案；(4)強制性的個人儲蓄帳戶方案；(5)不同形式的自願性退休給付方案，如：私人年金、企業年金；

(6)非正式的家庭或代間資源（World Bank, 2005；呂寶靜等，2007）。
那麼，臺灣地區老人的生活費用來源為何？由表5-1可知，1989年時老
人的生活費用之主要來源，來自子女奉養的百分比從58.37%減為2009年
的42%；而政府救助或津貼自1989年的1.23%上升到2009年的17.12%。
此種趨勢反映出臺灣老人在經濟上依賴子女的情況在減少，反而是依賴
政府的比例急遽上升，此係與政府實施的政策有密切關係，政府1994
年「中低收入老人生活津貼」之實施，以及2002年「敬老福利生活津
貼」之發放，某種程度改變了「老人和家庭、國家」的關係（呂寶靜，
2011）。

表5-1 65歲以上老人生活費用之主要來源

單位：%

年	工作收入（含配偶）	本人的退休金、撫卹金或保險給付	儲蓄、利息租金或投資所得	子女奉養（含媳婦、女婿）	社會或親友救助	政府救助或津貼
1989	10.95	11.87	16.11	58.37	0.86	1.23
1991	10.78	16.07	17.41	52.37	1.09	1.57
1993	10.85	14.76	19.18	52.30	0.86	1.61
1996	11.64	17.55	15.21	48.28	0.40	6.37
2000	13.72	15.93	9.26	47.13	0.53	12.33
2002	13.40	16.48	10.28	44.11	0.31	14.81
2005	14.49	13.04	9.22	46.48	0.46	15.97
2009	11.59	16.40	12.33	42.00	0.17	17.12

1. 資料來源：「老人狀況調查」，1992、1994、1997、2000、2005、2010。

2. 1989年、1991年、1993年及1996年「工作收入（含配偶）」包括「本人工作
   收入」及「配偶工作收入或退休金」；2002年、2005年與2009年「工作收入
   （含配偶）」包括「自己的工作或營業收入」及「配偶提供」。

3. 1989年、1993年及1996年「儲蓄、利息租金或投資所得」涵蓋「房租及利息
   收入」、「買賣股票、房地產等交易所得」，以及「本人或配偶的積蓄（含
   變賣財物）」；1991年「儲蓄、利息租金或投資所得」涵蓋「房租及利息
   收入」和「本人或配偶的積蓄（含變賣財物）」；2002年、2005年與2009
   年「儲蓄、利息租金或投資所得」則為「自己的儲蓄、利息租金或投資所
   得」。

　　兩性之經濟來源有無差異？依據「中華民國98年老人狀況調查報告」，男性老人之經濟來源以來自「子女奉養（含媳婦、女婿）」重要度最高，其次為「自己退休金、撫恤金或保險給付」；而女性老人之最重要經濟來源也是「子女奉養（含媳婦、女婿）」，其次則是「政府補助或津貼」；至於「自己工作或營業收入」，男性之重要度（11.28%）遠高於女性（4.75%）。又就教育程度而言，教育程度愈高，經濟來源為「子女奉養」之重要性愈低，而「自己退休金、撫恤金或保險給付」之重要度愈高。由此可知，女性老人或低教育程度之老人，其經濟來源較依賴子女奉養。

表5-2　65歲以上老人之主要經濟來源之重要度

單位：重要度；%

項目別	自己工作或營業收入	配偶或同居人提供	自己儲蓄、利息、租金或投資所得	自己退休金、撫恤金或保險給付	子女奉養（含媳婦、女婿）	向他人借貸	政府補助或津貼	社會或親友救助	其他	不知道／拒答
98年調查	7.91	5.23	14.93	17.37	48.29	0.06	29.66	0.40	0.05	0.28
性別										
男	11.28	2.49	16.08	26.63	37.87	0.10	26.36	0.35	-	0.28
女	4.75	7.80	13.86	8.70	58.04	0.02	32.75	0.45	0.10	0.28
教育程度										
不識字	6.67	2.58	10.05	3.00	59.04	-	44.49	0.63	0.24	0.51
自修、私塾或小學識字者	9.20	4.25	12.28	7.62	56.48	0.12	35.78	0.45	-	0.10
國（初）中	7.44	9.37	19.36	18.30	45.58	-	22.55	0.08	-	-
高中（職）	8.00	9.88	20.76	30.08	34.81	0.07	15.83	0.50	-	0.50
專科	5.10	2.65	17.26	64.24	21.53	-	6.06	0.16	-	-
大學及以上	7.94	7.05	24.89	55.18	16.67	-	6.01	-	-	0.52

資料來源：內政部統計處（2010）。*中華民國98年老人狀況調查報告*，頁121。

（二）老人工作狀況

　　工作對老人而言不僅是經濟來源，也是個人社會地位建構的基礎，引導人際互動的模式，工作角色的喪失容易造成老人與社會的隔離。由表5-3可知，在1989年老人仍有工作的比例為18.99%（約5位老人中有1位仍在工作），至2003年降為11.17%。如果將工作的範圍擴大為從事生產力的工作，包括：幫忙家人的工作（如：農事、生意或加工）以及家庭管理（如：煮飯、洗衣、買菜、照顧小孩等），將兩者合計，1989年為25.65%，到2003年上升為35.87%。由此可知，老人雖然從支薪有給職的工作崗位上退休，但其在退休後所從事的活動仍是對社會有貢獻（呂寶靜，2011）。

表5-3　65歲以上老人之工作狀況

單位：%

年	目前有工作	幫助家人的工作	家庭管理（如：煮飯、洗衣、買菜、照顧小孩）	沒有從事任何工作
1989	18.99	4.17	21.48	55.36
1993	19.11	3.92	15.60	61.38
1996	14.73	5.61	19.73	59.93
1999	12.34	6.44	27.32	53.91
2003	11.17	7.13	28.74	52.96

1. 資料來源：作者分析自行政院衛生署國民健康局「臺灣地區中老年身心社會生活狀況長期追蹤調查系列研究」資料庫。

2. 「目前有工作」的部分，1989年涵蓋「固定地或季節性地經營自家地或企業」、「固定地或季節性地受人僱用」，1993年涵蓋「為自家經營的農地或企業工作（包括自僱者）」、「為他人工作（即受僱於私人企業或政府單位）」，1996年、1999年及2003年涵蓋「有工作（全職或兼職者皆算）」與「有一份工作，但暫時沒去做」。

3. 1996年、1999年及2003年「沒有從事上述任何工作」涵蓋「沒有做上述任何工作」以及「沒有工作，正在找工作」。

二、老人經濟安全保障方案

依老人福利法第11條規定：「老人經濟安全保障採生活津貼、特別照顧津貼、年金保險制度方式，逐步實施。」（李瑞金，2011）茲將各項方案簡要說明如後：

（一）中低收入老人生活津貼

為保障中低收入老人之基本生活水準，對年滿65歲以上、生活困苦無依或子女無力扶養之老人，未接受政府收容安置者，直接提供經濟援助。自1993年7月1日起發給中低收入老人生活津貼，其家庭總收入按全家人口平均分配，未達最低生活費用標準1.5倍者，每人每月發給生活津貼6,000元；而達1.5倍以上2.5倍以下者，每人每月發給生活津貼3,000元。

（二）中低收入老人特別照顧津貼

對領有中低收入老人生活津貼且未接受機構收容安置、居家服務、未僱用看護、未領有政府提供之日間照顧服務補助或其他照顧服務補助者，其失能程度經直轄市、縣（市）主管機關指定或委託之評估單位（人員）作日常生活活動功能量表評估為重度以上，且實際由家人照顧。補助家庭照顧者中低收入老人特別照顧津貼每月5,000元，以彌補因照顧家中老人而喪失的所得。

（三）敬老福利生活津貼

本項方案之對象為：年滿65歲以上，排除已領軍公教月退休金和其他津貼者，有排富條款；每月3,000元。至於原住民敬老福利津貼，給付資格同敬老福利生活津貼，只是年齡降為年滿55歲之原住民。上述兩項津貼已自2008年10月1日配合國民年金保險開辦，併入老年基本保證年金賡續推動。

（四）老年農民福利津貼

資格對象為老年農民，年滿65歲，申領時參加農民健康保險之農民且加保年資合計6個月以上者或已領取勞工保險老年給付之漁會甲類會員，且會員年資合計6個月以上者；至於給付標準為每月新臺幣6,000元。

（五）年金保險制度

在社會保險年金制度方面，可分類為：(1)與就業相關的社會保險年金制度——勞工保險老年年金給付：勞工保險係在職保險，保障對象為年滿15歲以上、60歲以下，實際從事工作並獲得報酬維生之勞工，應由其雇主或所屬的團體或機構為投保單位參加勞工保險為被保險人。(2)未就業相關的社會保險年金制度——國民年金保險老年年金給付：國民年金保險之參加對象，係為未參加任何就業相關保險保障者，如：家庭主婦、失業者、無業者、學生或其他自由職業者。2007年立法通過「國民年金制度」，2008年10月1日已正式施行（陳琇惠，2011）。其實除了上述兩類年金保險外，在公教人員方面，依公教人員保險法可領「養老給付」；而軍人退休者，依軍人保險條例，可領「退伍給付」。

此外，在第二柱保障（職業年金）方面，軍公教人員可請領退撫基金，給付資格為：(1)任職5年以上滿65歲者（強制退休）；(2)任職5年以上滿60歲者（自願退休）；(3)任職滿25年者（自願退休）。給付方式為「一次金」或「月退金」或「部分一次金部分月退金」。至於勞工則可請領勞工退休金，給付資格為：勞工年滿60歲，工作年資滿15年以上者，得請領月退休金；但工作年資未滿15年者，應請領一次退休金；給付方式為「一次金」或「月退金」。

陸、結語

老人的經濟不安全不僅影響其基本生活或需求的滿足，還與其主觀福祉感有關。國內實證研究指出：老人的收入較高者，其達到成功老化

的可能性較高（徐慧娟、張明正，2004）。此外，老人經濟狀況較好者，生活滿意度也較高（林麗惠，2004；連雅芬等，2007）。由此可知，老人經濟不安全風險是重要的政策議題。

老年期經歷貧窮問題是其一生不利條件的累積效應之呈現，與其生命週期中的教育、就業、健康（生病）、婚姻、養育子女、擔任家庭照顧者等因素息息相關，故除了完善老年期所得保障制度外，也應將教育政策、勞動政策、就業政策、健康政策、住宅政策、家庭政策、社會福利制度都納入考量。

女性擔任家庭照顧者對其經濟安全有深遠的影響，因女性所從事的照顧工作是無酬的，這無酬的性質，就注定女性經濟上的依賴性及脆弱性。也就是說，女性終其一生扮演照顧家庭內依賴成員的角色（年輕時照顧幼小子女；中年期照顧老年父母；晚年期照顧失能的丈夫），而必須放棄有酬工作或降低有酬工作投入的程度。然因家庭照顧無酬的性質，造成了女性經濟依賴的地位，這種經濟依賴的不確定性隨著婚姻解組的增多，致使女性的貧窮問題顯現出來。此外，女性若未外出就業，無經濟資源可用來從事私人儲蓄、投資理財、購置私人保險等方式，來為老年的經濟生活作準備。加上現有以「工作價值」（有工作、有貢獻，才有給付）為基礎的社會安全制度之設計，並不能適當的保障婦女的經濟安全，造成婦女進入老年期後，沒有資格領取老年年金給付或只領取微少的給付而陷入經濟困境。難怪Graham（1983: 22）會說：「對女性而言，貧窮與照顧就像硬幣的一體兩面。」（呂寶靜，2003：116-117）

貧窮也常伴隨著社會支持體系薄弱或缺乏的問題。社會支持之定義為個人從正式關係或非正式關係中主觀感受到或客觀實際獲得的協助（包括情感性、資訊性和物質性的協助），社會支持對個人產生正向或負向的影響（Antonucci, 1985）。實證研究亦顯示：老人的生活品質或生活滿意度與其社會支持密切相關，因此，針對貧困老人除了透過社會救助方案提供經濟協助外，增進老人社會關係的各項方案（如：關懷訪視服務、電話問安服務、休閒活動參與）也有其必要性。

問題與思考

1. 依你的看法，老年期陷入貧窮與中年期陷入貧窮，致貧的因素有何異同之處？

2. 從生命週期觀點出發，老年婦女貧窮的路徑不同於男性，爲什麼？又現行的社會救助措施可有效處理貧窮女性化的議題嗎？

3. 貧窮老人易陷入社會孤立的處境，有哪些措施可以改變此種狀況？

建議研讀著作

陳琇惠（2011）。臺灣老年所得保障制度的演變與發展。*社區發展季刊*，133，123-138。

參考書目

一、中文書目

內政部（1989）。*老人狀況調查報告*。臺北：內政部。

內政部（2005）。*老人狀況調查報告*。臺北：內政部。

內政部統計處（2010）。*中華民國98年老人狀況調查報告*。臺北：內政部。

行政院主計處、內政部（1994）。*中華民國‧臺灣地區老人狀況調查報告*。臺北：行政院主計處、內政部合編。

吳雅惠（1997）。*老年婦女陷入貧窮之因素及其困境之探討——以臺北市為例*。政治大學社會學研究所碩士論文。

呂寶靜（2003）。性別與家庭照顧：一個女性主義的觀點。收錄於王雅各主編，*性屬關係：性別與社會、建構（上）*（第101-134頁）。臺北：心理。

呂寶靜（2011）。第五章老人福利服務。收錄於呂寶靜主編，*社會工作與臺灣社會（第二版）*（第129-163頁）。新北市：巨流。

呂寶靜、陳政雄、羅孝賢、李晶、傅從喜、王中允（2007）。*人口政策白皮書及實施計畫之研究期末報告——子計畫二「因應我國邁入高齡社會對策之研究」*。臺北：內政部委託研究案。

李瑞金（2011）。我國老人福利政策與立法發展。*社區發展季刊*，133，93-108。

林麗惠（2004）。高齡者生活滿意度之調查研究。*玄奘社會科學學報*，2，45-84。

柯木興（2000）。*社會保險*。臺北：三民。

柯木興、林建成（2005）。*漫談社會保險與個人帳戶制*。高雄：復文。

孫健忠、王篤強（2011）。第二章貧窮與社會救助。收錄於呂寶靜主編，*社會工作與臺灣社會（第二版）*（第33-66頁）。新北市：巨流。

徐慧娟、張明正（2004）。臺灣老人成功老化與活躍老化現況：多層次分析。*臺灣社會福利學刊*，3(2)，1-36。

涂肇慶、陳寬政（1990）。人口變遷對社會安全制度的影響。臺北：人口變遷與經濟社會發展研討會。

連雅芬、黃惠滿、蘇貞瑛（2007）。社區獨居老人人格韌性、社會支持與生活滿意度相關性研究。*長期照護雜誌*，12(1)，161-178。

陳琇惠（2011）。臺灣老年所得保障制度的演變與發展。*社區發展季刊*，133，123-138。

黃源協、蕭文高（2006）。*社會政策與社會立法*。臺北：雙葉書廊。

鄭麗珍、黃泓智（2006）。「*高齡社會研究成果報告書——高齡社會的來臨：為2025年臺灣社會規劃之整合研究（經濟安全組）*」，第三章「文獻檔案分析——高齡化社會與老人經濟安全」，頁9-44。行政院國家科學委員會研究計畫。

鄭麗珍、黃泓智、吳文傑（2008）。「*高齡社會研究成果報告書——高齡社會的來臨：為2025年臺灣社會規劃之整合研究（經濟安全組）*」期末報告。行政院國家科學委員會研究計畫。

二、英文書目

Antonucci, Toni C. (1985). Personal Characteristics, Social Support, and Social Behavior. In Robert H. Binstock and Ethel Shanas (eds.), *Handbook of Aging and the Social Sciences* (2nd ed., pp. 94-128). New York: Van Nostrand Reinhold.

Crown, William (2001). Economic Status of the Elderly. In Robert H. Binstock and Linda K. George (eds.), *Handbook of Aging and the Social Sciences* (5th ed.)(pp. 352-368). San Diego, CA: Academic Press.

Gillion, Colin, J. Turber, C. Bailey, & D. Latulippe (2000). *Social security pensions: Development and reform.* Geneva: International Labor Office.

Smeeding, Timothy M. (1990). Economic Status of the Elderly. In Robert H. Binstock and Ethel Shanas (eds.), *Handbook of Aging and the Social Sciences* (3rd ed., pp. 362-381). San Diego, CA: Academic Press.

World Bank (2005). *Old-age Income Support in the Twenty-first Century: An International Perspective on Pension Systems and Reform.* Washington D. C.: World Bank.

6

第六章

健康促進

壹、前言

健康與福祉被聯合國認定為老人的兩大迫切與普及的社會議題（Antonucci et al., 2002: 618）。而國內有關老人需求之調查也顯示：健康醫療之需求總是排在第一位或第二位（謝高橋、陳信木，1994）。由於長期健康危害因子的累積，老年人口可以說是所有年齡組中，健康狀況最複雜者。依行政院衛生署國民健康局（2008）資料顯示：65歲以上老人自述經醫師診斷罹患慢性病數，有一項以上者占88.71%，兩項以上者占71.67%，可見老人罹患多項慢性病的情形頗為普遍。又依「中華民國98年老人狀況調查報告」，約有11.7%為身體功能障礙者，另約有兩成有憂鬱症（內政部統計處，2010）。在此複雜的身體問題背景下，老人對健康照護服務的需求隨之多元化，除了提供醫療服務外，對於功能障礙者或缺乏自我照顧能力者，需要密集的長期照顧服務；另對大多數老人所需的健康促進與疾病預防需求更應加以重視，以預防或延緩老人身心功能的退化，減少長期照顧的需求，控制節節升高的照顧費用。本章的內容主要有三部分：首先說明臺灣老人生理和心理健康的狀況；其次討論健康促進的內涵和策略，特別引介日本和美國的作法；再其次分析臺灣推動預防保健和健康促進的情形。

貳、臺灣老人生理和心理健康的狀況

在身體健康方面，老人自評健康情形為何？依「中華民國九十八年老人狀況調查報告」（2010：44）顯示：老人目前的健康與身心功能狀況良好者（包括「很好」與「還好」）最多，占52.21%（分別占13.90%和38.31%），其次為不好者（含「不太好」與「很不好」）占27.15%，再次為普通者占19.02%。至於老人罹患慢性病的情形，依行政院衛生署國民健康局（2008）資料顯示：65歲以上老人自述經醫師診斷罹患慢性病數，有一項以上者占88.71%，兩項以上者占71.67%，三項以上者占51.25%，可見老人罹患多項慢性病的情形頗為普遍。至於老人常見的五

大慢性疾病為：高血壓、白內障、心臟病、胃潰瘍或胃病，以及關節炎或風濕症，其盛行率約在兩成至四成。而老人常罹患的這些疾病，在醫療需求上的特性有：(1)所需看病的頻率次數及住院平均日數特別長；(2)醫療費用特別高。因此，老年人若無儲蓄或退休後無好的所得保障，加上容易致病，在長期的拖累下，將無以負擔所需要的高醫療費用（藍忠孚，1990：82）。故如何預防老人罹患慢性疾病，進而推廣老人保健工作，乃是高齡化社會中的重要課題。

臺灣地區老年人口十大死因為何？2011年之資料顯示，死於惡性腫瘤者最多，是臺灣老人死亡的第一大殺手；其次，心臟病和腦血管疾病分別為臺灣老人的第二和第三大死因，臺灣每年死亡的老人中，約有四成五死於前述三大死因；肺炎則為老人的第四大死因。除此四大死因外，糖尿病、慢性下呼吸道疾病、高血壓、腎臟疾病、敗血症、意外事故等，均為臺灣老人的重要死因（行政院衛生署，2012）。

至於臺灣老人罹患失智症之情況，依流行病學調查發現：社區中失智長者之盛行率為2.7至5%，推估之罹患人數約為3.5萬人至8.7萬人，但實際經鑑定為失智並持有身心障礙身分者僅約6,800人，絕大多數之個案隱藏在社區中。失智症之診斷、治療與照顧未如其他老年慢性疾病之普及，失智長者異常行為之處理不論是在機構中或家中都是照顧者相當大的負擔（陳惠姿、李孟芬，2000：191）。

老人的心理健康情形則以自殺率及罹患憂鬱症兩項指標來表示之。在自殺率方面，臺灣地區老人的自殺及自傷死亡率隨著年齡之增長而升高。以2011年為例，「60-64歲」的自殺及自傷死亡率每10萬人口中有23.3；「65-69歲」為26.4；「70-74歲」為29.4；「75-79歲」為31.9；「80-84歲」為39.3；「85歲以上」則為46.2（行政院衛生署，2012）。

憂鬱症是老人常見的精神疾病，老人出現的憂鬱症臨床症狀與年輕人相似，包括：憂鬱情緒、對事物缺乏興趣、疲累無力感、失眠、體重減輕、注意力不集中、記憶力減退、精神運動性激躁或遲滯、不適切的罪惡感、自殺意念（林志強等，1995：55）。依據統計，年齡大於65歲的老人中，有七分之一會出現憂鬱症（周明顯，1995：217）。但在國外的研究，McDonald（1986）認為老人憂鬱症狀常出現一些非特異性的

症狀，如：缺乏精力、動作緩慢、睡眠障礙、食慾不振、體重減輕等；也有許多的研究者發現：老人憂鬱較常出現身體化的症狀，例如：慢性疼痛及慮病症狀（Smith et al., 1995; Bell et al., 2001; Doris, 2002）。而國內研究也發現：老人與其他年齡的人在憂鬱症狀的表現是有所不同的。廖以誠等人（1995）的研究發現：老人憂鬱較常出現身體化的症狀；另張國榮等人（1997）的研究也發現，老人憂鬱較少以典型的情緒症狀呈現，大多以非典型的身體化及行為性憂鬱症狀呈現，這些情況使得老人憂鬱在鑑別診斷上更顯困難（引自江信男等，2005：12）。鄭惠信等的研究（1995：127）指出：65歲以上之國人，有憂鬱傾向之比例為36.4%；又依李庚霖等（2010）之研究發現：女性與不識字者之憂鬱程度平均數較高，而日常生活功能、自評健康、生活滿意度愈差的老人，憂鬱症狀愈嚴重。此外，江信男等人（2005）的研究亦指出：較多生理疾病、低自覺健康、低情感性支持都可直接預測高憂鬱度。由於憂鬱症患者未能及時治療或未能正確診斷並給予適當治療，又因憂鬱症者有自殺的意念，這也造成自殺死亡成為65歲以上老人的第十五大死因。

隨著臺灣人口老化，老年人口罹患慢性病及失能的絕對人數及相對比例將明顯增加，預料醫療費用支出也將日益增加。根據推估，健保醫療之總支出，將從2001年的3,400億增加至2050年的5,830億，其中老年人口所占的比例，則從2001年的29%提升至2050年的62%（藍祚運，2003）。國內有學者指出：「看診天數」是醫療費用上漲的主因（陳寬政，2009）。依據「疾病壓縮」的觀點，人們希望在生命中面對慢性疾病的時間可以延後，同時患病的期程可以縮短，使健康的平均餘命得以延長。

但死亡率降低或壽命的延長，並不表示人們就會有較多年的健康生活。依衛生署統計，2003年我國健康平均餘命（Healthy Life Expectancy，簡稱HALE）為69.7歲，男性和女性分別為67.7歲及72.1歲；同時，男性因失能而損失之生命年數（不健康的生存年數）約在7至7.6年，女性則在8.2至8.7年，顯示平均每位國民不健康（或失能）的期間約有7至8年（行政院主計處，2006）。

誠如本書第二章討論「活力老化」（active ageing）之概念時，將活

力老化定義為：極大化民眾在老年期健康、參與和安全的機會，以提升生活品質。為了保有持續的健康，需要跨越傳統的「疾病治療」與「預防醫療」，而是重視「健康促進」（劉慧俐，2006）。

參、健康促進[1]的意涵與策略

一、健康促進的意涵

人口老化是全世界各國家的發展趨勢，聯合國於1982年召開第一屆老化問題世界大會（World Assembly on Aging），並通過「國際老人綱領」，揭示五大原則以協助老人過著獨立、參與、照顧、自我實現和尊嚴的生活。20年後，聯合國於2002年召開第二屆老化世界大會，並提出「馬德里國際老年行動計畫2002」（Madrid International Plan of Action on Aging 2002）確定今後行動的三大重點領域為：高齡化世界的發展、增進老年期的健康與福祉、確保使能與支持的環境。此意涵著個體在邁入老年期雖歷經老化過程，但能保持健康是追求的目標，而健康依據世界衛生組織定義為「一種生理、心理及社會全面安適的狀態，而不只是沒生病或障礙」。

（一）1986年渥太華健康促進憲章（WHO, 1986）

第一屆健康促進國際會議於1986年11月21日在加拿大渥太華召開並發表渥太華憲章，預定自2000年起，可達成普及健康的目標。渥太華憲章明確指出「健康促進是促使人們能增進對自身健康的控制和改善的過程」，闡明健康促進的理念在於促進個人達到身、心及社會的安好，並且強調健康促進並非只是衛生部門的責任，更應該含括社會、經濟等相關部門的投入，且亦不僅公部門，還應擴及私部門、非政府組織及志

---

[1] 此節內容摘取自呂寶靜、陳政雄、羅孝賢、李晶、傅從喜、王中允（2007）第三章第二節「疾病預防與健康促進對策」。人口政策白皮書及實施計畫之研究期末報告——子計畫二「因應我國邁入高齡社會對策之研究」。臺北：內政部委託研究案。

願團體、個人等，透過良好的政治、社會、文化、經濟、生態之環境建構，並考量性別平等、社會公平、資源均等因素，透過政策擬定、部門間合作、教育、宣導等方式，提升國家整體健康生活型態。爰此，渥太華憲章提出下列五項行動綱領：「制定健康公共政策」（Build Health Public Policy）、「創造支持性環境」（Create Supportive Environments）、「強化社區行動」（Strengthen Community Action）、「發展個人技能」（Develop Personal Skills），以及「調整健康服務方向」（Reorient Health Services）。

（二）2005年曼谷健康促進憲章（WHO, 2005）

有鑑於近年來全球發展快速，健康促進在全球化的脈絡下產生顯著的變化，2005年8月11日於泰國曼谷所舉行的第六屆全球健康促進會議中，提出了「全球化世界下的健康促進曼谷憲章」（The Bangkok Chatter for Health Promotion in a Globalized Word），該憲章中，再度闡述健康的意涵如下：(1)享有健康是每個人最基本的權利且不該受到歧視；(2)健康促進係立基於人權，將健康視為生活品質的決定要素，且包括心理和靈性上的安好；(3)健康促進是促使人們有能力去控制自身的健康和影響其健康的決定因素，進而改善他們的健康。

（三）美國、歐洲之定義

美國1979年發表的「健康國民」（Healthy People）報告指出：「健康促進始於健康人，他們藉由促進社區與個人發展的策略，共同建立可維護、增進其健康福祉之生活型態。」此定義最大的特色是強調：健康人為了提升其福祉應該採取行動，而且該行動必須由個人及社區同步進行，方能達成實行健康生活型態的目標。顯然的，上述定義是強調「個人生活型態的改變」。此乃因美國是一個強調個人主義的國家，社會上普遍認為個人應擔負其自身成敗的責任，因此，「Healthy People 2000」（1979, 1990）針對公元2000年提出的國家衛生目標及行動方針，規劃成三大類：(1)預防性的健康服務：呼籲個人應採取預防某些特

殊疾病的行為,如:慢性病防治、HIV及性傳染病預防、健康檢查等;
(2)健康保護:強調改變外在環境以增進民眾的健康福祉,如:意外災害
預防、職業安全、環境衛生、食品及用藥安全等;(3)健康促進:運用個
人及社區導向的介入策略,幫助個人養成健康的生活方式。故其內容偏
重於個人生活型態的改變,如:提升體適能、防治菸酒及藥物濫用、重
視營養均衡、做好家庭計畫、促進心理衛生、控制暴力及自傷行為、提
供衛生教育計畫,以及推動以社區為基礎之健康介入計畫等(引自張蓓
貞,2004:9)。

在歐洲,健康促進的定義最早是由Anderson(1983)所提出,他
認為:「健康促進是指將衛生教育與特別為了增進和保護健康而設計
的組織、政治及經濟等介入方案相結合,以利於有益健康的行為和環境
之適應。」此定義強調應同時運用個人及環境介入的策略。另Simnett
(1995)指出:健康促進是一個包羅眾多的名詞,它泛指任何可增進
良好健康和福祉,以及預防疾病的所有活動,活動內容可包括:衛生教
育、健康資訊、預防性的健康服務、健康的政策、環境改善策略及社區
組織等(引自張蓓貞,2004:11)。

綜上,健康促進的策略不僅是個人生活型態的改變,還包括衛生教
育、疾病預防,以及更廣泛的結構取向策略,如:健康政策、環境改善
策略及社區介入方案。

(四)老人健康促進的目的及內涵

Wang(1999)指出:健康促進的目的是在鼓勵人們去控制和改善
他們自己的健康,老人健康促進可藉著知能的提升和健康自我照顧的策
略而達成降低老人罹病率及促進其生活安適的功效。另Ruffing-Rahal
(1991)主張健康促進對老人具下列五項重大意義:(1)大多數的老人相
信他們雖然有慢性病或殘障,但是他們仍處於良好的健康狀況,並會主
動關心自己的健康;(2)老人有動機去瞭解並學習老化的現象及健康相關
的知識;(3)健康促進可以使老人成為知識豐富的參與者,以及自我照顧
的管理者;(4)健康促進可以激勵老人獨立地生活;(5)健康促進可以降
低老人罹病及傷害發生。至於老人健康促進的重要性,就國家和社會的

層次而言，老年族群隨著年紀的增加，罹患慢性病及失能的危險性將愈高，如果無法使一個社會國家的老人健康狀態改善，則其所需花費的社會及醫療成本將相對提高（Chi & Leung, 1999；余幸宜等，2004）。

綜上，老人健康促進的內涵主要含括健康促進與疾病預防兩大範圍，包括下列七項（余幸宜等，2004）：(1)意外事故的預防，如：跌倒；(2)預防注射，如：老人流感疫苗接種；(3)藥物使用問題，如：藥物誤用、濫用，以及用藥不足等問題；(4)酗酒；(5)戒菸；(6)癌症的預防；(7)社會過程方面，由於老年人的居住環境與場所是多元的，故應考慮對象的需求及準確度，擬定健康促進計畫。

二、工業先進國家的疾病預防與健康促進政策

(一) 日本的照護預防與健康促進政策

日本提出的「2005高齡化社會對策」針對健康福祉領域，提出(1)「綜合推動建立健康的身體」，以及(2)「確實實施介護保險制度」兩大方針。在「綜合推動建立健康的身體」方針下研擬三項對策：(1)推動終生建立健康的身體；(2)整備建立健康身體的機構；(3)推動照護預防（日本厚生省，2004）。

有關健康促進的對策方面，在2000-2010年實施「21世紀國民健康促進運動」。「健康日本21」是主要的政策，其目的為延長健康的壽命及提升生活品質，具體之作法以生活習慣改善為目標，設定九個領域：(1)營養：飲食生活；(2)身體活動運動；(3)休養、心理健康促進；(4)飲酒；(5)吸菸；(6)牙齒健康；(7)糖尿病；(8)循環器疾病（心臟病、腦溢血）；(9)癌症。藉由危險因子減少以及健康檢查的加強實施（如：增加健檢人數、徹底事後指導等），以減少疾病，實現開朗的高齡社會目標（劉慧俐，2006）。

日本的健康促進對策為達成「健康長壽」的目標，必須推動整體終生的保健事業，從出生之「母子保健」、入學之「學校保健」、工作之「產業保健」和「醫療保險」，以及退休後之「老人保健」等一系列保健事業。雖設定橫跨生命週期的健康增進對策，但還是較側重針對40歲

以上人士提供健康教育、健康諮詢、基本健康檢查、牙周病健康檢查、骨質疏鬆症健康檢查、健康度（生活習慣疾病預防的相關健康度）評介、肝炎病健康檢查，以及機能訓練等。上述老人保健工作項目中除了「機能訓練」外，主要都是在市鎮鄉保健中心、保健所及醫療機構來實施（引自呂寶靜等，2007：108-109）。

至於機能訓練之實施大致有兩種方式：(1)在市鎮鄉保健中心與被認為適當的機構（如：老人服務中心、養護中心、照護老人保健機構等）辦理下列活動：①以預防跌倒、預防失禁、增進體力等為目的之體操；②練字、繪畫、陶藝、皮革手工藝等手工藝；③休閒及運動、交流會、座談會等。(2)在聚會場、公民館、體育館、公園等戶外場所辦理下列活動：①以運動、繪畫、工藝等創作為主的活動；②以參加交流會、座談會及地區的各種例行活動為主的活動（引自呂寶靜等，2007：109）。

（二）美國的疾病預防與健康促進政策

2000年發表的「2010健康國民：全國健康促進和疾病預防目標」成為美國健康政策遵循的指標，而老人群體有關的目標有：(1)身體活動；(2)安全；(3)慢性疾病防治；及(4)健康促進篩檢四部分。更具體而言，與老人健康促進有關的重點包括：健康服務的可近性、關節炎及老年骨質疏鬆、癌症、慢性腎臟病、糖尿病、失能者的照護、教育及以社區為基礎的計畫、環境衛生、食物安全、健康的溝通、心臟疾病、免疫系統疾病、感染疾病、性病的防治、預防意外事故與暴力、口腔衛生、身體活動與體適能、公共衛生基礎建設（public health infrastructure）、呼吸系統疾病、藥物濫用、降低菸草使用、重視視力與聽力的問題（Mandle, 2002；余幸宜等，2004；劉慧俐，2006）。

有關促進身體活動方面，美國疾病管制與預防局（Centers for Disease Control and Prevention，簡稱CDC）以專案委託方式，由美國健康體育休閒暨舞蹈聯合會（AAHPERD）所屬活力生活方式與適能協會（American Association for Active Lifestyle and Fitness，簡稱AAALF）承接，組織「訓練與鼓勵老人活動」（Training and Encouraging Senior Activity，簡稱TESA）任務工作小組，旨在培育專業人員，俾讓他們能

夠到全國各地對老人進行身體活動促進的講習與教導，而講習與教導內容包括：(1)鼓勵坐式生活方式的老人願意起身而動，改善生活品質；(2)提供老人從事健身運動的方法教導，例如：心臟健康、肌力、肌耐力、柔軟性、平衡與移動、營養、行為目標設定、身體活動行為阻礙的克服等，以及必要運動器材資源的提供（引自呂寶靜等，2007：105）。

為因應因戰後嬰兒潮及平均餘命延長所導致日益增多的老年人口問題，美國疾病管制及預防局亦於2007年提出「The State of Aging and Health in American 2007」報告，此報告主要在「Healthy People 2010」的架構下，對老年人疾病預防及健康議題，提出建議評估辦法及目標值；同時該報告亦指出：抽菸、不健康飲食、缺乏運動為主要的三大不健康行為。至於美國未來發展的方向為：加強對慢性疾病的預防與控制，以及對於健康飲食、健康行為的教育倡導等。然面對民眾日益嚴重的慢性疾病問題，美國疾病管制及預防局呼籲，當人們健康的主要影響因素已由「傳染性疾病」轉而為「慢性疾病」時，失智的預防以及對生命末期的各種相關議題之正視，將是未來研議政策及發展的重點（呂寶靜等，2007）。

2010年又提出「2020健康國民」（Healthy People 2020），主張應拓展健康的焦點，正視社會和物理環境之重要性，其遠景為：打造一個讓人們過著長壽且健康的社會，而總體目標有下列四項：(1)獲得高品質、且避免於可預防之疾病、失能、傷害及早死之情況；(2)達到健康平等、消除健康差異及促進所有群體之健康；(3)改善社會及物理環境，以增進所有人的健康；(4)促進橫跨生命週期各階段的生活品質、健康發展和健康行為（U.S. Department of Health and Human Services, 2010）。

從上述美國和日本的作法之介紹，吾人可知，健康促進的工作內容除了慢性病防治、健康檢查、營養飲食外，近年來機能訓練或身體活動也愈來愈受到重視。此外，為了推動上述工作，運動體育休閒等專業人才的培育是重要的任務；另整備建立健康身體的機構設施（如：將運動機構、溫泉機構認定為健康促進機構，整備人行道或森林等），也是必須配合辦理的工作項目。

肆、臺灣推動預防保健與健康促進之情形

依據2007年修訂通過之老人福利法，有關老人預防保健之規劃、推動及監督等事項係衛生主管機關之權責所在；而主管老人權益保障之規劃、推動及監督等事項在中央爲內政部，故以下將就行政院衛生署及內政部推動預防保健及健康促進情形加以說明。

一、行政院衛生署

行政院衛生署自2001年起推動與老年健康促進和預防保健服務相關之施政計畫有：(1)2001-2004年度中程施政計畫中的「建構新世紀健康照護網」及「成人及中老年長青保健計畫」；(2)2002-2005年度中程施政計畫有「建構慢性病全程照護模式」；(3)行政院衛生署（2005-2007）中程施政計畫；及(4)2005-2008年「國民保健計畫」（劉慧俐，2006）。

行政院衛生署在2011年編印的公共衛生年報中有「健康促進」專篇，其中「健康的老化」有專章說明，施政的工作要點有三項：（一）推動「中老人健康政策」方面：(1)2010年推動「高齡友善城市」；(2)2009年推動「老人健康促進計畫」（2009-2012年）；(3)辦理全國老人健康趣味競賽，自2011年起以鄉鎮爲單位鼓勵長者組隊參加。（二）「重要慢性病防治」方面，推動的工作項目有：(1)成人預防保健服務；(2)代謝症候群；(3)糖尿病防治；(4)心血管疾病防治；(5)慢性腎臟病防治；(6)更年期健康。（三）有關「癌症防治」工作方面，重點項目爲：(1)檳榔健康危害防制；(2)癌症篩檢；(3)提升癌症診療照護品質（行政院衛生署，2011）。

行政院衛生署國民健康局（2009）對於老人健康行爲與生活型態之分析如後：(1)近五成老人缺乏運動；(2)跌倒是老人罹病與死亡之重要原因；(3)老人每天至少攝食五份蔬果之份量不足；(4)口腔健康影響老人咀嚼、營養上的問題與生活品質；(5)吸菸對老人健康及醫療支出影響甚鉅；(6)老人心理健康問題；(7)老人社會活動參與的問題；

(8)老人預防保健及篩檢服務接受率不高。故提出「老人健康促進計畫」（2009-2012年），其願景爲：維護老人日常生活之獨立性、自立性、降低老人的依賴程度，使老人都能「健康生活、延緩老化、延長健康餘命」。而主要工作項目爲：(1)促進老人健康體能；(2)加強老人跌倒防制；(3)促進老人口腔保健；(4)加強老人口腔保健；(5)加強老人菸害防制；(6)加強老人心理健康；(7)加強老人社會參與；(8)加強老人預防保健及篩檢服務。

　　至於現階段達成目標之一項主要限制爲：基層老人健康促進工作缺乏整合，團隊合作模式待建立，此乃因在基層的健康促進服務提供單位頗爲多元，諸如內政部推動「社區照顧關懷據點」，衛生署推動「社區（部落）健康營造計畫」，教育部規劃成立社區「樂齡銀髮學習中心」，另民間社教機構、社會福利團體、文教基金會等提供老人服務或辦理老人文康休閒活動，基層單位如何推動整合式的健康促進工作，並建立團隊合作模式，是一項挑戰。

二、內政部

(一) 老人預防保健服務

　　依據2007年1月31日修正之老人福利法第21條規定：「直轄市、縣（市）主管機關應定期舉辦老人健康檢查及保健服務，並依健康檢查結果及老人意願，提供追蹤服務。前項保健服務、追蹤服務、健康檢查項目及方式之準則，由中央主管機關會同中央衛生主管機關定之。」內政部參酌1998年10月28日函頒之「老人健康檢查及保健服務項目及方式」，於2007年7月31日會銜行政院衛生署令頒「老人健康檢查保健服務及追蹤服務準則」，詳細規定老人健康檢查保健服務項目及辦理方式，以利各縣市政府據以推動辦理（引自內政部，2011：60）。

(二) 中低收入老人裝置假牙補助

　　爲保障老人口腔健康，減輕老人經濟負擔，維護其生活品質與尊嚴，行政院於2008年12月31日核定「中低收入老人補助裝置假牙實施計

畫」，自98年度起，由內政部編列經費補助各直轄市、縣（市）政府，針對經醫師評估缺牙需裝置活動假牙之列冊低收入戶、領有中低收入老人生活津貼者，經各級政府全額補助收容安置之老人、領有身心障礙者生活補助費之老人，以及接受各級政府補助身心障礙者托育費或養護費達50%以上之老人，依其裝置假牙類別，提供每人最高1萬5,000元至4萬元之補助（引自內政部，2011：60-61）。

伍、結語

　　長壽且健康安好的老年生活是高齡社會許諾給老人的願景，故老人健康促進政策已逐漸成為工業先進國家老年健康政策的重點。檢視臺灣的情形，行政院衛生署健康促進的施政計畫中有專章處理「健康的老化」，而在老人健康促進計畫中，促進老人健康體能、加強老人心理健康及增進老人社會參與等列為三大工作項目。其實，社政體系編列經費補助老人接受健康檢查，提供老人餐飲服務、辦理文康休閒、長青學苑、志願服務等活動均有助於老人之社會參與，進而增進健康福祉。自2005年推動之社區照顧關懷據點也積極辦理初級預防照顧服務。另外，行政院體委會於2005年推動「運動人口倍增計畫」，2010年起推動為期4年之「改造國民運動環境與打造運動島計畫」，透過改善運動設施，提供運動指導與服務，積極推展全民運動，此項計畫並不是特別針對老人來推動，然可發揮運動健身之效果。綜上，雖然政府所推動之相關計畫不少，然各自辦理，並未整合，建議應延議全面周延且整合之對策（引自呂寶靜等，2007：129）。

　　至於推動老人健康促進對策所立基之理念如下：(1)為了健康而有活力的老年生活，應體認終生建立健康身體的必要性，最遲從中年期開始養成健康的生活方式；(2)個人健康的生活方式之養成或生活型態的改變，可透過衛生教育計畫及社區健康介入計畫來促成；(3)良好的身體健康有助於老年期的生活適應，但老年期的福祉安好則有待身體、心理和社會全面的安適；(4)強化社區組織行動，善用社區資源，透過社區行動以推展健康促進活動；(5)修正社會大眾對於老人的刻板印象，老人並

不是「體弱多病的」、「貧窮的」、「冷漠不關心社會的」，而是有活力的、積極參與社會的國民，此種社會對老人的看法之改變，將有助於老人擁有正面的自我形象和自我認知；(6)健康促進工作之推動有賴中央政府各部會、中央政府和縣市政府、公私部門之間的夥伴關係，協同合作來推動；(7)建構安全且適合老人體能活動、運動休閒的環境，整備相關設備設施，並培育推動老人健康促進工作所需之非醫事人員之人力（如：社會工作系、衛生教育系、體育系、休閒管理系的人才等），是必要的作為；(8)透過長青學苑的課程和老人福利服務中心或相關機構團體所辦理之文康休閒活動來實施衛生教育，養成健康的生活方式並培養規律的運動習慣，也是未來努力的方向（引自呂寶靜等，2007：129-130）。

我國高齡化社會衛生政策除了健康促進外，另兩項主軸為：(1)降低重大疾病的危險因子：根據2002年世界健康報告，非傳染性疾病中，最重要的危險因子包括：高血壓、高膽固醇、蔬果攝取不足、體重過重或肥胖、缺少身體活動、吸菸等六項，其中五項與飲食和身體活動有關，因此，促進老人健康飲食及運動為重要政策項目之一（國民健康局，2009b）；而早期健康檢查或慢性病篩檢對降低各種癌症及慢性病的發生率及死亡率極有效益；(2)發展可負擔、可近性且高品質友善的健康與照護環境：包括「照護體系與資源的整合」及「提升照護的效率與品質」兩大施政重點，期能達到預防失能、活躍老化之終極目標（楊志良，2010）。

問題與思考

1. 依據老人福利法規定，老人每年可接受一次免費的健康檢查，但仍有許多老人並未接受此項服務，你認為是什麼原因造成的？又採取什麼樣的策略可提高服務使用率？

2. 國健局的報告指出，近五成的老人缺乏運動，你覺得老人缺乏運動的原因為何？又透過何種機制可引發老人多運動？

3. 如果你是老人服務中心的社工員，在規劃長青學苑課程時，如何將

健康促進的概念納入？

建議研讀著作

1. 余幸宜、于漱、李蘭（2004）。老年人之健康促進。*臺灣醫學*，8(4)，582-588。

2. 行政院衛生署國民健康局（2009）。*老人健康促進計畫2009-2012年*。（http://www.bhp.doh.gov.tw/BHPnet/Portal/file/ThemeDocFile/200908250420132740/980327%e8%80%81%e4%ba%ba%e8%a8%88%e7%95%ab(%e6%a0%b8%e5%ae%9a%e7%89%88).pdf）

參考書目

一、中文書目

內政部（2011）。*中華民國99年社政年報*。臺北：內政部。

內政部統計處（2010）。*中華民國98年老人狀況調查報告*。臺北：內政部。

日本厚生省（2004）。*2005年高齡化社會對策*（內政部社會司譯）。

行政院主計處（2006）。健康平均餘命。行政院主計處網站（http://www.stat.gov.tw/public/Data/671115462371.pdf）

行政院衛生署（2012）。*民國100年死因統計年報*。（http://www.doh.gov.tw/CHT2006/DM/DM2_2.aspx?now_fod_list_no=12336&class_no=440&level_no=4）

行政院衛生署（2011）。*中華民國100年公共衛生年報*。臺北：行政院衛生署。

行政院衛生署國民健康局（2003）。*臺灣地區老人保健與生活問題長期追蹤調查系列研究調查資料（1989-2003）*。臺北：行政院衛生署國民健康局。

行政院衛生署國民健康局（2006）。*成人及中老年保健計畫*。臺北：行政院衛生署國民健康局。

行政院衛生署國民健康局（2008/10/12）研究顯示：五成老人有三種以上慢性病。（http://www.bhp.doh.gov.tw/bhpnet/portal/PressShow.aspx?No=200810090004）

行政院衛生署國民健康局（2009）。*老人健康促進計畫2009-2012年*。（http://www.bhp.doh.gov.tw/BHPnet/Portal/file/ThemeDocFile/200908250420132740/980327%e8%80%81%e4%ba%ba%e8%a8%88%e7%95%ab（%e6%a0%b8%e5%ae%9a%e7%89%88）.pdf）

江信男、林旻沛、柯慧貞（2005）。臺灣地區老人的生理疾病多寡、自覺生理健康、社會支持度與憂鬱嚴重度。*臨床心理學刊*，2(1)，11-22。

余幸宜、于漱、李蘭（2004）。老年人之健康促進。*臺灣醫學*，8(4)，582-588。

李庚霖、區雍倫、陳淑惠、翁儷禎（2010）。「臺灣地區中老年身心社會生活狀況長期追蹤調查」短版CES-D量表之心理計量特性。*中華心理衛生學刊*，22(4)，383-410。

呂寶靜、陳政雄、羅孝賢、李晶、傅從喜、王中允（2007）。*人口政策白皮書及實施計畫之研究期末報告──子計畫二「因應我國邁入高齡社會對策之研究」*。臺北：內政部委託研究案。

林志強、夏一新、陸汝斌（1995）。老年憂鬱症的診斷與醫療。*醫學繼續教育*，5(1)，55-61。

周明顯（1995）。老年人常見的疾病──憂鬱症。*臺灣醫界*，38(3)，45-48。

陳惠姿、李孟芬（2000）。臺灣失智者的照護現況與展望。*應用心理研究*，7，191-199。

陳寬政（2009）。人口老化的原因與結果。人文與社會科學簡訊，10(2)，28-38。

楊志良（2010）。由活躍老化觀點建構國民健康新願景。*社區發展季刊*，132，26-40。

張蓓貞（2004）。*健康促進理論與實務*。新北市：新文京開發。

劉慧俐（2006）。*老人健康促進文獻回顧：行政院衛生署國民健康局94-95年度委託實證回顧計畫成果報告*（總報告）。

鄭惠信、史麗珠、謝瀛華、盧成皆（1995）。老年人憂鬱因子之相關研究。*內科學誌*，6，125-134。

聯合國（2002）。2002年國際人口老化行動策略。（http://www.cepd.gov.tw/people/population.htm）

謝高橋、陳信木（1994）。*邁向二十一世紀社會福利之規劃與整合──老人福利需求初步評估報告*。內政部委託研究。

藍忠孚（1990）。高齡社會之醫療需求。收錄於臺北市政府社會局編印，*老人福利服務專輯*，頁80-96。

藍祚運（2003）。臺灣人口的老化對未來健康面的影響。*臺灣公共衛生雜誌*，22(3)，237-244。

二、英文書目

Antonucci, T., Okorodudu, C., & Akiyama, H. (2002). Well-being Among Older Adults on Different Continents. *Journal of Social Issues*, 58(4), 617-626.

Chi, Iris, & Edward M. F. Leung (1999). Health Promotion for the elderly persons in

Hong Kong. *Journal of Health & Social Policy*, 10(3), 37-51.

Mandle, E. (2002). *Health Promotion: Throughout the lifespan* (5th ed.). St. Louis: Mosby.

Ruffing-Rahal, M. A. (1991). Rationale and design for health promotion for older adults. *Public Health Nursing*, 8(4), 258-263.

U.S. Department of Health and Human Services (2000). *Healthy People 2010*. Jones & Bartlett, Sudbury, MA01776.

U.S. Department of Health & Human Services (2010). *Healthy People 2020*. Retrieved from http://www.healthypeople.gov/2020/topicsobjectives2020/default.aspx

Wang, H. H. (1999). Predictors of health promotion lifestyle among three ethnic groups of elderly rural women in Taiwan. *Public Health Nursing*, 13, 321-328.

7
第七章

長期照顧

壹、前言

在人類社會裡，衰弱老人或身心障礙者大多數是由家庭來照顧，近年來老年失能人口劇增，此乃因人口老化是世界先進各國普遍的趨勢，然人們平均餘命增長並不意味著就擁有較多的健康生活，有可能是失能的機率提升，造成需要被照顧的人數也隨之增加。然在社會變遷下，家庭照顧能力的持續性受到質疑，一者因在家庭制度歷經變遷（不婚、離婚、分居）及出生率陡降的趨勢下，將造成愈來愈多人到老年時，無配偶或子女可提供照顧。再者，由於婦女勞動參與率上升，女性為家庭照顧者的可獲性也在大幅降低中，家庭發揮支持與照顧老人的功能勢將降低，預料未來將有更多的人在老年期無人可提供協助與照顧（呂寶靜，2005）。老人照護的問題，促發各國紛紛研議長期照顧相關制度。爰此，本章目的在介紹長期照顧制度的概念及實施，內容主要分為兩部分：(1)在概念引介的部分：首先釐清長期照顧服務的意涵，接著界定長期照顧的對象，說明長期照顧服務項目，分析照顧管理制度，最後則探究財務規劃制度；(2)在臺灣推動長期照顧制度的部分：先從檢視已發展國家長期照顧政策之趨勢出發，進而說明臺灣長期照顧制度之建構情形。

貳、長期照顧的意涵

長期照顧（Long-Term Care，或譯為長期照護）的定義為：提供給需要協助的個人（因身體或心智失能）多元性的、持續性的健康及社會服務；服務可能是在機構裡、護理之家或社區之中提供；且包括由家人或朋友提供的非正式服務，以及由專業人員或機構所提供的正式服務。又依據Kane等人（1998）的定義，長期照護是對具有長期功能失常或困難的人的照顧，對他們提供一段時間的持續性協助，包括：醫療、護理、個人照顧和社會支持。因此，長期照護服務是用來協助身心功能障礙者恢復受損的功能、維持既有的功能、或者提供他們在執行日常生活活動所需的協助。為達到這些目的，長期照護包含三大類服務：(1)協助日常生活活動的服務：例如：準備食物、清潔、交通接送、購物、洗

澡、穿脫衣服、使用馬桶、移動、餵食等；(2)提供評估、診斷、處置等
專業服務：例如：醫療、護理、復健、社工等專業服務，儘可能降低失
能與功能性損傷；(3)提供輔具和環境改善之服務：透過環境評估與裝
修，改善居家環境條件，並配置適切輔具，以支持功能障礙者儘量能夠
自主活動（引自吳淑瓊，2005：8）。

長期照護和醫療服務有其密不可分的關係，但是長期照護並非只是
急性醫療照護的延伸，也不是一般俗稱的慢性醫療，因爲單單引用醫療
中治療的哲理，並無法滿足長期功能障礙者的需求。長期照護具有其特
有本質，它強調治療和生活的統合，在理念上，必須把健康醫療照護融
入日常生活照顧之中，方能提供身心功能障礙者完整全人的照顧。綜合
上述，長期照護的重點在維持或改善失能者的身心功能，期望增進並延
長其獨立自主生活的時間。與急性醫療相比較，長期照護服務的技術層
級雖然較低，但當個案具有多重醫療問題時，其複雜程度隨之提升；長
期照護包含健康、醫療、社會、環境、輔具等跨領域之需要，因此其
涵蓋的範圍比醫療服務更廣，長期照護體系的發展不只是照顧服務的
提供，還必須同時包含居住環境條件以及輔具提供的考量（吳淑瓊，
2005：8-9）。

參、長期照顧的服務對象

長期照護服務的對象是功能障礙者。一般而言，功能障礙係指身體
功能障礙與認知功能障礙，身體功能障礙指無法獨立進行日常生活活動
（Activities of Daily Living，簡稱ADLs）與工具性日常生活活動（In-
strumental Activities of Daily Living，簡稱IADLs）。ADLs項目包括
吃飯、上下床、穿衣、上廁所、洗澡；IADLs項目包括購物、洗衣、煮
飯、做輕鬆家事、室外走動、打電話、理財、服藥。身體功能障礙評估
標準以需工具或需人幫忙爲準。認知功能障礙係指記憶、定向、抽象、
判斷、計算及語言等能力的喪失。在評估認知功能障礙時，若爲可自答
個案，則以簡易心智狀態量表（Short Portable Mental Status Question-
naire, SPMSQ）評估；若由代答者回答，則凡具記憶障礙外，空間定

向、語言情緒、精神或行為異常任一項功能失常者，均視為具認知功能障礙（吳淑瓊等，1998：20-23）。

在臺灣，失能者是指日常生活活動功能或工具性日常生活活動功能經評估需要他人協助者。巴氏量表（Barthel Index）是被使用來評估ADLs之工具；而工具性日常生活活動功能量表則是被用來評估IADLs，以下分別介紹之。

一、巴氏量表

巴氏量表又稱為巴氏指數，是一種日常生活功能評估量表。此量表是1955年美國巴爾的摩市（Baltimore）州立醫院之物理治療師巴希爾（Barthel）開始使用於測量住院復健病患的進展狀況。巴氏量表在1965年公開發表之後，就被廣泛應用於測量復健病患及老年病患的治療效果及退化情形。目前在臺灣長期照護領域中，一般常使用巴氏量表來評估個案的身體功能，例如：居家護理申請全民健保作業的收案標準及外籍看護工申請標準，目前都是根據巴氏量表評估個案日常生活功能狀況的結果，視其是否符合申請的條件。

巴氏量表的評估共含十項，包括七項自我照顧能力：進食、修飾／個人衛生、如廁、洗澡、穿脫衣服、大便控制、小便控制，以及三項身體行動能力：移位、室內行走能力和上下樓梯能力之評估（見表7-1）。每個項目依照完全獨立（不需要協助）、需要協助和完全依賴分成二至四個等級，而各項在同一等級內有不同的加權計分方式，加權計分的多寡是依據該項之活動障礙需要多少人力及時間來協助而決定（引自劉淑娟等，2010：202）。

表7-1　巴氏量表

項　目	分數	內　容
一、進食	10	□自己在合理的時間內（約10秒鐘吃一口），可用筷子取食眼前食物；若須使用進食輔具，會自行取用穿脫，不須協助
	5	□須別人協助取用或切好食物或穿脫進食輔具
	0	□無法自行取食

（續）

項　目	分數	內　容
二、移位 （包含由床上平躺到坐起，並可由床移位至輪椅）	15	☐可自行坐起，且由床移位至椅子或輪椅，不須協助，包括輪椅煞車及移開腳踏板，且沒有安全上的顧慮
	10	☐在上述移位過程中，須些微協助（例如：予以輕扶以保持平衡）或提醒，或有安全上的顧慮
	5	☐可自行坐起，但須別人協助才能移位至椅子
	0	☐須別人協助才能坐起，或須兩人幫忙方可移位
三、個人衛生 （包含刷牙、洗臉、洗手及梳頭髮和刮鬍子）	5	☐可自行刷牙、洗臉、洗手及梳頭髮和刮鬍子
	0	☐須別人協助才能完成上述盥洗項目
四、如廁 （包含穿脫衣物、擦拭、沖水）	10	☐可自行上下馬桶，便後清潔，不會弄髒衣褲，且沒有安全上的顧慮；倘使用便盆，可自行取放並清洗乾淨
	5	☐在上述如廁過程中須協助保持平衡、整理衣物或使用衛生紙
	0	☐無法自行完成如廁過程
五、洗澡	5	☐可自行完成盆浴或淋浴
	0	☐須別人協助才能完成盆浴或淋浴
六、平地走動	15	☐使用或不使用輔具（包括穿支架義肢或無輪子之助行器）皆可獨立行走50公尺以上
	10	☐需要稍微扶持或口頭教導方向可行走50公尺以上
	5	☐雖無法行走，但可獨立操作輪椅或電動輪椅（包含轉彎、進門及接近桌子、床沿）並可推行50公尺以上
	0	☐需要別人幫忙
七、上下樓梯	10	☐可自行上下樓梯（可抓扶手或用拐杖）
	5	☐需要稍微扶持或口頭指導
	0	☐無法上下樓梯
八、穿脫衣褲鞋襪	10	☐可自行穿脫衣褲鞋襪，必要時使用輔具
	5	☐在別人幫忙下，可自行完成一半以上動作
	0	☐需要別人完全幫忙
九、大便控制	10	☐不會失禁，必要時會自行使用塞劑
	5	☐偶爾會失禁（每週不超過一次），使用塞劑時需要別人幫忙
	0	☐失禁或需要灌腸
十、小便控制	10	☐日夜皆不會尿失禁，必要時會自行使用並清理尿布尿套
	5	☐偶爾會失禁（每週不超過一次），使用尿布尿套時需要別人幫忙
	0	☐失禁或需要導尿
總分		分

資料來源：摘自行政院勞工委員會職業訓練局（2011）。病症暨失能診斷證明書（第3頁）。

二、工具性日常生活活動能力量表

　　「工具性或複雜性日常生活功能」是指個體在社區生活中與硬體或社會環境互動的能力，簡單地說，即個人為獨立生活於家中所需具備之比較複雜的重要活動能力，其中包含使用環境中器物和設備的認知活動（處理金錢、使用電話、服用藥物）、家庭內務（如：準備食物烹飪、清掃、洗衣服等）、外出活動（逛街採購、使用交通工具）、或從事休閒娛樂等各項能力。這種能力與基本日常生活功能（ADLs）相關，但又要更高一層次。當個案因病或老化因素而致身體功能減退，通常會先出現工具性或複雜性生活活動功能的障礙，接著身體功能更衰退時，才會影響到基本日常生活活動的能力。

　　工具性或複雜性日常生活活動功能量表共含有：使用電話的能力、逛街購物、準備餐食（食物備製烹飪）、家務處理、洗衣、戶外交通、服用藥物、處理財務八個項目（以最近一個月的表現為準），計分方式為各項採1分或0分之二分法（引自劉淑娟等，2010：205-206）。

表7-2　工具性日常生活活動能力量表

1. 上街購物【□ 不適用（勾選「不適用」者，此項分數視為滿分）】 □3.獨立完成所有購物需求 □2.獨立購買日常生活用品 □1.每一次上街購物都需要有人陪 □0.完全不會上街購物	勾選1.或0.者，列為失能項目。
2. 外出活動【□ 不適用（勾選「不適用」者，此項分數視為滿分）】 □4.能夠自己開車、騎車 □3.能夠自己搭乘大眾運輸工具 □2.能夠自己搭乘計程車，但不會搭乘大眾運輸工具 □1.當有人陪同可搭計程車或大眾運輸工具 □0.完全不能出門	勾選1.或0.者，列為失能項目。
3. 食物烹調【□ 不適用（勾選「不適用」者，此項分數視為滿分）】 □3.能獨立計畫、烹煮和擺設一頓適當的飯菜 □2.如果準備好一切在料，會做一頓適當的飯菜 □1.會將已做好的飯菜加熱 □0.需要別人把飯菜煮好、擺好	勾選0.者，列為失能項目。

（續）

4. 家務維持【□ 不適用（勾選「不適用」者，此項分數視為滿分）】 　□4.能做較繁重的家事或需偶爾家事協助（如：搬動沙發、擦地板、洗窗戶） 　□3.能做較簡單的家事，如：洗碗、鋪床、疊被 　□2.能做家事，但不能達到可被接受的整潔程度 　□1.所有的家事都需要別人協助 　□0.完全不會做家事	勾選1.或0.者，列為失能項目。
5. 洗衣服【□ 不適用（勾選「不適用」者，此項分數視為滿分）】 　□2.自己清洗所有衣物 　□1.只清洗小件衣物 　□0.完全依賴他人	勾選0.者，列為失能項目。
6. 使用電話的能力【□ 不適用（勾選「不適用」者，此項分數視為滿分）】 　□3.獨立使用電話，含查電話簿、撥號等 　□2.僅可撥熟悉的電話號碼 　□1.僅會接電話，不會撥電話 　□0.完全不會使用電話	勾選1.或0.者，列為失能項目。
7. 服用藥物【□ 不適用（勾選「不適用」者，此項分數視為滿分）】 　□3.能自己負責在正確的時間用正確的藥物 　□2.需要提醒或少許協助 　□1.如果事先準備好服用的藥物份量，可自行服用 　□0.不能自己服用藥物	勾選1.或0.者，列為失能項目。
8. 處理財務能力【□ 不適用（勾選「不適用」者，此項分數視為滿分）】 　□2.可以獨立處理財務 　□1.可以處理日常的購買，但需要別人協助與銀行往來或大宗買賣 　□0.不能處理錢財	勾選0.者，列為失能項目。
是否符合失能補助標準：　□否　□是 （註：上街購物、外出活動、食物烹調、家務維持、洗衣服等五項中有三項以上需要協助者即為輕度失能）	

資料來源：摘自行政院衛生署（2007）。「長期照顧服務個案評估量表」。

肆、長期照顧之服務項目

　　為迎合長期照護涵蓋廣闊的特質，歐美工業化國家在過去數十年來，於正式服務體系中建置十分多元的社區式長期照護服務設施，主要

包含：(1)機構式服務單位（一般稱為護理之家）：可提供老人全天候的住院服務，除了提供失能老人醫療、護理、復健與個人照護外，並提供老人食宿與其在機構中所需的生活照顧等；一般而言，重度依賴或家庭照護資源缺乏的老人是機構式照護的服務對象；(2)各類居家照護單位：單位中可以配備各類照顧人力，到個案家中協助醫療、護理、復健、身體照顧、家務清潔、交通接送、陪病就醫等照顧工作，並協助或暫代家庭照顧者提供照顧，讓她們獲得喘息的機會；(3)日間照顧單位：可在白天幫忙照顧個案，提供個案醫療或社會模式的照顧，晚上再將老人送回家中，讓個案仍然享有家庭的生活；(4)居家環境改善服務：提供居家無障礙環境的修繕服務，增進功能障礙者在家中自主活動的能力；(5)安全看視（oversight）服務：是增進居家安全的服務方法，以及緊急通報設備等利用科技產品的作法；(6)照顧住宅（庇護性住宅，sheltered housing；支持性住宅，assisted living）：是結合住宅與照顧的服務模式，是北歐國家在1980年代的新發展，提供無障礙環境的套房設計，增進身心功能障礙住民自主活動；又因其配置管理員，提供住民的安全看視，並依據住民的需求，協助從社區中引進各項居家或社區式的照顧服務，因此，住民不但可以享有自主隱私的生活，並可獲得照顧服務，大大提升生活品質。在這些服務設施中，一般認為機構式的照顧模式對個案會產生最大的約束，但其可以滿足重度依賴個案的密集照顧需求；居家式照顧模式是最能支持個案原有生活型態且是最自然的照顧方式，但是不易滿足重度依賴個案的大量照顧需求，又因其服務地點分散，造成服務提供者的不便，並增加服務提供的時間與交通成本；而照顧住宅是集「照顧」與「住宅」服務於一身的服務模式，是新近歐美國家為擴大社區式服務的功能，節約居家式服務地點分散的成本支出，並改善機構約束與不具隱私的負面形象，而發展的新型服務模式（引自吳淑瓊，2005：9）。

除了上述正式部門所提供的照顧外，非正式照顧占所有照顧的比例為80%（呂寶靜，2005）。然近2、30年來家庭照顧能力的持續性受到質疑；另一方面，在「在地老化」政策的目標及政府財政緊縮的趨勢下，支持家庭照顧者之理念逐漸受到重視，因而鼓勵失能者的家庭支持

（family support）之政策，不論是提供照顧者喘息服務等支持性服務或現金給付策略，以維持其持續照顧的能量，都是各先進國家長期照護政策的重點。

伍、照顧管理制度

檢視照顧管理制度發展的緣起，可從案主層面及服務體系層次兩方面來討論。一般而言，長期照顧個案的需求十分多元，且在有效地獲得資源或使用服務方面易遭遇困難；而在服務體系層面，長期照顧服務的提供，牽涉到公、私部門等不同的服務提供者以及跨專業團隊的合作，致使服務輸送流程更加複雜。為促使長期照顧需要者獲致最大的滿足，並使服務提供的品質與效率達到極大化的效果，乃由照顧管理者（care manager）擔任需要照顧者與照顧體系間的橋梁，承擔協調的責任，進而發揮提升照顧品質及控制照顧成本的功能。

一、照顧管理的緣起（行政院，2007：60）

照顧管理（care management）源自於美國1970年代早期所發展的「個案管理」（case management）概念，隨後，「個案管理」概念被引進英國，從1970年代中期的「肯特社區照顧方案」到1988年的《Griffiths報告書》及1989年的《社區照顧白皮書》（*Caring for People*），皆沿用「個案管理」一詞，強調需求評量及套裝式（packages of care）的照顧服務（Department of Health, 1989；黃源協，2006）；而1990年出版的《社區照顧白皮書政策導引》（*Caring for People—Policy Guidance*），正式採用「照顧管理」的名稱，成為英國官方目前通用的名詞（Department of Health, 1990）。

二、照顧管理的基本意涵（行政院，2007：60-61）

對於照顧管理的定義，Orme & Glastonbury（1993）指出，採用照顧管理而非個案管理，乃是因為其所從事的工作並非僅限於社區中確保個別的案件、案主或個人的照顧，而是包括由各種資源所提供之一系列

活動和服務的供給，它是一整套的服務，並非僅是社會工作者對個別案主經常性的訪視而已，而是要加以管理的。透過此一過程，更有效率地促進資源的使用及需求導向的服務，並提供使用者較大的選擇權；簡而言之，照顧管理者要管理的是一系列的「照顧」，而非僅是「個案」而已（Payne, 1995；引自黃源協，2006：16）。英國衛生部於1990年的《社區照顧白皮書政策導引》中將照顧管理定義爲：「任何對個別案主之服務的管理、協調及探討策略，這些策略爲案主及服務提供者帶來照顧的持續性與責信。」（DoH, 1990）在1991年出版的《管理者手冊》及《實務工作者手冊》，則將照顧管理定義爲依個人需求而訂做的套裝服務之過程（DoH, 1991a, 1991b）。在英國社區照顧的政策中，強調適當的需求評量及照顧管理制度是奠定高品質照顧的基石（呂寶靜，2001）。

由上述文獻資料可知，照顧（個案）管理乃針對有複雜問題的個案，提供一套系統性的服務，以案主需求爲導向，連結其所需的服務體系與資源，並強調案主的自主與選擇權，以及與照顧者和服務提供者間夥伴關係，進而促進服務的品質、效率與責信。因此，其主要特性可歸納爲：(1)服務對象：以同時遭遇多重問題的個人或家庭，或是需要長期照顧的個人爲主要對象；(2)目標：改善案主對支持和服務的使用，並發展社會網絡和服務的能力，以增進案主的福祉；(3)功能：針對評量後的案主需求提出一套全面性的計畫，透過服務的提供達到案主充權的功能；(4)主要特色：需要密集且長時間的介入及服務廣度的擴展；(5)主要工作：包括個案的篩選、評量、目標界定、資源確認和擬定介入計畫、介入計畫的執行、監管、再評量、結案與追蹤等一系列的工作；(6)組織的回應：照顧管理需要多層次組織的回應，連結實務、廣泛的資源及機構層次的活動，強調整合性的關係（Challis, et al., 1995; Payne, 1995; Ballew & Mink, 1996; Lewis & Glennerster, 1996; Summers, 2001；引自黃源協，2006：18-19）。

三、國外照顧管理制度之模式分析（行政院，2007：62-65）

現有文獻對照顧管理的工作流程已有諸多討論，許多實施照顧管理制度的國家亦已建立結構式及標準化的評估工具，並透過「需求評估工具」結果將個案的需要轉化為照顧計畫。

參考歐洲健康管理聯盟（European Health Management Association）（2004）出版的《整合服務資源手冊》，其將需求評估（needs assessment）視為套裝服務的啟動裝置（trigger），並將需求評估分為三個層次（Ljunggern, 2004）：

1. 服務資格的評估（assessment for eligibility for services）：決定服務使用的資格。

2. 單純需求的評估（simple needs assessment）：除決定服務使用的資格外，亦針對個案需求擬定照顧計畫，並協助個案連結服務。

3. 多元需求的評估（comprehensive needs assessment）：不僅針對個案多元複雜的需求擬定完整的照顧計畫，亦需要針對服務提供的情況進行複核，依據複核結果修正照顧計畫或結案。

依據上述需求評估的分類檢視現有照顧管理的發展模式，Banks（2004）將照顧管理制度分為五種模式：(1)密集式照顧管理模式（intensive care management）：照顧管理所有功能都由同一人承擔，照顧管理者可能受僱於單一機構或聯合組織，擁有調整服務預算之權限；(2)核心任務分擔模式（shared core tasks model）：評估、個別照顧計畫及定期複評是不連續的階段，換言之，上述任務可能由1人以上之工作員來執行；(3)聯合機構模式（joint agency model/key worker model）：照顧管理是由跨專業團隊執行，團隊成員來自不同機構，團隊中有1人擔任照顧管理；(4)獨立代理人模式（independent brokerage model）：照顧管理者受聘於一獨立機構，類似一個服務掮客（brokerage）的角色，主要係提供資訊與建議；及(5)老人使用者決定模式（older person or carer coordinates care using direct payments）：該模式是提供直接現金給付或個人照顧之預算給老人本人，由老人自己選擇服務來滿足需求。

長期照顧體系財源來自稅收的國家，如：英國、加拿大BC省及安

大略省，需求評估內容多為多元需求的評估，亦偏向於密集照顧管理模式；換言之，照顧管理者肩負需求評估、擬定照顧計畫及複核之職務，不僅強調服務資格之認定，亦強調照顧資源的有效配置。但就實施長期照顧保險制的國家，相對而言，較未強調照顧管理的角色，反而是著重於需求評估的第一個層面，即服務對象資格之認定。由此可知，各國長期照顧體系之財源影響其照顧管理制度的實施模式甚鉅。

陸、財務制度規劃

各國老人長期照護財務籌集的方式與各國社會安全制度的設計，可謂息息相關。以下將就政府主導及民間方式，說明長期照護的財務籌集方式。政府對長期照護的財務籌集，按基金來源作區分，主要有三種方式：(1)薪資稅（payroll tax）：以辦理社會保險的方式籌集；(2)一般稅收（general revenues）：政府用一般稅收直接提供服務（direct provision）；(3)指定用途儲蓄帳戶（medical savings account）：如新加坡的醫療帳戶（Medisave）。此外，就民間籌集的方式而言，主要有兩種策略：(1)商業／私人長期照護保險為主要方式；(2)住家資產轉換（home equity conversion）及稅務優惠儲蓄存款（tax-favored savings account）為最常討論的兩種方式（吳淑瓊等，1998）。

稅收制和社會保險是最常被討論的方式。稅收制國家會以資產調查的方式來篩選財務壓力較重的家庭而優先給予給付，稅收制的優點在於可隨國家財政狀況逐步擴充保障對象，需透過資產與家庭情況調查提供照護服務、可避免資源浪費，並易於監督服務量與品質。至於稅收制常被提及的缺點有：因資產調查產生的烙印（stigma）效果，以及獨占的服務提供恐會引發效率較低與受照護者缺乏選擇性的疑慮（Ikegami & Campbell, 2002: 723）。而社會保險制，由於需要長期照顧保障的對象已不再限於低所得者，一般家戶亦需納入保障，因而不宜採行殘補式（資產調查）保障體制（World Health Organization, 2003）。繼則，如為取得專款專用的穩定財源，且透過繳費義務使受照護者取得服務可近性的法定權益並可選擇服務內容，不必擔心受到政府預算限制的影響，

則長期照顧社會保險相對於稅收制應爲較佳的選擇。再從社會、政治面考量，採行長期照顧社會保險通常強調自助、互助、他助的精神，由勞、資、政共同分擔經費；如民眾對於加稅持抗拒心態，則較願繳交保險費（引自鄭清霞、鄭文輝，2007：193-194）。然也有學者對於採社會保險保持較保留的態度，因長期照護不像醫療保險，對現有被保險人有切身的關係，因爲使用長期照護的機率，往往是在遙遠的未來，故一般工作人口不易接受（吳淑瓊等，1998：189）。

　　私人保險、社會保險與稅收制長期照顧保障體制，可就公平性、效率性與財源適足性等三項政策評估指標，予以初步評估（徐偉初、蘇建榮，2000；鄭文輝等，2004a）：(1)就長期照顧需要滿足的公平性而言，私人保險將因爲大多數家戶購買能力欠缺等原因，難以達成目標；而在以全民爲保障對象的社會保險與稅收制下，需照顧者不論貧富皆可獲得保障，並產生所得重分配效果。(2)就效率性而言，社會保險與稅收制，由於財源取得來自稅收或強制性保費，對於工作意願可能會產生些微影響，而稅收制另有官僚體系擴張的問題；另一方面，私人長期照顧保險由於市場失靈，也會造成資源配置的無效率。(3)就財源的適足性而言，私人長期照顧保險在供給面以及需求面皆有諸多阻礙的情況下，相對於社會保險或稅收制，亦較難以提供適足的長期照顧保障（引自周台龍、鄭文輝，2008：82-84）。然而實務上，各國選擇稅收制（如：北歐、英國、澳洲）抑或社會保險（如：德國、日本、韓國）長期照顧制度的主要考量，其實並非基於理念偏好的差異，而係因制度傳承（institutional legacies）不同所致。各國長期照顧制度大致採取與其他社會保障制度，尤其醫療保障，相同的財務融通方式，以利制度間的協調與整合（Ikegami & Campbell, 2002）。

柒、已發展國家長期照顧政策之趨勢

　　爲滿足日漸增多的老人對於醫療照護與長期照顧之需求，已發展國家無不積極推動長期照顧服務。回顧Brodsky等人（Shea et al., 2003）接受世界衛生組織（World Health Organization，簡稱WHO）委託，針

對五個已發展國家[1]之長期照顧法進行的比較研究，該報告不僅呈現各國長期照顧保險法之相同及相異之處，更歸納上述五國在長期照顧政策方面的重要趨勢，包括：(1)配置更多資源至長期照顧；(2)發展長期照顧系統，整合居家及機構照顧、社會及健康服務，以及失能者之生命週期中所需之照顧；(3)調整社區及機構照顧間原有之資源配置，移轉更多資源至社區服務；(4)由中央政府設定長期照顧目標並配置資源給地方政府，避免由地方政府決定資源配置之優先順序；(5)提供更多服務類型及服務提供單位供消費者選擇；(6)分擔家庭的照顧責任及負荷，以鼓勵家庭持續照顧失能者及老人（行政院，2007：14）。

另Gibson等人（2003）爲瞭解已發展國家[2]之長期照顧政策的關鍵發展趨勢，其研究將許多已發展國家之長期照顧政策目標歸納爲下列六點：(1)提供「以消費者爲導向」的居家照顧方案來促進選擇與獨立；(2)提倡居家及社區式服務取代機構式服務；(3)鼓勵及維繫失能者之家庭支持系統；(4)提供給付範圍完整的長期照顧服務；(5)確保個人可透過公私部門財務的整合對抗長期照顧的高成本；(6)提升慢性醫療照顧與長期照顧服務的聯繫協調（行政院，2007：15）。

特別值得注意的是，Gibson等人（2003）檢視19個會員國[3]過去10年在長期照護政策主要的改革策略，發現長期照顧制度可概分爲兩類：第一類是提供全面性的長期照顧服務，包括：奧地利、德國、日本、盧森堡、荷蘭、挪威及瑞典等7國，回應長期照顧需求的模式就像過去以社會保障系統回應健康相關的需求一樣，公部門之長期照顧支出占GDP的比率爲0.8%至2.9%；另一類國家提供長期照顧服務的策略則是以資產調查方式作爲服務提供之篩選條件，公部門長期照顧支出約占GDP的比率

---

[1] 包括奧地利、德國、以色列、日本及荷蘭。

[2] 該研究發現除了日本之外，全世界最老的25個國家都在歐洲，包括：義大利、希臘、瑞典及日本的65歲以上老人比例於2000年都超過17%；而其所謂的已發展國家亦大多位於歐洲，僅有日本及美國例外。

[3] 包括：澳大利亞、奧地利、加拿大、德國、匈牙利、愛爾蘭、日本、韓國、盧森堡、荷蘭、紐西蘭、挪威、墨西哥、波蘭、西班牙、瑞典、瑞士、英國及美國。

為0.2%至1.5%。雖然各國進行的資產調查程序及標準不一，但上述國家回應長期照顧需求的程度則顯然與健康照顧需求的回應方式有所不同。綜言之，彙整上述19國的長期照顧改革策略，大致可歸納為以下四項：(1)整合各項服務模式，以建構連續性照顧體系；(2)推動以「消費者為導向」及鼓勵「消費者選擇」的長期照顧方案；(3)建立長期照顧服務品質的監督及提升機制；(4)調整財源籌措方式，以因應長期照顧財務壓力（行政院，2007：15）。

捌、臺灣長期照顧制度之建構

反觀臺灣如何建構適切長期照顧體系之議題，在1990年後期頗受關注：先有行政院研究發展考核委員會於1997年委託吳淑瓊、呂寶靜及盧瑞芬等人進行「配合我國社會福利制度之長期照護政策研究」，而後行政院衛生署與內政部投入多項全國性計畫。在社會行政體系方面，人口老化政策係以1980年公布實施的「老人福利法」為始點，其後陸續公布「社會福利政策綱領」（1994）、「加強老人安養服務方案」（1998-2007）、「照顧服務福利及產業發展方案」（2002-2007）等重大政策，並修訂「老人福利法」（1997、2007）、「社會福利政策綱領」（2004）及「臺灣健康社區六星計畫」（2005-2008）等；而衛政體系亦陸續執行「建立醫療網第三期計畫」（1997）、「老人長期照護三年計畫」（1998）、「醫療網第四期計畫」（新世紀健康照護計畫）（2001-2005）及「醫療網第五期計畫」、「全人健康照護計畫」（2006-），在在都顯示政府部門對人口老化所衍生的健康及照護問題之重視程度。至於長期照顧制度之建構方向，行政院社會福利推動委員會亦於2000-2003年間推動「長期照護體系先導計畫」[4]，並於2004年成立「長期照顧制度規劃小組」；內政部也於2005年進行五項「我國長期照顧制度規劃研究委辦案」[5]（行政院，2007；呂寶靜等，2007），又於

---

[4] 其內容詳見「建構長期照護體系先導計畫──理念與實踐」一文。

[5] 內政部於2005年進行五項「我國長期照顧制度規劃研究委辦案」，其研究案包

2006年以專案政策補助「臺灣社會工作專業人員協會」進行「我國長期照顧制度規劃報告」[6]。隨後行政院於2007年3月通過「我國長期照顧十年計畫」，據以建構我國長期照顧制度，基本目標為「建構完整之我國長期照顧體系，保障身心功能障礙者能獲得適切的服務，增進獨立生活能力，提升生活品質，以維持尊嚴與自主」（行政院，2007）。惟歷經2008年政黨輪替，因應馬總統「推動長期照護保險與立法，4年內上路」競選政見，行政院衛生署成立長期照護保險籌備小組（引自陳正芬，2011：198-199）。

我國長期照顧十年計畫的內容說明如下：

一、計畫目標與規劃原則

我國長期照顧十年計畫的總目標為：建構完整長期照顧體系，保障身心功能障礙者能獲得適切的服務，增進獨立生活能力，提升生活品質，以維持尊嚴與自主。而其子目標為：(1)在地老化、多元連續服務，加強照顧服務發展與普及；(2)使民眾獲得符合個人需求服務，並增進選擇權；(3)支持家庭照顧能力，分擔家庭照顧責任；(4)建立照顧管理機制，確保照顧服務資源效率與效益；(5)透過經費補助，提升民眾使用服務的可負擔性；及(6)確保財源永續維持，政府與民眾共同分擔財務責任。

至於建立制度規劃所立基之原則為：(1)普及化；(2)連續性照顧；

括：「我國長期照顧服務輸送規劃研究」、「我國長期照顧資源開發規劃研究」、「我國長期照顧財務規劃研究」、「我國長期照顧法令制度規劃研究」、「我國長期照顧資訊系統規劃研究」。

[6] 內政部於2006年7月以專案政策補助「臺灣社會工作專業人員協會」執行「我國長期照顧制度規劃報告」乙案，由當時專協理事長、政大社會工作研究所呂寶靜教授擔任主持人，臺大衛生政策與管理研究所吳淑瓊教授擔任協同主持人，結合專家學者按專業領域分工，統整近年主要規劃研究報告資料，並於12月初提出總結規劃報告。為期報告內容更臻周延，小組於2006年12月15日至22日期間，分北、中、南三區召開五場次座談會，爾後規劃團隊參考前揭座談會所獲共識，據以提出修正初稿並送內政部。

(3)鼓勵自立；(4)支持家庭照顧責任；(5)階梯式補助原則；(6)地方化；(7)夥伴關係。

二、服務對象

從前節長期照顧服務對象的討論中，可知長期照顧的對象是身心功能障礙而需由他人提供照顧服務者，但針對服務對象的界定可就年齡層而有不同的選擇。我國長期照顧係為滿足老化導致之照顧需求，故以65歲以上之老人為主要服務對象；考量個人之老化經驗不同，除以65歲年齡為切割點外，亦需將因身心障礙、地區因素致使提早老化而需照顧之對象一併納入。綜上，服務對象為：(1)65歲以上老人；(2)55歲以上山地原住民；(3)50歲以上之身心障礙者；(4)僅IADLs失能且獨居之老人。失能程度界定為三級：(1)輕度失能（1至2項ADLs失能者，以及僅IADLs失能且獨居老人）；(2)中度失能（3至4項ADLs失能者）；(3)重度失能（5項（含）以上ADLs失能者）。

三、服務補助原則

針對服務對象提供之補助原則為：

1. 以服務提供（實物給付）為主，現金給付為輔，並以補助服務使用者為原則。
2. 依家庭經濟狀況提供不同補助：
   (1)家庭總收入未達社會救助法規定最低生活費用1.5倍者：全額補助。
   (2)家庭總收入符合社會救助法規定最低生活費用1.5倍至2.5倍者：補助90%，民眾自行負擔10%。
   (3)一般戶：補助60%，民眾自行負擔40%[7]。
   (4)超過政府補助額度者，則由民眾全額自行負擔。

---

[7] 自2010年起，調降一般戶民眾自行負擔比率為30%。

四、服務項目

在居家式和社區式資源優先發展的原則下，納入的服務項目如表7-3所示。

表7-3　我國長期照顧十年計畫之服務項目

照顧類型	項　目
居家式 及 社區式	照顧服務（含居家服務、日間照顧、家庭托顧*）
	居家護理
	社區及居家復健*
	輔具購買、租借及居家無障礙環境改善服務
	老人營養餐飲服務
	喘息服務
	交通接送服務*
機構式	長期照顧機構服務

註：*表示創新服務項目。

有關上述「照顧服務」的補助原則如後：

1. 補助時數：(1)輕度失能：每月補助上限最高25小時；(2)中度失能：每月補助上限最高50小時；(3)重度失能：每月補助上限最高90小時。
2. 補助經費：每小時以180元計（隨物價指數調整）。
3. 民眾可於核定補助總時數內彈性使用居家服務、日間照顧、家庭托顧等照顧服務。

除了第一項的照顧服務外，其餘服務項目的實施要領如表7-4所示。

表7-4　我國長期照顧十年計畫服務項目之實施要領

（二）居家護理	（六）喘息服務
除現行全民健保居家護理給付2次以外，經評定有需求者，每月最高再增加2次。每次訪視服務費以1,300元計。	1.輕度及中度失能：每年最高補助14天。 2.重度失能：每年最高補助21天。 3.可混合搭配使用機構及居家喘息服務。 4.每日以1,000元計。

（續）

（三）社區及居家復健 對失能無法透過交通接送使用健保復健資源者，每人最多每星期補助1次，每次訪視費用以新臺幣1,000元計。	（七）交通接送服務 補助重度失能者使用交通接送服務，以滿足就醫與使用長照服務為目的，每月提供車資補助4次（來回8趟），每次以190元計。
（四）輔具購買、租借及居家無障礙環境改善服務 補助金額為每10年內以新臺幣10萬元為限，但經評估有特殊需要者，得專案酌補助額度。	（八）長期照顧機構服務 1. 家庭總收入未達社會救助法規定最低生活費1.5倍之重度失能老人：由政府全額補助。 2. 家庭總收入未達社會救助法規定最低生活費1.5倍之中度失能老人：經評估家庭支持情形，如確有進住必要，亦得專案補助。
（五）老人營養餐飲服務 低收入戶及中低收入失能老人，最高每人每天補助一餐，每餐以50元計。	3. 每人每月以18,600元計。

五、照顧管理制度之實施

有關照顧制度之實施，係立基在以下之預設上：由於失能者及其家庭通常面臨複雜問題，因此有必要透過照顧管理制度，以民眾多元需求為導向，連結其所需的服務體系與資源，並強調個案的自主與選擇權，以及與照顧者及服務提供者間夥伴關係，進而促進服務的品質、效率與責信。故執行單位為直轄市、縣（市）政府長期照顧管理中心；而其核心任務則包括：需求評估、擬定照顧計畫、核定補助額度、連結照顧資源安排照顧服務、持續追蹤個案狀況並監督服務品質、定期複評等。

有關長期照顧管理專員之任用資格為：(1)長期照顧相關大學畢業生，包括：社工師、護理師、職能治療師、物理治療師、醫師、營養師、藥師等長期照顧相關專業人員，且有2年以上相關照顧工作之經驗；(2)公衛碩士具有2年以上相關照顧工作經驗；(3)專科畢業具師級專業證照，且有3年以上相關照顧經驗；(4)符合專門職業及技術人員高等考試社會工作師考試規則第5條第1項第1款及第3款規定，得應社工師考試，且有2年以上相關照顧工作經驗者。截至目前為止，各縣市政府均已設置長照管理中心，計設置52個長照管理中心，進用261名照管專員及43名照顧管理督導，合計304人。

陳正芬（2011）回顧我國長期照顧體系近30年來的發展軌跡，歸納

出四項特性：(1)照顧服務對象的擴大：從選擇主義（selectivism）到普遍主義（universalism）；(2)長期照顧資源形式的多元化：從機構式服務到居家優先；(3)照顧服務輸送體系的建制：從地方分權走向中央統籌；(4)財源籌措方式的制度化：從政府補助走向獨立財源。

玖、結語

在財務制度規劃方面，從稅收制的「長期照顧十年計畫」轉變為朝向長期照護保險的發展，最具挑戰性的任務是長期照護保險之給付範圍（含項目及額度）的確定，此乃因健康保險之醫療診治是生死的關鍵，但在長期照顧體系則是提供生活照顧為主，讓失能者過得較舒適，因而政府與私人（個人和家庭）間責任的界線較難界定，故長期照顧制度之設計相對於醫療照顧體系之設計較為困難（Ikegami & Campbell, 2002）。另保險對象、給付項目等級與水準、部分負擔制，以及照顧管理制度之調整，甚至是服務提供單位的多元化，都與財務制度規劃密切相關，有待充實的實證研究資料來參考，方能規劃出務實且可行的長期照護保險制度。也就是說，長期照護保險的財務規劃與服務輸送體系是密切相關的（呂寶靜，2009）。

從「長期照顧十年計畫」的稅收財務設計轉變至未來的長期照護保險，每位國民都需繳納保費，而當長期照顧需求發生時即可申領服務。然目前各項服務供給量都明顯不足，且城鄉區域間服務資源呈現嚴重的落差，在服務輸送體系未能建置完備前就貿然實施，勢必會有偏遠地區的民眾無法就近獲得服務的情形發生，或者造成無多元化的社區和居家式服務可供民眾使用的狀況。爰此，充足服務資源，建立完備的服務資源體系乃是當務之急（呂寶靜，2009）。

再其次，隨著長期照顧服務體系的發展，社會工作專業服務在長期照顧設施中愈形重要，而社會工作人員的工作職責也需更加明確化。以美國為例，全美社會工作者協會（NASW）於2003年出版《長期照顧設施社會工作服務之全國性準則》（*National Standards for Social Work Services in Long-term Care Facilities*），在此準則中，載明社工員的職

責包括：

1. 入住前評估：包括從事生理、心理暨社會（biopsychosocial）評估、參與機構式照顧住民需求的跨科（別）之評量，以及新進住民的準備等。

2. 需求確定及服務協調，以確保每位住民的生理、心理暨社會需求是能被滿足的。

3. 參與照顧計畫的發展及複評：訂定個別化的社會服務和跨科（別）的照顧計畫，以滿足每位住民的生理、心理及社會需求。

4. 協助住民和其家庭尋找並運用財務、法律、心理衛生及其他社區資源。

5. 個人、家庭和團體服務之提供：側重在住民生理、心理、社會的能力之維持，瞭解住民的安置及健康的情形，而服務也包括下列的協助：與住民疾病、失能、處遇相關之議題；財務及醫療決策；照顧的安排與期待；機構內和機構間的轉介；人際關係；社區生活；以及面對孤立、失落與死亡之因應。

6. 住民妥適的照顧與治療之倡導：透過政策之發展和執行，住民、員工和家庭成員有關住民權益之訓練，並向長期照顧檢察人（long-term care ombudsperson）諮詢。

7. 當協助有生理、心理暨社會困難的住民獲得妥適的治療和服務時，確保健康和心理衛生社會工作服務是可獲得的，期能協助住民維持或達成心理、社會暨心理最大層次之福祉。

8. 在設施內，員工從事行為介入時，扮演資源者的角色。

9. 透過跨科（別）出院計畫及追蹤服務，讓機構住民得以安全整合至社區之中。

10. 參與機構的計畫和政策發展，包括：與其他工作人員共同合作找出影響住民和家庭高品質照顧輸送之因素，如：生理、心理、社會、文化與環境等因素，並參與所有新進員工的職前訓練以及機構員工的在職訓練。

11. 在被需求或有需求的情況下，參與住民及家庭代表所組成的委員會之發展。

12. 針對有行為能力（competent）的住民，參與醫療人員及其他職員有關生前預囑（advance directives）及財產授權（financial powers of attorney）之討論；而對於無行為能力的住民，則參與有關監護人及代理人之決策。

13. 志工的職前訓練與督導。

14. 致力於社區資源的發展：參與社區團體以倡導、規劃，以及實施攸關住民健康、心理衛生與其他福利需求之方案。

15. 在與認證的社會工作學院或學程合作下，督導社會工作學生的實地工作實習。

16. 以獨立或協同的方式，參與研究或試辦方案。

綜上，財務制度隨著長期照護保險的規劃而呈現雛形。惟長期照護保險制度需要另行開徵保險稅，在向民眾收取保費前，讓人民瞭解、進而支持政府開辦長期照護保險，是必經的途徑；其次，建構完備的資源體系是努力的目標，應兼顧城鄉、性別、文化之多元差異。在人力資源方面，除了社會工作專業人力的教育外，也應致力於其他專業人員及照顧服務員的培訓教育與留任，方能滿足臺灣邁向高齡社會之長期照顧需求。

問題與思考

1. 如果一位老人生活自理能力有困難，你覺得什麼方式的照顧安排是較好的？

2. 你覺得社工師選擇到縣市政府長照管理中心擔任照顧管理專員，他（她）需要具備什麼樣的知能？

3. 老人長期照顧服務等同於老人福利服務嗎？

建議研讀著作

1. 行政院（2007）。*我國長期照顧十年計畫——大溫暖社會福利套案之旗艦計畫*。臺北：行政院。

2. 陳正芬（2011）。我國長期照顧政策之規劃與發展。*社區發展季刊*，133，197-208。

3. 吳淑瓊（2005）。人口老化與長期照護政策。*國家政策季刊*，4(4)：5-24。

參考書目

一、中文書目

行政院（2007）。*我國長期照顧十年計畫——大溫暖社會福利套案之旗艦計畫*。臺北：行政院。

行政院勞工委員會職業訓練局（2011）。病症暨失能診斷證明書（第3頁）。（http://www.evta.gov.tw/topicsite/list.asp?mfunc_id=11&func_id=11&type_id=0&mcata_id=127&cata_id=&site_id=5&group_id=0&rule_id=0&syear=&smonth=&SearchDataValue=&page=8）

行政院衛生署（2007）。長期照顧服務個案評估量表。（http://www.doh.gov.tw/ufile/doc/%e6%9c%8d%e5%8b%99%e5%80%8b%e6%a1%88%e8%a9%95%e4%bc%b0%e9%87%8f%e8%a1%a8%e5%8f%8a%e7%94%b3%e8%ab%8b%e6%9b%b8.pdf）

吳淑瓊（2005）。人口老化與長期照護政策。*國家政策季刊*，4(4)，5-24。

吳淑瓊、戴玉慈、莊坤洋、張媚、呂寶靜、曹愛蘭、王正、陳正芬（2004）。建構長期照顧體系先導計畫——理念與實踐。*臺灣衛誌*，23(3)，249-258。

吳淑瓊、呂寶靜、盧瑞芬（1998）。*配合我國社會福利制度之長期照護政策研究*。臺北：行政院研考會編印。

呂寶靜（2001）。*老人照顧：老人、家庭、正式服務*。臺北：五南。

呂寶靜（2005）。支持家庭照顧者的長期照護政策之構思。*國家政策季刊*，4(4)，25-40。

呂寶靜（2009）。臺灣建構長期照顧制度之發展脈絡與未來挑戰。發表於「2009 ICSW三國及東北亞區域會議」，國際社會福利協會主辦，2009年10月20日。

呂寶靜、陳政雄、羅孝賢、李晶、傅從喜、王中允（2007）。*人口政策白皮書及實施計畫之研究期末報告——子計畫二「因應我國邁入高齡社會對策之研究」*。臺北：內政部委託研究案。

周臺龍、鄭文輝（2008）。臺灣多層次長期照顧財務保障架構之探討。*臺灣社會福*

利學刊，7(1)，65-122。

陳正芬（2011）。我國長期照顧政策之規劃與發展。*社區發展季刊*，133，197-208。

黃源協（2006）。*個案管理與照顧管理*。臺北：雙葉書廊。

劉淑娟、葉淑娟、蔡淑鳳、徐慧娟、廖彥琦、周世珍、蕭仔伶、謝佳容、謝嫣娉、毛慧芬、胡月娟（2010）。*長期照護*。臺北：華杏。

鄭清霞、鄭文輝（2007）。我國長期照顧制度的費用估算與財務處理。*臺大社工學刊*，15，167-218。

二、英文書目

Banks, P. (2004). Case Management. In H. Nies & P. Berman (Eds.), *Integrating Services for Older People: A resource book for managers* (pp. 101-112). Ireland: European Health Management Association.

Department of Health (1989). *Caring for People-Community Care in the Next Decade and Beyond*. London: HMSO.

Department of Health (1990). *Community Care in the Next Decade and Beyond: Policy and Guidance.* London: HMSO.

DoH/SSI. (1991a). *Care Management and Assessment-Managers's Guide.* London: HMSO.

DoH/SSI. (1991b). *Care Management and Assessment-Practiitioners' Guide.* London: HMSO.

Gibson, Mary Jo, Steven R. Gregory, & Sheel M. Pandya (2003). *Long-Term Care in Developed Nations: A Brief Overview.* Washington, D. C.: AARP.

Ikegami, N., & J. C. Campbell (2002). Choices, Policy Logics and Problems in the Design of Long-Term Care Systems. *Social Policy and Administration*, 36(7), 719-734.

Ljunggren, Gunnar (2004). Needs Assessment. In Henk Nies & Philip C. Berman (Eds.), Case Management (pp. 67-81). Ireland: European Health Management Association.

National Association of Social Workers, NASW(2003). National Standards for Social

Work Services in Long-term Care Facilities.

Shea, D., A. Davey, E. E. Femia, S. H. Zarit, G. Sundstrom, & S. Berg (2003). Exploring assistance in Sweden and the United States. *The Gerontologist*, 43(5), 712-721.

Tobin, Sheldan S., & Ronald W. Toseland (1990) Gerontological Social Services: Theory and Practice. In Abraham Monk (ed.), *Handbook of Gerontological Services* (pp. 27-51). New York: Columbia University Press.

8

第八章

老人服務中心

壹、前言

　　老人與他人維持關係是成功老化的要素之一，故增進老人與他人的互動，進而維護或發展社會支持體系是必要的，這也凸顯老人社會化的重要性。一些社會服務方案之立意就是在滿足老人的社會接觸和休閒的需求，譬如：多目標老人中心、友善訪問、電話問安等（Huttman, 1985）。美國1940-1960年代，老人中心的設立旨在提供一個專為老人聚會的場所，以作為老人社會化和參與活動的場所；但自1970年代，老人中心的服務內容重點從娛樂活動轉為多目標的活動和多樣化的服務，隨後多目標老人中心被定位為社區中發展和輸送社區型支持方案的中樞據點（Krout, 1989），也是最廣泛被使用的一項社區服務。另依據Tobin & Toseland（1990）對老人服務的分類，老人中心或多目標老人中心均屬於社區式服務的項目。本文的目的旨在瞭解多目標老人中心的功能，試圖分析美國多目標老人中心的歷史演變為例，以作為臺灣的借鏡，進而研提建議以供發展此項服務之參考。

貳、美國多目標老人中心

一、何為老人中心（senior centers）

　　全國老化委員會（National Council on Aging，簡稱NCOA）下附設之全國老人中心協會（National Institute of Senior Centers，簡稱NISC）針對老人中心的描述如下：一個社區照顧的中樞據點，增進老人共同參與以提供能反映他們經驗和技巧的服務和活動，並且回應他們多元的需求及興趣，進而提升老人的尊嚴、支持其獨立性並鼓勵他們參與社區。老人服務中心係綜合性的一項社區型服務方案以滿足老人的需求，中心提供服務、舉辦個人和團體的活動，並且連結社區內各機構的資源給參與者。另老人中心也對整個社區提供關於老化的資訊、對家庭照顧者給予支持、培訓專業人員和領導人及學生，並且也發展有創意的方法來處理老化之議題（NCOA, 2009）。

又依美國學者Krout（1989）之定義：老人中心係一指定之場所，在老人服務網絡中扮演重要角色：以定期和經常性方式，提供老人多樣化的活動與服務，其運作是社區計畫的過程之結果，目的在提供老人社會互動的機會，培養友誼，建立老人自我價值感及社區歸屬感。若更詳盡來分析，則可知此一定義中包括六個基本的要素：(1)一個場所；(2)社區計畫的過程或結果；(3)提供老人活動和服務；(4)定期性和經常性提供服務；(5)人力方面有專職的工作員；以及(6)增進老人自我價值感和尊嚴的目的。在上述六項要素中，前三項是經常被學者使用的定義：一個專為老人提供多樣化服務的場所，而中心之運作是社區計畫過程的一部分或結果。由上述定義可知：老人中心之設立和運作是社區計畫實施的過程或結果，兩者之間有密切不可分之連結關係（引自呂寶靜，1994：33）。

二、老人中心的目標與功能

老人中心設立的目標可就老人個人、家庭和社區三方面來探討。對個人而言，老人中心提供下列機會給每個老人：(1)建立有意義的個人和團體之關係；(2)學習新的技能以獲得個人的成長；(3)增進自我價值感，藉由社區志願服務以幫助他人；(4)協助個人維持健康；(5)透過創造力的發展和運用以促進心理健康；(6)發展社會中有意義的角色；(7)協助老人知曉社區和世界的改變情形；(8)培養個人的團體領導技巧和與人相處的效能；以及(9)獲得有關個人問題的訊息和諮詢。對家庭而言，(1)老人所學來的技能和經驗可以與其他家庭成員分享；(2)減少老人對家人在休閒活動和情緒支持的依賴；(3)協助老人繼續致力於家庭成員情緒和福祉的支持。至於老人中心對社區的功能則有：(1)協助老人留在社區內生活，藉由服務方案之提供以維持他們的福祉；(2)協助社區認識當地年老居民的需要；(3)對於老人中心使用者志願服務之組訓，可提供志工人力給社區內的公私立社會服務機構（Lowy & Doolim, 1990；引自呂寶靜，1994：34）。

三、老人中心的服務內容與服務項目

上述老人中心功能的說明顯示：若一個場所僅供老人聚集之用而未舉辦活動或提供服務，則無法達成老人中心設立的目標。一般說來，老人中心所推行的方案大致可歸納為下列四類：(1)直接服務，包括：休閒——教育活動、社會服務、營養服務（譬如：定點用餐、送餐到家、提供營養和飲食的訊息）、住宅修繕、法律服務及臨時照顧；(2)協調其他機構共同為老人提供服務，譬如：老人居家服務；(3)代表老人（或和老人一起）從事社區活動，參與社區方案計畫制定的過程，提供諮詢給社區內相關之社會服務機構，促使其服務方案較能為老人所接受；也為老人福利倡導，提供訊息以供立法之用；以及(4)訓練、諮詢和研究，譬如：對工作人員和志願工作人員的訓練，對社區內其他機構提供諮詢，作為老人問題和需要的研究中心。由此可知，老人中心不僅直接提供服務給老人，且倡導老人福利，更甚者還發揮訓練、諮詢和研究的功能（Lowy & Doolin, 1990; Huttman, 1985；楊錦青譯，1989；引自呂寶靜，1994：34）。

有學者將老人中心的方案分為「活動」和「服務」兩類（Krout, 1989; Gelfand, 1999）。活動是指老人中心舉辦活動，通常開放給所有老人，有時收取費用；至於服務則有資格條件限制，可能需要資產調查以確定其資格。更具體而言：

（一）活動

以娛樂教育類的活動為主，包括：藝術和手工藝、自然科學和戶外生活、戲劇、體力活動、育樂、舞蹈、桌上遊戲、特殊的社會活動、交際活動、旅遊（遠足）、嗜好或特殊興趣團體、演講、電影欣賞、討論會（論壇）、圓桌會議，以及社區服務專案（projects）。

（二）服務項目

老人中心提供的服務項目主要可歸納為下九項：

1. 使用中心的服務（access to center），譬如：訊息和轉介、交通

接送服務。

2. 營養和健康服務，譬如：身體檢查和健康維護、健康教育、營養教育、定點用餐、送餐到家服務。

3. 在宅服務，包括：護送服務、友善訪問和電話問安、家務服務員、住宅維修等。

4. 收入補助服務（income supplement），包括：手工藝作品販賣店、折價服務、食品消費合作社、小家電維修、職業訓練與職業安置等。

5. 訊息和協助服務，包括：消費者的資訊、犯罪預防、財務管理和報稅服務、住屋消息的提供、法律服務、申請社會救助、社會安全和醫療保險之協助。

6. 日間照顧服務。

7. 老人保護服務。

8. 個人服務，包括：危機介入、團體諮商或個人諮商。

9. 其他服務，如：專為身心障礙老人提供的服務，以及護理之家的服務。

上述活動和服務相當多元，但實際的提供情形為何？Krout（1989）的調查顯示：老人中心提供的服務類型可歸納為：接近（access）、健康和營養、居家支持、所得補充、特殊服務、諮詢及協助、個人諮商和心理衛生服務，另還有其他四類活動（散步、領導的機會、休閒和志願服務機會）。2002年紐約市老人局（Department for the Ageing）的調查也顯示：午餐、教育方案、休閒活動、健康教育、體適能課程、資訊及個案協助等是最常被使用的服務。近年來較側重的方案和服務大都與基本的健康促進、心理衛生服務、老人虐待預防、照顧者支持及社區長期照顧檢察人方案（Ombudsman）促進有關。上述老人服務中心擴展服務和方案的趨勢，反映出資助單位（政府部門）將老人服務中心的目標設定在：針對社區老人提供預防性服務，以預防或延緩長期照顧的機構化（Pardasani, 2004）。

老人中心依其規模和運作的複雜度，大致可歸納為下列四個模式：(1)多目標老人中心；(2)老人中心；(3)老人俱樂部；(4)所有人都可參加

的方案，但特殊方案則是專為老人提供（Gelfand, 1999）。依最近的一項調查資料顯示：超過75%的老人中心為多目標的中心，並為老人綜合性服務輸送之樞紐。大多數多目標中心或服務樞紐提供較多的服務，包括：送餐和營養方案、資訊與協助、健康和福祉方案、休閒娛樂、交通接送服務、藝術方案、志願服務、教育方案、就業協助、代間方案、社會及公民參與、公共福利之諮詢，以及其他特殊服務等；而單一服務或有限服務的老人中心（例如：僅提供送餐，或是提供送餐與休閒娛樂），有時稱作老人俱樂部（senior clubs）或者營養供應點（nutrition sites）（National Council on Aging, 2009）。

四、老人中心運作的哲理和信念

老人中心此領域的相關工作人員已發展出一套哲理，而這套哲理已形塑對老人中心在社區網絡地位的看法，以及對老人的價值取向，老人中心關心老人所有的生活層面，並致力於老人生活品質的提升。更詳細而言，老人中心的哲理如後（引自呂寶靜，1994：35）：

「一個老人中心試圖建立一個環境，在這個環境下，承認人類生活個別性和集體性的價值，確認老人的尊嚴和自我價值。這種環境提供老人創造力的再肯定，決定的權力，應付和防衛的技能，照顧、分享、付出和支持的溫暖。老人中心之獨特性係源自其對老人所有生活層面的全然關心和其對所有老人的關心。在滿意（wellness）的氣氛下，老人中心在建立老人互助和支持不可避免的老人依賴之同時，亦增強和鼓勵老人獨立。老人中心是與老人一起工作，而不是為老人工作，促進和強化老人做決定和行動，在這樣的過程中，創造和支持社區感，進而促使老人繼續參與和貢獻較大的社區。」

上述的老人中心之哲理係立基在下列三項假設上：(1)老化是正常的發展過程；(2)人們需要同輩團體，這些同輩是人際互動的對象，且可作為相互鼓勵和支持的來源；(3)當決定的事項影響老人時，老人擁有發聲的權利。遵循上述預設和經驗法則，老人中心之工作者抱持下列信念：(1)老人具有抱負、才幹和創造力；(2)老人有能力持續成長和發展；

(3)老人像其他人一樣需要獲得訊息和協助以解決個人的問題，且有與相同經驗的人分享之需要；(4)老人有決定的權利，且有參與決定的過程；(5)工作員有義務創造和維持一個充滿著尊重、信任和支持的氣氛，並提供機會給老人去實現他們的能力、發揮潛能、貢獻智慧、經驗和見識。

五、老人中心之現況

（一）服務使用者的人口特性

老人中心之設立源自於1965年的美國老人法，調查資料顯示：全美老人中心之數量，大致在11,000至15,000個之間，而每年有1,000萬名老人使用老人服務中心的服務（NCOA, 2009）。

至於老人服務中心參加者的人口特質如後（NCOA, 2009）：

1. 老人服務中心的使用者中，大約70%是女性，其中一半是獨居。主要的使用者是白種人，其次是非裔美國人，再依序為西班牙人和亞洲人。
2. 分析734位（分別是加州、佛羅里達州、愛荷華州、緬因州、新罕布夏州、德州和田納西州）服務使用者的資料顯示：使用者平均年齡為75歲，使用服務中心之平均年數有8.3年，大約三分之一的年齡超過80歲。
3. 大約75%的服務使用者每週到中心1至3次，平均一次使用3.3小時。

（二）使用者的獲益

老人中心提供最普遍的方案為健康和福祉方案，相關的研究指出：老人中心的方案對老人的體力活動和身體功能之影響，如：太極、體能活動及運動、健走、肌耐力訓練及排舞；另有些研究則是在探究服務方案對老人健康行為的影響，譬如：水果和蔬食的攝取、糖尿病的自我管理。至於心理福祉方面，老人中心參加者比起未參加者有較佳的心理福祉、朋友組成及其相關的福祉，以及較低的壓力層次。而成功老化的心理特性包括：情緒網絡、正向的態度及心智上的挑戰和刺激，上述這些

元素在老人中心都可獲得（Dal Santo, 2009）。

此外，參加老人中心舉辦活動的影響對獨居女性老人尤為明顯，參加活動有助於友誼的形成，而這些在中心結識的朋友可提供協助，對他們的身心有正向的影響（Aday et al., 2006）。

由此可知，老人中心提供下列的機會給老人，故有助於成功老化：(1)參與預防疾病和健康促進的活動；(2)維持和發展社會關係及一個堅強的社會支持系統；(3)從事有生產力的活動；(4)從成就中感受到滿足感；(5)發展情緒的支持；(6)積極參與有意義的活動；(7)參與旅行、文化和教育方案，以及智力刺激的活動；(8)發展和維持一個正向的心態；(9)關注於重要和有意義的事物；(10)學習新的技巧和資訊；(11)勇於挑戰；(12)富有創意（Beisgen & Kraitchman, 2003）。

六、老人中心與美國老人法

美國老人中心之發展係由老人俱樂部演變而來，在這演變的過程中，政府扮演十分重要的角色，藉由立法和聯邦政府的經費補助，以引導此種趨勢的發展。老人中心大致可分為兩類：第一類是志願組織模式（Voluntary Organizational Model），此類中心一般係屬老人俱樂部性質（類似老人會），因此，使用者多為中產階段、健康的老人，主要的服務內容是休閒文教活動之提供。另一類是社區機構模式（Social Agency Organizational Model），老人中心的功能就如同一個社會服務機構，提供的服務項目較為廣泛，且以低收入、少數民族、或健康不良的、有特殊需要的老人等為主要的標的人口群。在發展的過程中呈現從志願組織模式轉型為社會機構模式的趨勢，引導這種趨勢發展的因素可歸納為：老人法的訂頒和修正、白宮老人會議之召開，以及老人團體的行動。不論是法案的修正方向、白宮老人會議的主張，以及老人團體的主張，均是認可老人中心之設立對於增進老人福祉之貢獻，而且為推展各類社區型支持方案，老人中心遂被定位為社區服務網絡中的中樞據點（呂寶靜，1994）。

惟社區型支持性服務的範疇隨著社會發展和老人需求的改變，而迭

經改變。以2000年之修法為例，支持性服務和老人中心之修法中強調的重點有：(1)交通接送服務；(2)協助老人透過住都局所提供的協助方案獲得住屋；(3)社區式服務也包括：案主評量、個案管理、社區式服務的發展和協調，以及提供服務給有特殊需求的老人之家庭照顧者；(4)居家式和其他社區式服務（如：居家健康服務、家務協助、購物等，以協助老人在社區生活），另也側重衰弱老人的居家服務。

　　至於2006年修訂通過的美國老人法中有關支持性服務和老人服務中心，再增添下列三項服務的提供：輔具服務、老人之心理健康服務，以及促進和散播有關終生學習方案的活動（Administration on Aging, 2006）。此外，強調應積極推展實證基礎的健康促進和疾病預防。2000年美國老人法修法時雖納入健康促進和疾病預防的概念，惟相當有限，然2006年修訂通過的老人法就將「疾病預防和健康促進服務」納入第101條（Section 101 the OAA），且重視「以實證為基礎的健康促進方案」（National Council on Aging, 2006）。

七、未來的挑戰

　　老人中心未來發展的一項挑戰即是如何吸引年輕老人的參與，因自2010年起，戰後嬰兒潮世代占50歲以上人口中的三分之二，這群老人可能會一直工作到70歲左右才退休，故老人中心一方面需要創造機會給年輕的老人擔任領導和從事志願服務，以吸引他們的積極投入，因此需有更多資源的投入方能回應較常使用者（通常是衰弱老人）的需求。

　　針對較年輕世代的老人，因他們尋找樂趣，追求健康，愛好冒險但又期待有些結構，因而期盼中心提供的方案有所調整，希望舉辦更多伸展的肌力訓練之活動，或者開發含有靈性／心理／身體的元素之方案。以Arizona鳳凰城為例，州政府資助老人中心重建，促使老人中心轉型為與健身中心、咖啡屋及網咖的混搭物，以吸引年輕世代的參與（Dal Santo, 2009）。

　　在如何促進衰弱老人的參與或回應衰弱老人的需求方面，多數老人中心的主任認為透過與社區內其他組織更密切的連結，當可針對衰弱老

人提供較多的服務。此外，如何提供更爲廣泛多元創新的方案以吸引老人的參加也是另一項挑戰，有些中心已對照顧者提供支持方案，另有些中心則是針對健康老人提供預防性服務方案或健康促進方案。而NCOA近年來致力於推展老人健康教育方案，透過老人服務中心在各地區推動具體的兩項方案爲（NCOA, 2009）：

1. **連結資源：糖尿病和心臟病：如何使用醫療保險方案**：此方案是在協助低收入的老人瞭解糖尿病和高血壓的風險，並教導他們如何使用醫療保險和連結資源。

2. **促進健康：準備背包（外展工作）方案**：與CVS／藥局共同合作，增進老人藥物使用安全，針對藥物使用有危險之虞的老人採一對一與藥劑師會面之方式來進行。

爲回應老人服務中心未來面對的挑戰，NCOA提出的策略大致有：教育大眾有關老人中心的價值，破除社會大眾對老人中心的刻板化印象（認定老人中心是營養站或低收入老人的社會俱樂部）；其次是推動認證制度，鼓勵老人中心通過認證，以確保其營運正常。有關老人中心的認證係由NCOA所附屬的全國老人中心協會來負責，並不是強制規定，而是由中心自行提出申請，訪查委員就下列標準從事評鑑（NISC之網站）：(1)目的；(2)社區：老人中心應協同進行社區計畫；(3)治理：老人中心應創造使用者、員工、治理三者之間有效能的關係，以達成使命和目標；(4)行政和人力資源：中心應有清楚的行政和人力資源政策，聘任具勝任能力的工作人員（含有酬的員工及志工）；(5)方案設計：老人中心應設計廣泛的個人活動和服務，以回應社區內或服務領域間老人、家庭及其家庭照顧者的需求；(6)評鑑：老人中心在自評過程中應知道評鑑的方法，哪些領域需要被評鑑、誰需負責、資訊如何獲得等；(7)財務管理：做好財務計畫及管理，善加保管財務的紀錄和報告；(8)妥善整理和保管相關的紀錄；(9)設施：中心的設施儘可能舒適。

截至目前爲止，大約有200多個中心通過認證，認證的益處可歸納爲（NISC, 2010）：(1)帶來全國性的認可；(2)提供一個書面的策略性計畫；(3)協助確定結果的測量指標；(4)提高經費贊助者、社區志工、參加者及其家庭對老人中心活動的瞭解；(5)改善和強化整體性的運作；(6)強

調最佳的實務；(7)認證的單位是NCOA，它是一個非營利組織，倡導老人福利已有50多年，具公信力。

參、臺灣老人文康活動（老人服務）中心之辦理情形

一、發展沿革現況

在臺灣，政府對於民間舉辦娛樂活動之經費補助係在1968年訂頒「社區發展工作綱要」之後，政府補助社區設置活動中心，以供辦理各種活動之用，但並不是專為老人而設置。一直到1980年老人福利法公布實施之後，老人「休養機構」一詞正式被使用，依規定：省（市）、縣（市）主管機關應視需要設立並獎助私人設立四類老人福利機構，其中「休養機構」係以舉辦老人休閒、康樂及聯誼活動為目的，但在缺乏具體的推動方案下，並未迅速萌芽發展。隨後1982年省政府頒布「社區發展後續五年計畫」，鼓勵社區組織才藝班隊，因此有老人松柏俱樂部、長壽俱樂部之成立。而第一所老人活動中心始於1981年在高雄市成立（許國榮等，1982），臺北市亦於1981年設立西區老人休閒活動中心（陳明鈺等，1982）。

此外，為充實老人精神生活、提倡正當休閒聯誼、推動老人福利服務工作，鼓勵鄉鎮市區公所興設老人文康活動中心，以作為辦理各項老人活動暨提供福利服務之場所。至2010年底為止，老人文康活動中心（含老人福利服務中心）有316所，提供老人休閒、康樂、文藝、技藝、進修及聯誼活動。另為配合老人福利服務需求，老人文康活動中心也成為福利服務提供的重要據點，諸如辦理日間照顧、長青學苑、營養餐飲、居家服務支援中心等。

以臺北市為例，1983年9月於萬華區成立第一所專為老人設置的服務中心，名為「第一長春文康活動中心」（即老人服務中心前身），之後陸續於各行政區成立，至2009年計成立14所老人服務中心，其中3所為公辦公營、3所為補助辦理、8所為公辦民營；老人服務中心歷經三個

階段的轉型：(1)從辦理健康長者的社會參與（1983-1997年），主要是辦理老人學習（長青學苑）及文康休閒服務；(2)獨居老人的個案管理、失能長者的照顧管理（2002年以後）；(3)而後致力於社區照顧體系的建構（2008年以後），期能擔任起社區照顧樞紐的角色（師豫玲等，2009）。

臺北市社會局網站的資訊針對各老人服務中心之簡介列出的服務項目為：(1)個案服務；(2)連結與辦理老人社區服務方案，並配合推動我國長期照顧十年計畫；(3)辦理各項老人團體、文康、學習、聯誼活動等；(4)開發與運用志願服務人力及福利諮詢等服務；(5)輔導與拓展老人活動據點；(6)提供其他老人服務；此外，對於龍山、信義、南港、士林附設老人日間照顧中心。從簡介中，吾人可知，老人服務中心的服務項目可歸納為：(1)提供福利諮詢；(2)休閒、教育等活動之辦理；(3)開發與運用志願服務人力；(4)在直接服務方面僅註明①個案服務，②連接與辦理老人社區服務方案。綜上，臺北市的老人中心之服務內容以提供直接服務和擔任獨居長者個案管理為主，在倡導老人福利或者發揮訓練、諮詢和研究的功能則仍有待考察。

雖說臺北市各行政區都已設立一所老人服務中心，但老人中心的可及性或許僅對住在中心附近（1公里或走路15分鐘的範圍內）較為便利可及，因此特別鼓勵老人中心輔導與拓展老人活動據點之推動。林蘭因等（2004）指出老人中心外展服務的方案可達到動員社區資源照顧社區老人的目標。更仔細分析，對社區老人服務的影響有：(1)老人預防性服務的深耕；(2)緊急個案的發現及處遇；(3)提供老人服務資訊，減少資訊獲取障礙。至於對社區資源方面，則可達到：(1)增進社區各資源部門對老人的認識；(2)提升老人中心對於社區資源的發掘、聯繫及統整。

高雄市則設置長青綜合服務中心，其服務項目按特殊境遇和一般老人兩類來說明，針對前者提供的服務項目有：老人保護服務、獨居老人關懷服務、送餐服務（定點用餐或送餐到家），以及日間照顧服務。而針對一般老人提供之服務有：醫療保健服務、諮詢服務（心理諮商和一般諮詢）、長青學苑（開設語言、藝術、書畫等課程）、文康休閒服

務，以及長青人力運用等。在醫療保健服務方面，提供一般健康諮詢服務、中醫藥健康諮詢服務、糖尿病篩檢——血糖測試、傳統民俗療法義診、健康檢查、預防注射等。高雄市長青綜合服務中心提供的項目也是側重在活動和直接服務的提供，其如何結合社區資源共同照顧老人的策略較不明顯。

二、老人使用者的獲益

依臺灣地區目前老人中心的現況來分析，老人中心較類似社會俱樂部的性質，使用者以健康、中等收入的老人為主。施教裕（1994）的研究發現，資訊管道愈豐富、參與社團愈多、戶外休閒活動愈多及手工藝嗜好愈多、家庭關係較好的老人，其對文康設施的使用較多。除了老人使用者的特性分析，國內也有一項調查係在探究老人中心使用者之友誼支持與幸福感，黃郁婷、楊雅筠（2006）研究發現：老人服務中心的老年人自覺尚有不錯之友誼支持；其次，年長長輩若能建立友誼網絡並維持良好的友誼互動關係，在老年時期則較能享有幸福滿意的晚年生活。

肆、結語

在美國老人中心的設立源自於美國老人法，反觀臺灣的情形，2007年修正通過的老人福利法，在第三章「服務措施」第17條條文有所規定，然其內容僅說明直轄市、縣市主管機關應自行或結合民間資源提供各類社區式服務，但並未特定化需要設置「老人服務中心」的設施來推動服務，這也造成社區式服務（如：餐飲服務、長青學苑等教育機會、休閒服務）的推動由於配合政府的各項補助而由不同機構團體來辦理，因而缺乏一個中樞據點來整合各項服務的提供。建議未來老人福利法修法時，應將成立老人服務中心列入條文，並將老人中心的功能定位為在社區中提供各類支持性服務之據點。

其次，目前推展的各項方案、老人文康休閒活動、定點用餐服務、老人教育活動（如：長青學苑、松年大學），以及社區關懷據點等計畫，都透過社區發展協會、村里長辦公室、社福機構、醫院、非營利

組織、慈善團體來辦理活動，雖未明示需要一個特定的場所（物理空間），但爲了提供綜合性的服務，多數的方案都需要物理的實質空間，但這些場所空間大小不等，且多數並不是無障礙環境的設計，建議建物硬體設備設施都應是無障礙，好讓衰弱老人能方便進出。至於老人中心的座落地點，應以接近大眾運輸交通站或是鄰近主要街道較爲理想。

在人力及經費資源方面，老人中心的建物設施只是表現其有能力（capacity）去推展服務，但實際上能否提供多樣化的服務，中心的人力和財力資源是關鍵性的因素。Krout（1990）的研究發現：在美國老人中心所提供的活動和服務項目之多寡與其面積大小無關，而是受中心僱用的專職人力及投入資源的影響。Lu & Hwang（1994）對國內老人文康活動中心所提供服務項目的總數進行影響因素之分析，結果顯示：一個中心提供服務方案種類的多寡，與政府的經費補助、志願服務人力的運用，以及維護管理的團體等三項因素有關；而與其場地容納人數無關。由此可知，老人中心場地規模愈大，並不保證其會提供多樣化的服務，除非大規模的設施亦有較多的人力、財力資源可資運用（引自呂寶靜，1994：38）。

在目前地方政府社會福利人力嚴重缺乏下，調派專職人力到老人文康活動中心辦理服務實有困難，故場所閒置不用的情況屢有聽聞；而工作人員主要爲老人團體的成員和志工，不僅缺乏規劃和舉辦活動的能力，也未具備針對有特殊需求的老人提供服務之知能，更遑論成爲提供社區式支持服務的中樞據點。因此，臺北市各區老人服務中心的運作方式可供其他縣市參考，每個中心都配置有3至4名社工員，另辦理活動和提供服務所需的費用除向使用者收費外，也由政府編列經費支應。

問題與思考

1. 你覺得具備何種屬性的老人較可能去參加老人服務中心舉辦的活動或服務？

2. 位在不同地理區位的老人服務中心，所規劃辦理的活動有何異同之處？

3. 目前多數的老人文康活動中心如何才能轉型為多目標老人服務中心？

建議研讀著作

1. 師豫玲、鄭文惠、蘇英足、李宜衡（2009）。臺北市老人服務中心的發展與變革——從文康休閒到區域整合服務。*社區發展季刊*，125，20-30。

2. 呂寶靜（1994）。多目標老人中心：一個社區照顧的中樞據點。*福利社會*，48，33-39。

參考書目

一、中文書目

內政部（2011）。*中華民國99年社政年報*。臺北：內政部。

呂寶靜（1994）。多目標老人中心：一個社區照顧的中樞據點。*福利社會*，48，33-39。

林蘭因、羅秀華、王潔媛（2004）。動員社區資源照顧社區老人——以龍山老人服務中心下午茶外展服務方案為例。*社區發展季刊*，106，186-199。

施教裕（1994）。老人福利服務使用之相關因素的探討。*社會工作學刊*，3，61-92。

師豫玲、鄭文惠、蘇英足、李宜衡（2009）。臺北市老人服務中心的發展與變革——從文康休閒到區域整合服務。*社區發展季刊*，125，20-30。

許國榮、梁美慧、劉信如（1982）。高雄市老人休閒活動中心簡介。*社區發展季刊*，17，128。

陳明鈺、樓毓梅、沈淑芳（1982）。臺北市立老人休閒活動中心簡介。*社區發展季刊*，17，129。

黃郁婷、楊雅筠（2006）。老年人友誼支持與幸福感之研究——以臺北市老人服務中心為例。*社區發展季刊*，113，208-224。

二、英文書目

Administration on Aging (2006). *Unofficial Compilation of the Older Americans Act of 1965 as Amended in 2006*. Retrieved from http://www.aoa.gov/AoARoot/AoA_Programs/OAA/oaa_full.asp

Aday, Ronald H., Gayle C. Kehoe, & Lori A. Farney (2006). Impact of Center Friendship on Aging Women Who Live Alone. *Journal of Women & Aging*, 18(1), 57-73.

Beisgen, Beverly A., & Marilyn Crouch Kraitchman (2003). *Senior Centers: Opportunities for Successful Aging*. New York : Springer Publishing Company.

Dal Santo & Teresa S. (2009). *Senior Center Literature Review: Reflecting & Responding to Community Needs*. California Commission on Ageing.

Gelfand & Donald E. (1999). Chap.11 Multipurpose Senior Centers. In *The Aging Network: Programs and Services* (5th ed., pp. 139-153). New York: Springer Publishing Company.

Huttman & Elizabeth D. (1985). *Social Services for the Elderly*. New York: Free Press.

Krout & John A. (1989). *Senior Centers in America. Westport*, Connecticut: Greenwood Press.

National Council on Aging (NCOA) (2006). *Report from NCOA on OAA Reauthorization*. Retrieved from http://www.ncoa.org/attachments/OAAReport.pdf

National Council on Aging (NCOA) (2009). Fact Sheets: Senior Centers. Retrieved from http://www.ncoa.org/content.cfm?sectionID=103&detail=2741

National Institute of Senior Centers (NISC) (2010). Retrieved from http://www.ncoa.org/national-institute-of-senior-centers/

Pardasani & Manoj P. (2004). Senior Centers: Focal Points of Community-Based Services for the Elderly. *Activities, Adaptation & Aging*, 28(4), 27-44.

Tobin, Sheldan S., & Ronald W. Toseland (1990). Gerontological Social Services: Theory and Practice. In Abraham Monk (ed.), *Handbook of Gerontological Services*, pp.27-51. New York: Columbia University Press.

9

第九章

日間照顧

壹、前言

在地老化是各國推動長期照護政策的目標，以居家式和社區式服務優先爲推動原則，在此趨勢下，日間照顧方案就迅速成長，此乃因日間照顧方案係社區服務體系之一環，除了服務失能者外，也被視爲是對家庭照顧者提供的喘息照顧之一種形式。由於兼具老人服務方案和家庭支持性方案之性質，其重要性也愈加明顯，故2007年行政院核定的「我國長期照顧十年計畫」將日間照顧服務納入補助項目之一。本章的目的旨在闡述日間照顧服務在長期照顧體系的定位，內容大致歸納爲四部分：(1)說明日間照顧方案的性質；(2)分析美國日間照顧方案的推動情形；(3)檢視臺灣推動日間照顧的情形；(4)最後在結論部分，提出值得關注的議題及政策建議。

貳、成人日間照顧

一、日間照顧服務的定義與功能

日間照顧（Adult Day Care，或譯爲「日間照護」）是一個社區型的團體方案，藉由個別的照護計畫，用來滿足功能損傷者的需要。此一綜合性的方案係在一個保護的環境裡，提供多元的健康、社會服務和相關之支持性服務。提供服務的時間是一天中的任何時段，但少於24小時。使用日間照顧服務方案的個人，依照顧計畫在特定時間內前往接受服務。日間照顧服務方案旨在協助功能損傷者留在社區內生活，並促使家庭對其之持續照顧（NIAD, 1984: 4）。由以上的定義，可知日間照顧方案具備下列特性：(1)服務對象爲功能損傷者；(2)服務並非在居家環境下提供；(3)提供服務的時間不是全日型；(4)提供多元的服務，含括健康、社會服務和相關之支持服務。

上述的定義顯示：日間照顧方案的目的相當多元。Hooyman（1986）描述老人日間照顧方案初創目的之有下列兩項：(1)提供老人有意義的活動；(2)提供衰弱老人的家人喘息照顧服務，使其獲得喘息的機

會。然學者在討論日間照護方案時，則強調不同的目的。一般而言，可分別針對失能的使用者及其家庭照顧者來討論。針對使用者部分，日間照顧方案的目的有：(1)改善或維持使用者的功能；(2)增強使用者的社會投入或舒緩沮喪的情況（Kane & Kane, 1987）；(3)協助身心障礙老人繼續留在原先的居住地點，預防機構化（Wilson, 1984）；(4)對失能者而言，日間照顧方案是護理之家和醫院外，較符合人性化和成本效率的另類照顧方式（Melcher, 1988；引自Kaye & Kirwin, 1990）。惟Kaye & Kirwin（1990: 172）之調查發現：大多數的家庭照顧者認為增進案主的社會化是使用日間照護的主要目的，但較少提到日間照顧是案主復健的資源，也甚少提及日間照顧是機構式照顧之外的另類選擇。

　　針對家庭照顧者而言，日間照顧方案促使家庭成員能夠繼續就業是重要目標，而讓照顧者能夠獲得喘息的機會也是另一項目標。依Dilworth-Anderson（1987: 139）針對日間照顧方案的家庭照顧者進行調查，發現家庭照顧者的需要有：(1)獲得喘息的機會；(2)提供心理諮商或支持及建議；(3)在日間照護中心期間確保案主的安全；(4)轉介服務；及(5)機構發揮倡導的功能，並介入家庭問題的解決。

　　綜合上述，就使用者而言，日間照顧服務的功能有下列四項：(1)維持或改善案主的功能能力（或極大化案主的功能能力）；(2)增進案主的社會化；(3)增加案主的滿足感；(4)預防或延緩案主進住機構。就家庭照顧者而言，具有下列功能：(1)提供照顧者獲得喘息的機會；(2)促使照顧者繼續就業；(3)增加照顧者的持續照顧能力。又對整個長期照護體系而言，日間照護方案可降低成本（引自呂寶靜，2001：112-113）。

二、日間照顧服務的類型

　　由於早期日間照顧多屬醫療院所附設，因此，Weissert（1977）按復健取向的程度將日間照顧中心分為「醫療型」及「非醫療型」兩種模式（王增勇，1998：172）。而非醫療型又被稱為社會型，故「醫療型日間照顧」與「社會型日間照顧」也成為實務工作中最常見的分類模式。然而，目前美國的成人日間服務重新區分為三種模型（HHS,

2006）：社會型、醫療型（通常兼具社會型的功能），以及專業化模式（a specialized model）。社會型係針對生理和認知損傷的成人提供活動，活動包括：遊戲、藝術與工藝及討論團體（Montgomery & Rowe, 2007），也提供部分日常生活活動（ADLs）的協助。醫療型不僅提供社會型的服務和活動，也提供技術護理和復健服務（HHS, 2006）。專業化模式則是針對特殊人口群所設計的服務，這些特殊人口群包括：患有精神疾病、阿茲海默氏症或相關失智症、或者多重硬化症（multiple sclerosis）的成人（Silverstein et al., 2008: 2）。

由此可知，在美國早期日間照顧是依照復健程度，分爲醫療型日間照顧與社會型日間照顧兩類，後來則依照服務的內容（活動內容的安排、技術性護理與復健服務與否）及個案的特性（譬如：失智症患者等），將日間照顧進一步分爲三類：社會型、醫療型、專業化模式，而目前美國成人日間照顧以社會型或綜合型居多。

三、日間照顧中心提供的服務

美國衛生與人群服務部門（the Department of Health and Human Service）對於社會型成人日間照顧的基本目標認定爲：社會型成人日間服務提供一個安全的環境、部分日常生活活動（ADLs）協助，以及一些治療性活動，期能協助方案參與者達到最佳（optimal）的生理和心理功能（Abramson, 2009: 66）。

每個中心可能因其特色而提供的服務項目有所差異，然而，美國大部分的成人日間服務中心提供下列一般性服務（NADSA, 2009）：(1)社會活動：依成員們的狀況讓其在活動中有互動之機會；(2)交通服務：到宅接送；(3)餐食與點心服務：提供成員用餐服務，也能提供有特殊飲食需求者特別餐食服務；(4)個人照顧：協助如廁、穿衣、進食，以及其他個人日常活動；(5)治療性活動：提供成員運動和心理互動之機會。由上可知，個人照顧之協助、餐食服務及交通服務是最基礎的服務，至於「社會活動」與「治療性活動」的範疇較爲廣泛，且服務項目也較爲多樣化。

Rathbone-McCuan（1990）曾將美國日間照顧中心所提供的服務項目歸納爲下列18項：(1)餐食服務；(2)交通服務；(3)訊息和轉介；(4)諮商；(5)教育；(6)娛樂；(7)運動；(8)團體和個人活動；(9)健康照顧；(10)健康狀況檢查；(11)醫療和社會評價；(12)職能治療；(13)物理治療；(14)語言治療；(15)現實時序治療；(16)增強動機治療；(17)再社會化治療；以及(18)督導。

四、日間照顧方案針對失能者家庭成員的服務提供

上述說明顯示日間照顧方案提供的服務項目主要是針對案主而設計，但Dilworth-Anderson（1987）就特別強調：日間照顧方案應將「家庭」視爲案主而提供整體性服務。更具體而言，日間照顧方案爲了滿足案主及其家庭成員的需要，所提供的服務項目及營運方式也應略有不同。首先，方案的設計若爲更有效地發揮照顧者喘息的功能，則應提供老人過夜及週末的照顧及臨時照顧。其次，若方案之設計能以「老人和其家庭均是服務對象，也同等重要」的信念爲前提，則必須兼顧老人及其家庭的需求。日間照顧方案爲滿足家庭的需求，對家庭提供的社會服務項目有：爲照顧者舉辦支持團體的聚會、提供個人及家庭諮商服務、提供個案管理、協助問題解決及轉介服務。此外，也舉辦社會活動，如：工作人員、案主及家人一起參加的聚會、晚餐、中心開放（open houses）及教育方案（引自呂寶靜，2001：114）。

由上可知，日照服務方案目的之定位（老人服務方案或家庭照顧者喘息照顧服務方案），將會影響其經營理念和提供的服務項目。而不同的服務類型（社會型或醫療型）也與服務對象、服務項目及工作人員的配置等因素有關。

參、美國日間照顧服務方案之分析

一、日間照顧服務方案之現況

2010年MetLife Study針對美國日間照顧中心的調查研究顯示：(1)成人日間照顧是一個成長中的長期照顧服務資源，美國目前有4,600間日間照顧中心，超過26萬名成人和家庭照顧者接受服務。(2)成人日間照顧服務提供綜合性、技術性的健康照顧，在人力配置方面，近80%的成人日間照顧中心具有護理專業人員，近50%的機構有社工專業人員，且近60%的機構提供個案管理服務，另近50%的機構提供物理、職能或語言治療。此外，每6位使用者就配置1名照顧服務員，可強化個人化與以個人為中心的照顧。爰此，成人日間照顧中心遂成為「轉銜照顧」和出院後療養照顧之提供者。(3)成人日間照顧是慢性病管理的平臺：日間照顧服務的參與者罹患各類慢性病的情形較高，譬如：高血壓（46%）、生理障礙（42%）、心血管疾病（34%）、糖尿病（31%）、精神疾病（25%），以及發展障礙（20%），故中心的服務方案側重在疾病預防和健康維持；另近80%的中心都提供體能活動方案，以預防心血管疾病和糖尿病。(4)成人日間照顧服務是阿茲海默症和其他類型失智症患者社區式照顧的領航者：近半數的服務使用者有不同程度之失智症，而近90%的中心提供認知刺激方案、近80%提供記憶力訓練方案、超過75%提供教育方案，因此，成人日間服務可以延緩服務使用者進入護理之家。(5)成人日間服務對家庭照顧者是重要的支持來源：成人日間照顧服務提供家庭照顧者喘息的機會，此外，多數的中心提供照顧者支持方案，包含：教育方案（70%）、照顧者支持團體（58%），以及個人諮商（40%）（NASDA, 2011）。

日間照顧中心負責人認為最優先辦理的工作項目或任務為：(1)延緩和預防「機構式照顧」是日間照顧服務的首要任務；(2)目前的日間照顧以混合式模式居多，然社會化（socialization）功能，不論是現在或未來都是重要的功能；(3)失智症照顧是值得正視的議題；(4)針對照顧者提供服務也是持續的重要工作。至於在未來10年，慢性病的管理、疾病預防

及復健服務等工作項目也會愈趨重要（NASDA, 2011）。

二、美國日間照顧方案的挑戰

依MetLife Mature Market Institute（2010）調查顯示：美國日照中心目前面臨的前三項挑戰為：(1)補助／經費：中心的收入主要來自政府付費的使用者費用（占55%），其次為私人付費的使用者費用（占20%）、補助（占8%）、捐款／募款（占5%）、機構（或組織）內部的經費挹注，以及極少數來自私人保險。因經費大量依賴公部門〔醫療救助居家式和社區式之豁免方案 （Medicaid Home and Community-Based Waiver Programs）〕、退役軍人署、州政府或地方政府的經費，故易受到政府政策和預算之影響。再加上每日每人的收費標準為61.71美元，但實際的營運成本為每日68.89美元，不足的金額需由服務單位自行從補助款或者是運用募款／大眾捐款來補足，所以，許多中心都必須努力維持經費。(2)維持或增加參與者人數：依據統計資料顯示：平均每個中心之最大收託量為51人，註冊使用的人數為57人，而實際上每天的使用人數為34人（使用者中每週5天都參與的占46%，每週3天占29%，每週2天占19%），由此可知，維持或增加使用者人數也是項挑戰。(3)針對社區民眾行銷日間照顧服務：中心如何讓社區民眾及其他相關的健康與社會服務人員瞭解日間照顧方案的功能，也是有待努力的方向。

至於未來可能面臨的挑戰有（NASDA, 2011）：(1)經費議題在未來10年仍是值得關注的議題；(2)如何依據未來使用者的推估需求來提供服務：未來10年，戰後嬰兒潮邁入老年期，如何因應多元需求以規劃服務是項挑戰，這也意味著日照中心已意識到使用者需求的敏銳度與多元性；(3)中心的設施與物理空間之限制：老人中心平均營運17年，有些中心難免設施老舊且空間不大；加上未來戰後嬰兒潮的老人人口數劇增，需求更加多元化，硬體設備設施就顯得不便與不足。

三、日間照顧方案的成效

(一) 對家庭照顧者之影響

老年醫學日間照顧方案成效的實證研究，多數係在探討使用服務對家庭照顧者的影響，但研究的結果不一致，有些學者發現日照服務可降低照顧者的壓力、焦慮感及負荷（Guttman, 1911; Gottlieb & Johnson, 1995）、提高照顧者的生活滿意度（Strain, Chappell, & Blandford, 1988）；但有些學者則認為日照服務並無法降低照顧者的壓力（Henry & Capitman, 1995），也沒有發現任何的正向影響（Lawton, Brody, & Saperstein, 1989），這或許是因研究方法的偏誤所造成（引自Zarit, Stephens, Townsend, & Greene, 1998）。而Zarit, Stephens, Townsend, & Greene（1998）的研究結果顯示：介入3個月後，實驗組（使用日間照顧服務患者）的照顧者在負荷、壓力、憂鬱和憤怒的分數明顯低於控制組；且在1年之後，實驗組的家庭照顧者在憂鬱和負荷的分數也明顯低於控制組。

(二) 對使用者之影響

Zank & Schacke（2002）針對德國長期照護保險開辦後，日間照護方案的成效進行評估，採準實驗設計（有實驗組、控制組），並在三個時間點（T1介入前、T2介入6個月後、T3介入9個月後）及追蹤期（T3後再過6個月）蒐集資料。研究結果顯示：使用日照服務對病患有正向影響，實驗組在主觀福祉與失智症症狀上皆有改善與穩定的情況。另後續的追蹤資料也發現：控制組患者健康下滑的情形有50%；但實驗組患者呈現健康惡化的情況不到三分之一。但日照服務對照顧者沒有正向影響，無論是在福祉或照顧負荷上皆無顯著差異。

(三) 對延緩機構化之影響

Kosloski & Montgomery（1995: 71-72）採用介入研究（intervention study）來評量使用喘息服務對護理之家安置的影響，結果發現：照顧者

獲得喘息服務（包括：短期的護理之家安置、日間照顧、居家健康助理及訪問護士等四類方案）的量和受照顧者護理之家安置的可能性呈負相關，也就是說，喘息服務的使用是延緩進住護理機構的機制之一。

Montgomery & Borgatta（1989: 462-463）評估各類家庭支持策略（包括：照顧者講座、照顧者支持團體、家庭諮詢服務及喘息服務）的效果，採實驗設計的方法，在使用前1個月、使用後12個月、使用後20個月，針對受照顧的功能障礙老人及其家庭照顧者進行訪問，結果發現：喘息服務使用和老人護理之家安置的關係端賴「照顧者－受照顧者的關係」而定：對成年子女照顧者，服務使用延緩了老人護理之家的安置；但對配偶照顧者，服務使用反而促使將老人送進護理之家。

另也有實證研究發現：使用日間照顧服務對於延緩機構化的影響視照顧者與受照顧者的親屬關係而定。Cho等人（2009）之研究發現：對於妻子照顧者來說，使用日間照顧服務會縮短將失智丈夫留在社區的時間，這顯示使用日間照顧服務是受照顧者進入護理之家的跳板；而對女兒照顧者來說，日間照顧服務則能延後失智的父母進入護理之家的時間。針對上述發現的解釋原因為：(1)在妻子照顧者和女兒照顧者的照顧提供生涯中，將失智症親屬送去使用日間照顧的時間點不同所致，此乃因妻子照顧者通常是在提供一段長期間的照顧後感到不勝負荷時才會使用日間照顧服務。(2)使用日間照顧服務的動機不同：妻子照顧者使用日間照顧服務的原因是作為失智丈夫進入護理之家前的嘗試，因妻子照顧者可能覺得自己已經善盡義務，並準備放下這些義務；但是對女兒照顧者來說，使用日間照顧服務比較像是尋找可以獲得自由時間的策略，藉以處理相互競爭的義務，如：工作、自己的家庭和社會義務。

綜上，日間照顧方案成效評估之研究顯示：(1)針對家庭照顧者影響的實證研究結果支持日間照顧方案可作為一種支持家庭的喘息服務方案；(2)日間照顧方案對於延緩機構化的成效仍有待更多的研究；(3)在方案成效評估研究方面，採準實驗設計（有實驗組、控制組），並重視在介入過程中不同時間點的成效，所以在不同的時間點蒐集資料是有必要的。

肆、檢視臺灣老人日間照顧服務

一、老人日間照顧服務之發展脈絡

從前節文獻回顧得知，日間照顧服務的類型大致可分為醫療類型和社會類型兩類，而臺灣地區的老人日間照顧服務方案也是分別由社會福利和衛生醫療單位主管。社會型日間托老中心最早於1985年由臺南市松柏育樂中心開辦，醫療型日間照顧中心則於1990年省立豐原醫院開辦日間照顧室後才積極辦理。有關經營日間照顧方案的機構，在社會型日間托老中心方面由老人福利機構、老人服務（活動）中心及老人會來經營辦理；醫療型日間照顧中心則全部由醫院附設（呂寶靜，1998：218）。

內政部於1987年開始獎助各縣市政府及公私立老人扶養機構辦理老人日間照顧（曾中明，1995）。行政院經建會（1991）提出的「國家建設六年計畫：1991-1997」中列有全面推廣老人在宅服務、居家護理及老人日間照顧，並以每年增加10%服務對象為目標，以儘量使老人留居家庭（引自王增勇，1998：171）。另行政院1994年頒布的「社會福利政策綱領實施方案」中，有關老人福利服務部分也列有「結合區域內相關老人機構提供居家服務、居家護理、托老及文康休閒設施」之條文。

1997年老人福利法第一次修法時，第9條提及地方政府應視需要設立並獎助私人設立各類老人福利機構，在「服務機構」之綜合性服務項目中則列有「老人日間照顧服務」，1998年遂修正老人福利機構設立標準，增列日間照顧設施之相關規定[1]。2007年老人福利法二度修法時，於第18條中指陳主管機關應自行或結合民間資源提供社區式服務，並將日間照顧服務納入；另在第19條機構式服務中也載明輔導老人福利機構提

---

[1] 老人福利機構設立標準第5條：「老人福利機構設日間照顧設施者，應設有多功能活動室、餐廳、廚房、盥洗衛生設備及午休設施。日間照顧設施之樓地板面積，平均每人應有十平方公尺以上。前項日間照顧設施設有寢室者，其寢室之樓地板面積，平均每人應有五平方公尺以上。日間照顧設施之工作人員，依其照顧對象，準用業務性質相同老人福利機構規定設置。」

供日間照顧服務。

依據老人福利服務提供者資格要件及服務準則規定，服務提供單位之要件為：「一、醫療機構、護理機構、醫療法人。二、老人福利機構、身心障礙福利機構。三、公益社團法人、財團法人、社會福利團體、社區發展協會、照顧服務勞動合作社。四、社會工作師事務所。」又規定應設下列空間：(1)多功能活動室；(2)無障礙衛浴設備；(3)餐廳；(4)午休設施或寢室，且不得設於地下樓層；及(5)簡易廚房。至於其服務項目為：(1)生活照顧；(2)生活自立訓練；(3)健康促進；(4)文康休閒活動；(5)提供或連結交通服務；(6)家屬教育及諮詢服務；(7)護理服務；(8)復健服務；及(9)備餐服務等。從其提供的服務項目中可窺知日照中心所需的工作人力是跨專業的團隊，包括：護理人員、社會工作員、照顧服務員、物理治療人員或職能治療人員[2]。

綜上，政府在日間照顧方面扮演規制者的角色，透過法規命令對於設施、空間大小、工作人力配置比，以及服務內容都有明文規定。其次，政府也透過補助機制發展日間照顧資源，依據內政部「推展社會福利補助經費申請補助項目及基準」，自88年起至100年度，每年度日間照顧服務都被列入補助項目，而其補助內容包括：設施設備費、交通服務費及辦公室設備費等。再其次，「我國長期照顧十年計畫」訂頒後，政府的經費除了補助服務提供單位，也補助服務使用者，失能者經各縣市政府長期照顧管理中心評定符合資格者，按不同失能程度補助不同的照顧服務金額，就可用來補助日間照顧服務的使用。

---

[2] 老人福利服務提供者資格要件及服務準則第57條：「社區式日間照顧服務提供單位應依下列規定配置工作人員：一、護理人員或社會工作人員至少一人。二、照顧服務員：（一）失能老人日間照顧服務：每照顧十人應置一人；未滿十人者，以十人計。（二）失智症老人日間照顧服務：每照顧六人應置一人；未滿六人者，以六人計。（三）失智、失能混合型老人日間照顧服務：每照顧八人應置一人；未滿八人者，以八人計。另第五十五條第七款之服務內容，應由專任或特約護理人員提供服務。第五十五條第八款之服務內容，應由專任或特約物理治療師（生）或職能治療師（生）提供服務。」

二、日間照顧服務之推動現況與檢討

2010年12月底，日間照顧服務人數合計785人（含失智症）；2011年截至8月底止，服務人數合計1,213人（含失智症日間照顧服務147人）；至2011年度縣市合併後，已有20個縣市設置78處日照中心（失智症日照中心14處）。明顯可見老人對日照服務使用仍偏低，此或許與日間照顧服務的可獲性有關，因臺灣目前仍有花蓮縣、連江縣未設立日照中心，另有些縣市僅設立1所（如：苗栗縣、彰化縣、屏東縣、臺東縣、基隆市、新竹市僅設1處），離家很遠加上沒有交通接送服務，可接近性的障礙就存在著。

爲提高日間照顧服務的可獲性，資源發展愈加重要，政府應發揮使能者的角色，引進民間資源共同來推動。然因日照服務需要有場地，而場地的取得不易，故成爲基金會和團體投入日間照顧服務單位的阻礙。建議政府應釋放閒置的公共空間，改建爲老人福利設施，並採公辦民營方式，委託民間經營辦理。其次，可負擔性的問題也值得討論，目前政府對日間照顧服務的使用者依其失能程度而有不同的補助額度，但民眾仍需依其經濟狀況而有不同的自付額，如果機構不論失能程度收費標準採均等制，造成輕度失能者負擔的費用比中重度者爲高，建議服務提供單位可考量依不同失能程度收取不同的費用。再其次，使用者的參與方案情形可更加彈性，視其需要與意願選擇每週使用1、2天，每月需支出的費用也相對較低。

三、老人日間照顧服務之功能

呂寶靜（2001）的研究發現：從老人使用者的觀點來看，日間照顧服務發揮了下列五項功能：(1)使用日間照顧服務開啓了老人社會接觸之門，而使用者間持續性的社會互動也產生友誼。(2)日間照顧中心是老人復健的場所，因日間照顧中心有場地設施，加上有復健人員的指導，使其成爲老人練習走路、做體操的好場所；復健也能促使身體較健康，即使不能增進健康，但至少可減緩退化。(3)日間照顧中心活動的安排讓老人生活作息較緊湊，無暇感傷，也覺得日子比較好過。(4)使用日間照顧

服務可增進老人的生活滿足感、成就感及自我肯定。(5)使用日間照顧服務可提供照顧者喘息的機會：老人認為自己去使用日間照顧服務，一方面可減輕照顧者的照顧責任，讓子女安心上班；再方面讓照顧者有較多的時間可外出辦雜事、做生意、探訪親友、打打牌；若待在家裡也可喝茶看報，做自己的事情。此外，老人白天到日間照顧中心，減少在家與照顧者相處的時間，自可降低吵嘴發生的機會。

此外，張菀珍、蘇慧芬（2009）之研究發現：老人日間照顧中心具備的功能有：(1)能有促進高齡者生理健康與獨立生活的能力；(2)高齡者經由課程和活動的參與，在互動中激發心智能力、學習新知並紓解煩悶；(3)能擴大高齡者非正式的社會支持網絡，保持社會角色與功能的延續；(4)具有培養高齡者不同的興趣和嗜好的功能，提升心靈的滿足感；(5)具有引導高齡者再次貢獻社區及再造人生價值之功能。此乃因嘉義縣社區老人日間照顧中心並未像其他縣市以身、心失能作為服務對象的篩選條件，加上內容重點為老人健康監測、辦理各項老人動態及靜態活動，並配合身心機能活化課程，培養老人規律的生活及滿足多元的照顧需求，故呈現日照的功能以「使用者社會化」為主。由此可知，日間照顧服務方案所發揮之功能端賴其提供之服務項目而定。

日間照顧服務兩則小故事

Box 9.1：日間照顧中心讓我找回正常的生活

丈夫已經中風三次了，雖然行動反應上仍可一部分自理，但是退化的部分，在日常照顧上，已讓我感到非常的辛苦，一直希望有人能夠幫助我……

第一次瞭解南港老人中心有日間照顧服務，由南港行政大樓裡服務的陳玉慧小姐告知，我懷著好奇的心來到日間照顧中心參觀。原以為是小小的集中管理式的地方，一踏進來，就被寬廣又乾淨的環境吸引住，加上親切又專業的服務人員，我高興的回去跟丈夫一起討論，丈夫也願意過來嘗試看看，緣分就此開啟……

（續）

　　融入這環境已近一個月，之前丈夫因退休與中風、失智，脾氣較不穩定，都會跟我賭氣；現今我感覺到有改善，問他一些事情或感受時，他都能夠平靜的回答，反而是我比他常發脾氣呢！還有，以前他常常會感到想上廁所時已無法忍住，走到廁所處理，就當場尿了褲子，讓我感到相當困擾；現在雖然還是有尿褲子的事件發生，但比起以往次數減少了許多。

　　丈夫的改變不勝枚舉，而我自己也因為他白天去日間照顧中心，而可以專心的打掃家裡環境、照顧孫子，偶爾可以看看電視、睡覺休息等，時間能夠掌握及分配，讓自己感到非常的悠閒，也不會讓自己感到生活是無趣乏味的。以前我常乞求神明能夠協助快崩潰的我；很幸運的，我找到善緣來改變我及我的家庭；我也希望有需要這樣日間照顧服務的家庭，能夠利用並擁有善緣改變家庭，找回正常的生活（受訪者：日間照顧中心受照顧者家屬）。

資料來源：臺北市南港日間照顧中心網站（2012）。日間照顧中心
　　　　　文章。2012/06/06取自：http://blog.roodo.com/nkelder/ar-
　　　　　chives/cat_516571.html

Box 9.2：日間照顧活動對失智症患者的重要性

2006/08/26　高慧萍

　　家庭中出現一位親人不斷重複同樣的問題、藏東西找不到就說是別人偷了他的東西、不斷想往外跑卻忘了回家的路、老是忘了關瓦斯、吃過飯老是說沒給飯吃要餓死他、日夜顛倒作息不正常、老是說自己的太太或先生有外遇，林林種種困擾的行為，家屬所面臨的是身心受到衝擊及疲憊不堪。最常聽到家屬表達的一句話：「他（她）沒倒，我先倒！」，親人之間那種說不出的糾葛，明知道他（她）是生病了，但還是不能接受這個事實，腦海裡總是會不斷憶起過去那個溫

（續）

文儒雅、愛家愛孩子的父親或先生，那個善於理家、溫柔婉約的媽媽或太太，要接納現在生病的他（她），眞是考驗自己的能耐，每天必須面對這樣的事實眞是人生的煎熬。

有什麼辦法可以改變這種日復一日的生活，讓家庭照顧者也可以有屬於自己想要的生活空間呢？失智老人日間照顧中心就是社區中一個喘息小站，因爲它所扮演的角色是提供豐富的日間生活方式，讓失智老人找回自我的價值，每天爲他們預備不同的活動內容，舉凡認知、感官、音輔、個人才藝、外出、看老電影、美食烹飪、卡拉OK等活動，感受到人際互動帶給他（她）不同的生活體驗，因爲可以找到年齡相近的同伴成爲好朋友。另外，照顧者帶著一顆接納的心不斷的說積極、正面、鼓勵、讚賞、安慰的話語，使失智長輩的尊嚴被提升。來到這裡，他（她）可以被付予與他（她）過去生活背景值得誇耀的身分再次的呈現，例如：老師、義工、師父等等。失智長輩的思考模式中自我價值的提升，可以提高成就感，促進情緒平穩，透過活動的參與可以發展潛力或重現過去已有的技能表現，有時候出人意外的表現會讓人刮目相看，在家中的照顧者反而不太容易發現失智長輩特殊的好表現。

交通接送也是一種活動，每天在車上可以觀察窗外車水馬龍的生活景象，甚至談談感受，例如：長輩看到滿街的摩托車就會提醒開車的人注意安全、看到高樓大廈即想到現在環境與過去的不同，視覺的刺激可以帶給失智長輩不同的想像空間，甚至如常人一般的認知。因此，交通接送是接受日間照顧長輩生活的一環。

對日間照顧的照顧者而言，與這群失憶天使天天一起生活總是會有許多的感動及驚喜，因爲失智老人近期記憶的退化，也讓每一天都像是過新的一天、每一個人都像剛認識的、每一件事都像是沒做過的。失智老人彼此相處中總會有某種契合點，很難用言語形容，例如：遊走型的長輩有時候會彼此找同伴一起遊走，當反目時分開，繞了一圈後，再遊走又是好同伴。失智老人外表隨著歲月而留下老化的痕跡，內心卻如同稚嫩的孩子，想哭、想笑、想怒、想說是藏不住

（續）

的，也不會自我壓抑而不敢表達，這就是他們不受拘泥的特性。

日間照顧所提供的生活就是活動，在小組活動中，他們可以盡情的表達，因爲小組成員可能有相同經歷的人生故事，可以成爲最佳的聽眾，或是聽聽其他成員的不同生活經驗。雖然這些話題可能會不斷的重複，但是失智長輩彼此的包容力是寬廣的，近期記憶的退化，再帶一次同質性的活動還是充滿了新鮮感及話題。對家屬而言，失智長輩在家中所表達重複事件的感受是無力感，但日間照顧的活動卻可以幫助他們舒緩情緒及表現成就感。

日間照顧中心不斷的發掘對失智長輩更個別化的照顧方式，讓每位長輩有賓至如歸的感受。日間來到中心是每天必備的生活，一個穩定規律的生活模式可以延緩退化的速度。我們知道失智症退化過程是無可避免的，但是能讓這群失憶天使快快樂樂的生活也是每位照顧者最大的心願。

資料來源：頤安日間照顧網站（2012）。失智症照顧。2012/06/06取
　　　　　自：http://tw.myblog.yahoo.com/jw!syl3cNeCSE7mNiOq5
　　　　　4Jnrw--/archive?l=f&id=12

伍、社會工作專業在日間照顧服務提供單位之實施

誠如前述，我國的日間照顧服務方案分成「社區式日間照顧服務」和「機構式日間照顧服務」兩類型。有關社工人力配置，依「老人福利服務提供者資格要件及服務準則」，社區式日間照顧服務之社工人力配置爲1：30，而機構式日間照顧服務附屬於長期照顧機構，社工人力沿用母機構的人力配置，即1：100，若少於49人得以特約的方式聘任社工員。

目前國內並未有相關法規對社會工作人員的職責有明確的規定，美國學者Kopstein & Urman（1996）認爲日間照顧社工員的主要工作任務

爲：(1)接案：社工員在日間照顧方案經常負責接案的工作，在此接案的階段，社工員之任務有：查詢案件的記錄撰寫、申請者初步評量、爲申請者和其家屬介紹機構並安排機構參訪。(2)通過申請與訂定契約（admission and contracting）：社工員負責申請會談之進行，且在申請通過後，向案主及其家人說明契約的內容，並簽訂契約。(3)活動計畫與管理（cctivity planning and management）：社工人員與方案工作員負責方案活動計畫之安排，活動計畫是非常結構性的，每天在固定時段舉辦。多樣化的小團體活動提供了互助與友誼發展的機會，也提供案主發展人際關係和建立自尊的機會。更詳盡來說，所謂的「活動管理任務」（management tasks）係指提供支持俾讓人們更有意義地參與活動。譬如：提供助聽器給那些聽力不佳的人，好讓他們能參與團體討論；提供輪椅給孱弱無法自行走入飯廳的人；工作員輪流當方案提醒者，提醒並協助案主參與其先前所選擇的方案。(4)實施團體工作和督導團體活動：社工員的任務之一即是協助建立一個具互助與支持的社區文化。此外，社工員負責日間照顧機構活動的安排，但有些活動更適合由休閒活動工作員、成人教育者、其他領域的專業人士（如：音樂、美術等）主導。社工員在督導團體活動與扮演團體領導人時的角色爲：資源提供者、提供方案所需材料、建立每位團體成員都參與的期待，以及確保團體領導人使用了適合的支持，致使成員有成就感和目的感。(5)個案工作與個案管理：針對個案提供關懷與輔導。此外，社工員的角色在幫助處理個案和其家人的立即性需求，且確保在其有需求時能提供額外的協助。因此，社工員需處理案主與家人間的衝突，以及協助案主及其家人共同商討未來應走的方向。社工員作爲一個個案管理者，必須確保個案的居家生活，故視個案需要轉介一些社區性的支持服務，例如：送餐服務、居家服務等。

　　反觀臺灣日間照顧服務中心社工員的工作職責爲何？吳玉琴、高慧萍（2009：70-71）歸納出下列五類：(1)行政業務；(2)直接服務；(3)間接服務；(4)組織外展服務；及(5)其他（詳見表9-1）。

表9-1　日間照顧服務社工人員的職務內容

工作項目	工作細節
行政業務	1. 各級政府、機關單位公文往返、補助款申請與核銷作業。 2. 外界參訪之接待工作，含參觀團體及家屬等。 3. 機構對外文宣內容規劃，含製作機構簡介。 4. 司機工作內容協調及管理。 5. 辦理個案受託繳費及結案結算作業。 6. 個案交通接送路線安排及規劃。
直接服務	一、個案受託服務 　1. 個案受託諮詢及轉介：接受各界諮詢服務。 　2. 個案受託會談：含個案背景瞭解及合約說明、簽約等，並提供環境、作息等說明。 　3. 個案適應輔導，至少2週之密集關懷及輔導。 二、個案在服務單位中 　1. 例行關懷：每日例行與長者互動。 　2. 長期輔導個案：長期適應不良之個案列入長期輔導。 　3. 活動的安排： 　　①輔療性活動：每日各項輔療性活動安排。 　　②文康休閒活動：安排每日下午文康休閒活動，並結合志工配合。 　　③節慶活動：如三節、母親節、父親節等安排慶祝活動。 　　④外出活動：每月安排外出活動，分A及B組每月各一次外出活動。 　4. 家屬聯繫：透過活動舉辦、電話、信件或電子郵件和家屬保持聯繫。 　5. 申訴處理：為家屬或院民申訴之管道。 三、離開服務單位 　1. 請假外出關懷：個案請假外出時之電話追蹤關懷。 　2. 住院關懷：個案送醫住院之探視與關懷。 　3. 轉介：個案情況不符中心服務條件時。 　4. 辦理個案停托事宜。 　5. 個案往生：告別式慰問及致意。
間接服務	1. 關於個案：提供家屬辦理身障手冊申請資訊、身障手冊到期通知。 2. 社會資源（含人力、物力及財力）的尋求、協調及運用，並建立資源手冊。 3. 家屬滿意度調查：按每半年實施。 4. 召開家屬座談會：每3個月一次。 5. 個案研討會：每3個月召開一次。 6. 個案相關資料的統計分析：如性別、年齡等基本資料及福利身分等。
機構外展服務	1. 辦理社區關懷據點服務，結合志工關懷訪視服務。 2. 結合相關團體辦理失智症宣導服務。 3. 配合政府政策發展日間照顧服務模式、創新失智照顧服務模式。

（續）

工作項目	工作細節
其他	1. 網站之維護管理與資訊更新。 2. 內部之布置。 3. 照片存檔。

資料來源：吳玉琴、高慧萍（2009）。第四章組織架構及人力資源管理。中華民國老人福利推動聯盟編印，*日間照顧營運手冊*，頁70-71。臺北市：老人福利推動聯盟。

上述說明顯示：日照服務中心的社工員之工作職責中，除了個案工作的技巧外，活動計畫和管理，以及團體工作和團體活動督導是其較為獨特之處。其次，從目前的規定來看，在多數的日照服務中心，社工員是方案聘任的唯一專業人員，就很可能成為團隊工作（含照服員、司機、廚工等）之協調者或領導者，甚至擔任起方案管理者的角色。因此，日照社工員若想要發揮專業功能，應具備下列專業知能：(1)基本的社會工作能力：包括：人類行為與社會環境的理解、評估、帶領團體、連結資源與溝通合作等能力；(2)社會工作管理的能力，包括：規劃、領導、社會行銷與資訊管理的能力；(3)相關生理知識：包括：基本的護理知識、失智症相關知識和照顧的技巧（李琪，2011：136）。

陸、結語

日間照顧方案的目的不僅是安全看視，而是極大化案主的功能（或延後退化／維持功能），故服務項目中，社會活動和治療性活動的安排需更積極規劃，有些活動可由中心工作員來規劃並帶領，但有些較具治療性或復健性功能的活動，可聘請外部的專家來執行。其次，培養工作人員的理念，工作人員對使用者的態度相當重要，雖然對象主要是失能或失智的老人，即使有些功能能力喪失，但並不代表他們身為人的需求是可被否認的，爰此，使用者在中心應該被瞭解、被尊重，且能維持或恢復正向的自我概念，進而尋找人生的意義，也就是抱持「反年齡歧視」的態度及充權的理念。再其次，日間照顧中心工作人員的失智照顧技巧不足，應予加強。另因中心的專業人員是孤星的社工人員或護理人員，

故督導機制亟待建立。

　　日間照顧提供單位開辦後需要一段時間才能達到完全滿額的狀況，如何增進社會大眾認識日間照顧服務，也是機構的挑戰。服務認知是老人使用正式服務的必要條件，因電視是老人較常接觸的大眾傳播媒介，也是老人獲得訊息的主要管道之一，故透過電視來實施老年教育方案或傳遞政府各項社會福利措施的訊息，不失為可採行的好方法。此外，大多數老人之訊息來源是兒子、女兒或孫子，因此，提高家庭成員的服務認知應有助於老人的服務使用（呂寶靜，2001）。其實在長期照顧體系中，各縣市政府長期照顧管理中心的照管專員在為個案訂定照顧計畫時，如果他們對日間照顧方案有更深刻的瞭解，加上相信日間照顧的效用性，才會將日間照顧服務納入照顧計畫中，因此，建議有關照管專員的訓練，應將「各項服務項目」納入課程中，並最好能邀請目前被評鑑績優的日照服務方案負責人擔任講員。此外，長期照顧體系中的居家服務或其他居家式／社區式服務之提供單位的工作人員或醫事機構的工作人員，理當可發揮轉介的功能。

問題與思考

1. 為強化老人日間照顧服務方案之功能，工作人員應抱持的理念為何？
2. 有人主張日間照顧服務是一種形式的喘息服務，依你之見，日間照顧方案為發揮支持家庭之功能，應提供哪些服務？
3. 日間照顧服務提供單位的社工員需具備的專業知能為何？

建議研讀著作

1. 呂寶靜（2001）。第四章老人日間照護方案功能之初探：老人福利？喘息照顧？收錄於呂寶靜撰，*老人照顧：老人、家庭、正式服務*（第109-144頁）。臺北：五南。

2. 中華民國老人福利推動聯盟（2010）。*厝邊ㄟ好所在——老人日間照顧中心*（宣傳光碟）。

參考書目

一、中文書目

王增勇（1998）。西方日間照顧的歷史與重要議題。*社區發展季刊*，83，168-190。

行政院（2007）。*我國長期照顧十年計畫*。臺北：行政院。

吳玉琴、高慧萍（2009）。第四章組織架構及人力資源管理。收錄於中華民國老人福利推動聯盟編印，*日間照顧營運手冊*，頁61-73。臺北：老人福利推動聯盟。

呂寶靜（1998）。老人社區照顧──老人日間照護服務之現況與發展。收錄於詹火生編，*迎接高齡社會的挑戰*，頁213-233。臺北：厚生基金會。

呂寶靜（2001）。*老人照顧：老人、家庭、正式服務*。臺北：五南。

李琪（2011）。*日間照顧服務社會工作員工作適應之初探*。國立政治大學社會工作研究所碩士論文。

張菀珍、蘇慧芬（2009）。嘉義縣塗溝社區日間照顧中心對高齡者在地老化功能之研究。*明新學報*，35(2)，155-173。

曾中明（1995）。內政部推動日間托老服務業務報告。*84年全國日間托老服務研習會實錄*。

頤安日間照顧網站（2012）。失智症照顧。2012/06/06取自：http://tw.myblog.yahoo.com/jw!syl3cNeCSE7mNiOq54Jnrw--/archive?l=f&id=12

臺北市南港日間照顧中心網站（2012）。日間照顧中心文章。2012/06/06取自：http://blog.roodo.com/nkelder/archives/cat_516571.html

二、英文書目

Abramson, C. M. (2009). Who are the Clients? Goal displacement in an adult day care center for elders with dementia. *Aging and Human Development*, 68(1), 65-92.

Cho, Soyeon, Steven H. Zarit, & David A. Chiriboga (2009). Wives and Daughters: The Differential Role of Day Care Use in the Nursing Home Placement of Cognitively Impaired Family Members. *The Gerontologist*, 49(1), 57-67.

Dilworth-Anderson & Peggy (1987). Supporting Family Caregiving through Adult Day-Care Services. In Timothy H. Brubaker (ed.), *Aging, Health, and Family: Long Term Care* (pp. 129-142). Newbury Park: Sage.

Kane, Rosalie A., & Robert L. Kane (1987). *Long-Term Care: Principles, Programs, and Policies.* New York: Springer Publishing Company, Inc.

Kaye, Lenard W., & Patricia M. Kirwin (1990). Adult Day Care Services for the Elderly and Their Families: Lessons from the Pennsylvania Experience. In Abraham Monk (ed.), *Health Care of the Aged: Needs, Policies, and Services,* pp. 167-183. New York: The Haworth Press.

Kopstein, Rhoda, & Sorele Urman (1996). Social Worker Practice with the Family Elderly in Adult Day Care. In Michael J. Holosko & Marvin D. Feit(eds.), *Social Work Practice with the Elderly* (2nd ed. , pp. 281-298). Toronto: Canadian Scholars' Press.

Kosloski, Karl, & Rhonda J. V. Montgomery (1995). The Impact of Respite Use on Nursing Home Placement. *The Gerontologist,* 35(1), 67-74.

MetLife Mature Marker Institute (2011). The MetLife National Study of Adult Day Services Providing Support to Individual and Their Family Caregivers. (http://www.MatureMarkerInstitute.com)

Montgomery, Rhonda J. V., & Edgar F. Borgatta (1989). The Effects of Alternative Support Strategies on Family Caregiving. *The Gerontologist,* 29(4), 457-464.

National Adult Day Services Association (2009). About NADSA (http://www.nadsa.org/about/default.asp.) Retrieved 2009/07/04.

National Adult Day Services Association (2011). NADSA (http://www.nadsa.org/?page_id=89) Retrieved 2011/11/04.

National Institute on Adult Day Care（NIAD）(1984). *Standards for Adult Day Care.* Washington, D.C.: National Council on Aging.

Rathbone-McCuan & Eloise (1990). Respite and Adult Day Services. In Abraham Monk (ed.), *Handbook of Gerontological Services,* pp. 546-567. New York: Columbia University Press.

Silverstein, N. M., C. M. Wong, et al. (2008). *Living with Alzheimer's Disease: A Study of Adult Day Health Services in Massachusetts*, Gerontology Institute, University of Massachusetts, Boston.

Zank, Susanne, & Claudia Schacke (2002). Evaluation of Geriatric Day Care Units: Effects on Patients and Caregivers. *Journal of Gerontology: Psychological Sciences*, 57(4), 348-357.

Zarit, Steven H., Mary Ann Parris Stephens, Aloen Townsend, & Rickey Greene (1998). Stress Reduction for Family Caregivers: Effects of Adult Day Care Use. *Journal of Gerontology: Social Sciences*, 53B(5), S267-S277.

10

第十章

居家服務

壹、前言

　　「在地老化」成為長期照顧政策目標下，居家式和社區式優先成為資源發展的原則，其中，居家服務與國人留在家中安養的期待偏好相互呼應，因而居家服務的推動可行性高，故成為近年來政府施政的重點，不論社政體系所推動的「加強老人安養服務方案」（1998年開始的三期計畫，每期3年）、或衛生署推動的「老人長期照護三年計畫」（1998年核定），都致力推動居家服務資源之發展。隨後，行政院經建會一者看到國人對照顧服務需求的增加；再者有鑑於失業率攀升，期能將部分人力釋出轉為從事照顧服務產業，故行政院於2002年核定「照顧服務產業發展方案」（後於2003年將名稱修正為「照顧服務福利及產業發展方案」），將居家服務對象由中低收入失能者擴及一般失能國民，加速居家服務的成長，而2007年通過之「長期照顧十年計畫」，居家服務是其中的一項服務。截至2011年止，使用人數為33,188人，居各項服務之冠，居家服務的重要性可見一斑。

　　本章內容大致歸納為兩部分，第一部分為居家服務基本概念的簡要概述，第二部分評析臺灣居家服務推動情形，內容安排如後：首先說明居家服務歷史發展；其次描述居家服務使用情形、居家服務內容項目及特性；再其次側重在「居服單位工作人力」之討論；最後則是探討居家服務成效。

貳、居家服務之概論

一、定義

　　所謂居家照顧服務，乃是藉各項服務方案，以協助受照顧者留在社區中，協助他們繼續維持原有的角色，並提供基本而非全部之協助，以增強其生活技巧與獨立之能力。居家服務是由專業人員、半專業人員、甚至志願服務人員在受照顧者家中所提供之服務，其主要提供之項目大致可分類為健康照顧（home health care）和家事服務（home making/

chore）。有些居家服務被視爲是急性住院、基本健康照顧和復健的一種較有效之替代方式，有些方案之功能在於協助個人儘可能留在社區內生活，其服務的項目有：個人照顧（personal care）、家務服務及雜務服務等（Kane & Kane, 1987；引自呂寶靜，2001a）。

二、類型

居家服務依據服務的密集程度，可分爲三類（Gelfand, 1999: 182-183）：

（一）密集或技術性服務（intensive or skilled services）

這類服務是由醫師所指定的，並且必須在護理人員的督導下進行。技術性照顧是提供給以下病患，如：心臟病患者、骨折、開放性傷口、糖尿病，以及涉及導管和管路餵食的末期病患。這類服務可能需要醫師的訪視、護理人員的定期訪視，以及頻繁的物理與職業治療。

（二）個人照顧或中度照顧服務（personal care or intermediate services）

個案在日常生活活動中仍然需要部分的協助，例如：沐浴、步行、指定的運動，以及藥物治療。這些服務提供給甫自疾病的急性期痊癒、或者因爲慢性疾病而暫時失能、或是有部分慢性疾病的人們。

（三）家務或基本服務（homemaker-chore or basic services）

這類服務包括簡單的家務整理、餐食製備、洗衣服務，以及其他維持性活動，期能幫助人們繼續留在家中，在這種狀況下，個案可以照顧自己，但卻缺乏維持其個人周遭環境的能力，這些基本的服務可幫助個案維持在家中生活的條件。

三、目標

由使用者的立場出發，居家照顧服務主要的目標在於促使失能者過著有意義的生活，並維護其尊嚴與自我，即便他們處於需要照顧的嚴重

失能情況，都能透過服務的提供使其獲得正常生活的機會。居家照顧的服務範疇有下列六項：(1)個人照顧（日常生活活動協助）；(2)工具性日常生活活動協助；(3)定期的護理與健康維持活動，如：服藥、監控疾病的康復狀況、臨終病患的緩和醫療服務；(4)安全看視（對認知損傷者尤其重要）；(5)可增進功能能力的復健服務，如：移位、語言、排便、膀胱訓練等需要護理、物理、職能、語言治療師等專業人員協助的服務；(6)管理協助，如：協助特殊照顧的安排或學習如何照顧罹患特殊疾病的人（Kane et al., 1998: 121）。

Kane等人（1998: 122）進一步將居家照顧的目標歸納為下列兩種類型：(1)治療性的目標（therapeutic）：投入努力以達成可測量的改善或阻止惡化，但根據治療性目標來管理照顧，可能會窄化照顧所獲致效益的界定；(2)補償性的目標（compensatory）：協助失能者及其家人追求他們自己的生活，並強調使用者的滿意與自主性；然補償性模式可能因過度依賴初始的評量而忽略個案萌生的進一步健康檢查的需求或復健服務的效益。

四、效益

居家照顧的提供對於老人之獲益有以下四項：(1)讓老人留在熟悉的環境生活，他們可執行一些任務，家人也可提供人性的照顧；(2)居住在家庭環境的老人，較願意接受醫療照護，也較可能與醫療照護人員協同合作；(3)居家照顧的提供一方面可減輕家庭照顧者的負擔，另一方面也支持他們持續提供照顧；(4)對政府來說，由於居家照護成本低，故可減少政府的支出（Huttman, 1985: 212-213）。

在美國，針對居家和社區式服務（Home and Community-Based Ser-vices，簡稱HCBS）方案所進行的成效評估研究顯示：(1)方案可降低失能者未被滿足的需求；(2)方案的使用者對照顧品質有高度的滿意。其次，針對示範計畫的分析結果顯示：HCBS方案在以下的情況可產生較大的效用：(1)日常生活活動功能或工具性日常生活功能需要較大協助者；(2)有認知障礙者；(3)獨居；(4)收入較低者；及(5)有較少的照顧者

可提供協助。Mitchell等人（2006）的研究顯示：佛羅里達州透過醫療救助（medicaid）所資助之HCBS方案，因各方案性質相異，故對住院天數和住進護理之家的天數之影響也不同。

五、居家服務之議題

誠如第七章所述，「在地老化」是各先進國家長期照護政策的目標，而連續性照顧爲其規劃原則，在此原則下，服務項目愈加多元。吳淑瓊等（1998：166）分析世界主要國家長期照護服務提供之演進，指出自1960年代開始發展的各類服務措施如下：

1. 擴大居家護理服務的提供，在各種攜帶式醫療儀器（如：攜帶式心電圖、超音波等）的發展下，可提供各種高技術性護理服務。
2. 擴大居家照護服務與社區照護方案的提供與專業性，包含家事協助、日間照護與短期臨托等服務。
3. 改善老人住宅的設備，除提升廚房衛生水準外，並加裝急救通報設施與無障礙設施，以方便功能障礙老人的居住，可以增建或改善舊有住宅設備。
4. 擴大現金補助，包含對功能障礙老人的補助，以及支持因照顧老人而放棄工作的家庭照顧者。

近年來居家服務快速發展，但也出現下列3項值得討論的議題：

（一）服務供給部門

居家服務的快速發展源自於居家服務相對於機構式照護是較具成本效性（cost-effectiveness）的想法，惟國家爲了節省經費成本，居家服務方案之標的人口群主要以需要密集式照護的重度依賴者爲對象（引自呂寶靜，2001b：19）；其次，採用準市場原則來發展居家服務資源。運用此原則來發展居家服務資源之理由爲：購買服務可迅速擴展服務給老人，但不會增加政府部門的員工人數；再其次，購買服務可降低政府在推動創新服務的開辦費用。

雖然歐洲各國均有提供居家服務，但提供居家服務的機構亦有差

異。在德國和紐西蘭，居家服務和居家護理服務向來都外包給全國性的志願組織提供；在英國和瑞典，地方政府的社會服務部門支配著服務供給；在義大利、希臘和其他地中海國家公部門的供給十分有限，而以教會爲主的組織長期以來就是主要的供給者。換言之，不同國家正式照顧體系中政府法定部門、市場商業部門及志願組織部門在財源的負擔及服務的供給上，所扮演的角色也不盡相同（Baldock & Ely, 1995: 198-199）。然有些學者指出：照護混合經濟（mixed economy of care）是歐洲老人社會照顧的範例（Munday, 1996b: 64）。也就是說，歐洲各國在劇增的需求及有限的國家資源下，逐漸採用福利多元主義的政策，加重家庭、獨立部門和志願部門的貢獻；同時也減輕政府直接供給的角色，且政府的角色從服務的供給者轉換成使能者、契約訂定者和購買者（引自呂寶靜，2001b：20）。

(二) 重視規則和品質

在福利多元化主義的趨勢下，政府減少直接供給服務的角色，而藉由委託契約（外包）的方式來提供服務。在這種趨勢下，建立測量結果（outcomes）之指標和品質監控之機制特別重要（引自呂寶靜，2001b：21）。政府可針對服務提供單位制定高的設置準則，如：規定社工員和護理人員的資格、照顧服務員訓練和督導機制的建立等。

什麼樣的居家服務才算是有品質的服務？Francis & Netten（2004）從使用者的觀點出發，歸納出品質的指標有：(1)可靠性：依照顧計畫排定的日期與時間到案家服務；(2)彈性：對於照顧計畫外的協助項目保持彈性；(3)連續性：服務使用者希望有固定的照顧服務員及照顧團隊；(4)溝通：溝通是前述可靠性與連續性的要件，其次對於少數民族的使用者而言，能夠使用他們的語言是重要的；(5)工作員的態度：服務使用者認爲好的態度有：尊重、善解人意、愉悅的；(6)知識與技能：瞭解服務使用者照顧的知識。

國內有項研究也在探討老人居家服務品質（戴瑩瑩、黃源協，2009），從服務使用者的角度出發，認爲服務品質的要素有：服務態度（親切、有禮貌）、對使用者關心關懷、具備衛生常識或簡易護理技

巧、服務準時、回應使用者及其家屬的需求、服務彈性／個別化、可靠穩定（在固定的時間提供服務），以及道德要求。而服務提供者認為的居家服務品質要素中，過程品質包括：訊息提供、服務態度、關心關懷、溝通技巧、案主參與、選擇自由、服務準時、可靠穩定、即時回應、服務彈性／個別化、保密要求、誠信要求。上述這些要素可作為考核居服員之指標，也可供評鑑居服機構之參考。而較積極的作為是居服提供單位應訂定服務品質與規範，以供工作人員依循。

此外，與品質相關的政策議題有：招募與留任受過適足訓練且具技能的工作人力、提升照顧專員的技能、發展或落實品質評鑑和偵測的系統、缺乏服務的訊息、有限的經費造成服務的限縮、服務過於廣泛但項目大同小異、對於失智症患者的照顧供給不足等（OECD, 2005）。

（三）不穩定的工作人力

照顧服務員在社會大眾認知中係指從事生活進食、大小便處理、家務照顧、清潔、身體照顧等活動之工作者，故認定此職業並不需具備特定專精之知識和技能，任何婦女，特別是經歷過育兒工作的中年婦女均可從事。此種無須技能的認知，造成薪資低、不適當的訓練或工作條件差等狀況；又因大多數工作者是兼職，無法納入年金或健康保險的範圍；加上居家照顧服務員的工作地點在個案的生活領域，其工作範圍之界定較為廣泛而模糊，上述種種因素都導致居家照顧服務員的流動率顯著高於護理之家的照顧服務員（Brannon et al., 2007）。然而，實證研究指出：不穩定的工作人力對組織而言不僅會增加員工培訓之成本，亦可能會影響服務品質，進而影響服務對象的生活品質（Stone & Wiener, 2001; McFarlane & McLean, 2003; Potter et al., 2006；引自呂寶靜、陳正芬，2009：187）。因此，照顧服務員的留任成為關注的議題。

參、臺灣推動居家服務之評析

在臺灣，居家服務是分屬於衛政體系和社政體系來辦理。在衛政體

系，居家護理係由全民健保來給付[1]；在社政體系，則是由早期孤苦無依的在宅服務，發展成居家服務。至於居家復健服務則是指由物理治療師、職能治療師到案主家中提供治療，而「長期照顧十年計畫」將社區及居家復健服務[2]納入服務項目。本節有關居家服務的討論係以社政體系所推動的居家服務為主。

一、居家照顧服務的起源與發展

臺灣最早的居家服務是1971年左右開始由民間提供，而居家服務的發展可分為三個時期：服務草創期、服務法制期、服務擴展期（吳玉琴，2004）。

（一）服務草創期（1983-1996年）

此時期的居家服務稱為「在宅服務」或居家照顧，服務對象以社區中的弱勢人口（如：低收入戶及中低收入戶）居多，各縣市大多採志工的方式提供服務，而臺北市政府則僱用在宅服務員，並由社工員擔任督導；另自1990年起，臺北市政府就委託民間單位辦理老人在宅服務，開啟了政府與民間合作推動服務模式的歷程。

（二）服務法制期（1997-2001年）

此乃因老人福利法及身心障礙者保護法於1997年相繼修法，老人福利法第18條及身心障礙者保護法第40條同步規範地方政府應提供居家

---

[1] 1995年居家護理納入健保給付，其收案條件為：(1)病人只能維持有限之自我照顧能力，即清醒時間超過50%以上，活動限制在床上或椅子上；(2)有明確之醫療與護理服務項目需要服務者；(3)病情穩定，能在家中進行醫護措施者。訪視次數之規定為：護理人員居家護理照護訪視每一個案每月以2次為限；醫師居家訪視則是每2個月1次為限。至於照護項目包括：(1)訪視、診察；(2)治療材料之給予；(3)一般治療處置；(4)呼吸、消化及泌尿系統各式導管與造口之護理；(5)代採檢體送檢；(6)有關病人護理指導及服務事宜（黃惠璣等，2008：105-106）。

[2] 社區及居家復健服務，以無法透過交通接送使用健保復健資源者為服務對象，每次訪視費用以新臺幣1,000元計，每人最多每星期1次。

服務給社區中因身心受損致日常生活功能需他人協助的老人及身心障礙者。隨後行政院於1998年提出「加強老人安養服務方案」為期3年的計畫，要求各地方政府每一鄉鎮、區里普遍設置居家服務支援中心，提供居家服務，截至2001年方案期滿，共設立了106個居家服務支援中心。

（三）服務擴展期（2002-2004年）

2002年的「照顧服務福利及產業發展方案」，此方案以建構照顧服務體系、擴充服務對象、提升服務品質及開發服務人力為目標，其中一項重點工作即為「非中低收入失能老人及身心障礙者補助使用居家服務試辦計畫」，開始將居家服務對象由中低收入失能者擴展至一般的失能者，並依其經濟能力及失能等級核給不同的全額補助時數（依失能程度給予8至16小時免費使用之補助），超過時數再由民眾部分或全額自費。

（四）服務成長期

2007年行政院通過「長期照顧十年計畫」，其基本目標為「建構完整之我國長期照顧體系，保障身心功能障礙者能獲得適切的服務，增進獨立生活能力，提升生活品質，以維持尊嚴與自主」，在居家式和社區式服務優先的原則下，居家服務被列為服務項目之一。

依據「長期照顧十年計畫」，居家服務之補助時數依失能者之嚴重程度分為輕度、中度及重度三級，輕度補助25小時、中度補助50小時、重度為90小時。每位失能者又依其經濟狀況分為一般戶自付額每小時54元，而家庭總收入符合社會救助法規最低生活費用1.5至2.5倍者，民眾自行負擔10%，低收入則免自付額。

檢視我國居家照顧服務政策之發展，可歸納出下列五項特色：(1)從「低收入」擴大到「一般失能者」；(2)在服務員方面，由慈善性質的志工到有酬的服務員；(3)供給部門則由政府部門提供轉為透過委託契約方式多由民間機構團體來辦理；(4)在付費方面，由免費使用服務轉為依經濟狀況，部分負擔約三成的費用；(5)服務項目由單一的居家服務擴展為多元的居家式和社區式服務（陳明珍，2009）。

二、居家服務使用情形

(一)服務使用量

　　有關居家服務的使用人數，自2002年計畫開辦以來，服務人數逐步成長，自2002年1,795人，至2005年底增至16,238人，至2006年6月增加為17,234人（行政院經濟建設委員會，2006）。自2008年起，本項服務措施已納入我國長期照顧十年計畫「照顧服務」範疇辦理，依服務對象之失能程度核給不同補助額度，2008年服務人數為22,305人，2009年為22,017人，2010年為27,800人，2011年服務人數合計33,188人。

(二)居家服務使用者圖像

　　由上可知，居家服務使用人數正逐年增加中，但使用者的特性為何？依據內政部統計處（2008）「96年度居家服務補助使用者狀況調查報告」發現：我國居家服務使用者之圖像以女性為主，彼等的失能程度以輕度失能居多，居住安排以「獨居」或「與已婚兒媳及孫子女同住」之折衷家庭為多。在居家服務使用狀況方面，服務提供頻率以「每週2次」及「每2日1次」居多；而提供之服務項目以協助沐浴、簡單家務整理及穿脫衣物之比例最高。

　　至於什麼樣的老人會使用居家服務？紀玫如等人（2006）之研究發現：社區中具居家服務需要的老人，他們使用居家服務由誰決定？由自己決定者占38.44%，由家人決定者占61.56%。在自己決定去使用服務的老人中，認為效用高者，使用的意願機會也較高；至於由家人決定的樣本中，除了對服務的預期效用外，失能程度愈嚴重者愈會去使用服務，而照顧觀念愈傳統者則愈不去使用服務。由此可知，對服務有效性的認知與受照顧的需求性愈高者，使用服務的可能性愈高。

三、居家服務內容項目

　　內政部所稱居家服務提供單位，是指直轄市、縣（市）政府，或經直轄市、縣（市）政府委託辦理居家服務之公益社團法人、財團法人、

醫療法人、社會福利團體、照顧服務勞動合作社，或醫療機構、護理機構、老人福利機構、身心障礙福利機構及社會工作師事務所（內政部，2008）。100年度有144個居家服務提供單位。

社政體系所提供的居家式服務，以身體照顧及家務為主，更具體來說，其內容如下：(1)身體照顧服務：包含協助如廁、沐浴、穿換衣服、口腔清潔、進食、服藥、翻身、拍背、簡易被動式肢體關節活動、上下床、陪同運動、協助使用日常生活輔助器具及其他服務；(2)家務服務：包含換洗衣物之洗濯及修補、服務對象生活起居空間之環境清潔、文書服務、備餐服務、陪同或代購生活必需用品、陪同就醫或聯絡醫療機構及其他相關服務。

上述服務項目係在個案家中執行的服務，因個案的家庭環境或家屬的生活型態之不同，服務需要個別性並保持彈性。另人際關係與互動也是居家照顧服務員需面對的一大課題。楊培珊（2000）就指出居家服務相較於其他專業服務，有五項特殊性：(1)隱密性高的工作環境：即指工作場所在案主家中，除了案主及其家屬外無其他人；(2)「工作場所」相對「生活領域」：服務場所為案主的生活領域，因此，居家服務員提供服務時，案主理應遵守一些行為守則以尊重服務員；(3)頻繁的身體接觸：居家服務之服務項目中會有身體上的清潔照顧，因此常牽涉身體的接觸；(4)案主功能的不穩定性：案主身體疾病的變化、功能的衰退、甚至於季節改變的影響等因素，造成案主本身身體功能的不穩定狀態；(5)居家服務工作範圍模糊：居家服務範圍不易界定清楚，而案主和服務員相處中產生信任與情感連結，會使服務員有時不好意思拒絕案主的額外要求。

四、居家服務單位之工作人力

上述居家服務提供單位應置照顧服務員及居家服務督導員，並得視業務需要置專任或特約行政人員、醫師、護理人員或其他工作人員（內政部，2008）。由此可知，照顧服務員及居家服務督導員是最主要的兩類工作人力。

（一）照顧服務員

照顧服務員乃是2003年將「病患服務員」與「居家服務員」（分屬於衛政及社政體系）合併並統一改稱爲「照顧服務員」，其角色功能之定位爲：對於案主提供生活照顧及協助，也是長期照護人力中提供生活照護之主要人力（呂寶靜、陳正芬，2009）。

1.誰可擔任照顧服務員

在臺灣，參加照顧服務員（職前）訓練是取得任用的資格，符合資格之受訓對象爲年滿16歲以上，身體健康狀況良好、具擔任照顧服務員工作熱忱者；其訓練課程時數爲核心課程50小時及實習課程40小時，合計90小時。核心課程的訓練內容大致可歸納爲下列四項：(1)身體照顧所需的知識和技能；(2)家務處理的知識和技能；(3)突發狀況處理所需的知識和技能；及(4)照顧服務的倫理及相關法律、資源之認識。由此可知，對於參加照顧服務員訓練者並無學歷的規定，而其所需的知識技能單靠職前訓練即可學習。

又爲確立居家服務的專業性和增加社會大眾對照顧服務員之認可，照顧服務員自2003年起被納入技術士技能檢定之職類中。「照顧服務員丙級技術士檢定」資格要項大致可分爲兩類：一是取得照顧服務員結業證明書者（或居家服務員職前訓練、病患服務員訓練或照顧服務員職前訓練結業證明文件）；另一是高中（職）以上家政、護理相關科系畢業證書，但證照並不是任用的資格要件。

2.居家照顧服務員的圖像

依據行政院社會福利推動委員會長期照顧制度規劃小組（2006）針對全國居家服務單位所做的調查，計117個居家服務單位所聘僱的照顧服務員有3,565人，專職者1,333人（37.39%），兼職者2,232人（62.61%）；性別方面，女性占92.29%，教育程度以高中職畢業者最多占43.84%，國中畢業者占34%，國小畢業者占16.41%，大專院校以上者占5.75%；年齡以40-49歲最多占46.54%，其次是50-59歲占29.48%，30-39歲占17.50%。

此外，呂寶靜、陳正芬（2009：211、213）針對60個居家服務提供

單位照服員之調查顯示：照顧服務員的平均年齡為46.1歲；「女性」居多，占90.5%；照顧服務員的教育程度以「高中（職）畢業者」占最多數（41.0%）。至於工作時數方面，近四成五（44.7%）的照顧服務員每週工作時數在40小時以上；約有六成三（占62.6%）的照顧服務員持有「照顧服務員丙級技術士證書」。

上述兩項調查顯示：居家照顧服務員以女性居多，占九成，年齡以40-49歲占多數，至於教育程度則以高中畢業者居多。換言之，居家照顧服務員是一群教育程度中等之中高齡婦女。

3.居家照顧服務員的工作條件與職業風險

居家照顧服務員專業程度不高、薪資低、可替代性亦高，故就業情況相對不穩定（Stacey, 2005）。臺灣照服員之勞動狀況為何？吳玉琴（2008a）指出：居家照顧服務員的勞動狀況，大多依時薪計算，約在150元／時。因居家照顧服務員有專職及兼職的差異，平均月薪資差異性高，整體平均收入在13,000元左右，收入集中在10,000-19,000元之間居多，薪資偏低（吳玉琴，2008a）。加上以時薪計算薪資，如果沒有排到班，收入就驟減，存在著收入不穩定的狀況。除了薪資低、收入不穩定的狀況外，居服員之工作困境有：不受尊重、沒有保障、面對案主的脾氣或問題而有壓力，甚至工作有感染傳染病之危險（邱泯科、徐伊玲，2005）。除此之外，居家照顧服務員與服務對象及其家屬之間有長期且緊密的接觸，照服員扮演之角色複雜，包括：服務提供者、傾聽者、替代者，或是家人、陪伴者及資源協助者等，因此，角色分際很難拿捏，也常遭受額外的期待，在服務過程中經常面臨兩難情境（詹秀玲，2005）。

除了上述工作條件不佳的狀況外，居家照顧服務員的人身安全也特別值得正視。從勞動市場的角度出發，則是探討職業風險。劉懿（2012）的研究指出：疾病傳染、肌肉骨骼傷害、性騷擾、被狗追咬、交通事故等5類傳統職業風險之態樣。就居家照顧服務員傳統職業風險之個別態樣而言，疾病傳染與肌肉骨骼傷害主要係由居家照顧服務員之工作性質所導致，性騷擾之發生與性別因素及社會整體之性別角色態度有關，被狗追咬與交通事故則較屬於社區環境與交通運輸之安全性議題。

Box 10：重啟活力的繆奶奶（摘述）

文／羅智華

90多歲的繆奶奶只要還能走動，就會把握體力好的時光到處走走逛逛，卻因2月時外出洗頭途中不小心跌了一跤，導致她無法再像過去一樣隨心所欲到處逛逛。之後，老奶奶發現自己因膝蓋跌傷，無法站穩外，只要一走路就覺得雙腳無力、隱隱作痛，沒辦法像以往「活動自如」，只能長時間坐在椅子上或是靠臥在床邊休息，就連原本不需假手他人的洗澡、洗頭等日常生活打理也開始仰賴家人幫忙。

繆奶奶心疼地說，尤其是遠在宜蘭的媳婦為了照顧她的生活起居，每週從宜蘭趕來臺北幫她洗澡、換衣服。日子久了，不但舟車勞頓、身心疲累，就連做婆婆的看了也不忍心，一直盼望自己的身體能快點好起來，就不用再麻煩家人了。

然而，這一切的生活窘況在繆奶奶申請了「居家服務」後有所改觀。繆奶奶表示，居服員不但定時前來細心幫她洗澡、洗頭、料理生活起居，還會陪著她坐公車、上市場買菜、到朋友家話家常、到醫院看診拿藥，讓她覺得又回到了過去那種自在的生活；媳婦也因有了居服員的分憂解勞，而不用再經常奔波往返於臺北與宜蘭兩地。

「在居服員的照料下，不但精神變好了，就連心裡也踏實許多。」奶奶有感而發地表示。居服員知道她的腳力不好，每次外出時總是細心攙扶她上公車、下臺階，深怕她一不小心又跌跤摔傷了，那種「視己如親」的舉動最讓她覺得感動。奶奶說，如果沒有居服員的悉心照顧，她恐怕無法像現在一樣活得如此開朗有活力！在照顧與被照顧的過程中，我們看見生命的美好。

出處：吳玉琴主編（2010）。有居服員，真好。中華民國老人福利推動聯盟編印。

可見，居家照顧服務員之傳統職業風險並不單純是居家照顧服務員、服務對象家庭、居家服務單位要處理與面對的課題，還有超越個人與組織

層次，屬於外部環境之議題。至於新興職業風險則與人際互動、工作場域、工作性質等要素較有關係。劉懿（2012）的研究歸納出：第三者暴力、情緒負荷、名譽受損、涉及醫療及護理行為、財物損失等5類態樣。

（二）居家服務督導員

1.居家服務督導員之資格

在督導資格方面，依據「加強推展居家服務實施方案暨教育訓練課程內容」建構之督導體系，督導需具備社工或醫護相關學歷背景，或服務滿5年以上之專職服務員擔任；但實際上由資深服務員擔任督導的情況並不多見，而以社工及護理專業背景者居多（行政院社會福利推動委員會長期照顧制度規劃小組，2006）。

2.居家服務督導員中社工人力配置

依據內政部所訂頒「失能老人及身心障礙者補助使用居家服務」之規定，每60名居家服務個案應設置1名居服督導員。以2011年12月底服務人數為33,188人為例，依規定至少需聘任553名居服督導員，又假定社工背景者占六成，則可推估目前約有332名社工員在老人居服單位任職。此外，依據呂寶靜（2010）對2020年老人福利服務領域社工人力需求之推估結果也顯示：未來居家服務之擴增，也產生對社工人力的大量需求。

3.居家服務督導員的工作職責

根據中華民國老人福利推動聯盟編印的《居家服務操作手冊》中，依照居家服務提供的流程，可歸納出居家服務督導員的工作職責如下（吳玉琴，2008b）：

(1) 接受派案／自費個案接案：填寫接案表，並安排居家服務開案訪視。

(2) 開案家訪評估：即針對個案狀況與居家環境進行評估，並填寫個案基本資料表。

(3) 擬定照顧服務計畫：

①以案主、主要照顧者及服務單位等三方，擬定照顧服務計畫的內容，包括擬定計畫日期、居家服務需求、照顧目標等。

②遴選居服員,並派案與排班。

(4) 簽訂服務契約,說明服務內容、流程、準則與督導方式,明定雙方之責任及義務。

(5) 提供居家服務:由照顧服務員依照顧計畫至案家提供服務。

(6) 定期評估:針對每位個案每月均電訪1次,每3個月家訪1次,以瞭解個案身心狀況、支持系統及需求,並記錄個案使用其他資源之狀況。

(7) 轉案、結案與追蹤。

除了上述工作項目外,不定期督導照顧服務員,確保服務品質,也是居服督導員的責任。此外,每3個月至少召開督導會議1次,至少每3個月安排照顧服務員在職訓練1次。

4.居家服務督導員發揮的功能

居服督導員所發揮的功能為何?依呂寶靜、陳正芬(2008:90)的調查研究顯示:七成以上受訪者認為「非常同意」的督導功能為:(1)「至少每3個月會到個案家中實地訪查」及(2)「定期或不定期對服務對象電訪」等2項,而六成以上受訪者認為「非常同意」的督導功能共九項,依所占比例由高至低排序為:(1)「調節照顧服務員與個案或案家的衝突」;(2)「處理照顧服務員反應的抱怨或意見」;(3)「定期審閱居家服務員服務紀錄」;(4)「協助照顧服務員認識個案的特性」;(5)「平日會給予表現良好的照顧服務員肯定和稱讚」;(6)「擔任照顧服務員與任職機構間的橋梁」;(7)「協助照顧服務員瞭解機構的行政規定」;(8)「給予照顧服務員關懷與支持」;(9)「協助照顧服務員瞭解照顧服務員之工作倫理守則」。由此可知,居服督導員提供了情緒支持和行政支持的督導功能。而居服督導員面臨的前五項工作挑戰為:(1)「改變照顧服務員的工作態度」;(2)「處理個案或家屬與照顧服務員的衝突」;(3)「處理案主(或案家)的申訴」;(4)「要求照顧服務員遵守契約的規範」;(5)「實際照顧能力欠缺」(呂寶靜、陳正芬,2008:95)。

五、居家服務使用成效

居家服務之目的是希望讓老人留在社區當中，協助他們維持原有的生活型態，提供基本服務以增進老人的生活技巧和自主。然而，國內對於居家服務成效之討論，多半是從失能老人及其家屬之角度去探討。

（一）對老人而言

劉素芬（2001）之研究發現：居家服務對老人之成效為：(1)具有維持或提升日常生活活動功能之成效，同時能夠協助老人維持日常生活的運行，對於部分老人則具協助恢復健康以及協助恢復自理能力之作用；(2)對老人的認知功能，具有維持穩定或提升的成效；(3)提供老人情緒關懷與支持，具有預防老人自殺之功能；(4)對於部分非正式資源較豐富的老人，具有穩定或提升的作用；(5)增加老人的支持體系；(6)對於與家人同住的老人，具有減緩照顧關係緊張之成效；(7)對於活動功能尚可之老人，具有提升社會參與度的功能。又對失智老人而言，陳宜婷（2011）的研究發現：居服員與老人互動的方式（在服務過程中與老人講話，自創遊戲與老人玩）、或者是陪同老人外出，都可能增加老人的社會接觸，提供更多的生活刺激，造成老人生活自理能力進步。

（二）對照顧者而言

居家服務可減輕照顧工作、減輕照顧壓力和負荷、減緩緊張的照顧關係及維持照顧意願等正向影響（劉素芬，2001；林玉琴，2006；江雅筑，2006）。陳宜婷（2011）的研究發現：居家服務對照顧者的功能，除了上述四項外，尚有：(1)增加照顧者的社會接觸；(2)補充照顧人力；(3)照顧者可彈性安排自己的時間，並促使照顧者更加瞭解受照顧老人的狀況。

肆、結語：臺灣居家服務未來發展之建議

我國居家照顧服務目前係採稅收的財務制度來辦理，服務需求量雖

逐年增加，然受限於政府編列的預算，再加上使用者部分負擔的設計，歷年來服務量的增加尚稱平緩。爲確保偏遠地區或不同服務時段被保險人的照顧需求都能獲得滿足，照顧報酬的支付基準係按服務時間、型態及地區而調整；又爲顧及服務品質，必須重視照顧服務員的在職訓練（呂寶靜、陳正芬，2009）。此外，爲提升照顧服務員的能量，建議可參考其他國家「專業授權」[3]的作法，一方面透過強化照顧服務員知能，再方面結合專業人員之評估與督導，以擴大照顧服務員之服務內容，更能滿足居家失能老人之需求。

照顧服務員的不安全感與相對較差的勞動條件是導致高流動率的因素（Aronson & Denton, 2004）。故配合實施改善照顧服務員福利待遇及工作條件的對策，方能有效地降低照顧服務人員的流動率。以美國爲例，爲服務員待遇及工作條件，各州積極推動各項實驗方案，內容包括：(1)納入健康保險；(2)提供交通補助：補償照顧服務員往返案家所需交通時間的費用；(3)實施不同薪資待遇制；(4)強化訓練：增加照顧服務員訓練時數；(5)成立居家照顧聯盟合作社，不僅爲參加的會員提供訓練，且鼓勵會員透過職涯升遷的管道以獲取較高的薪資與地位（American Association of Homes and Services for the Aging and Institute for the Future of Aging Services, 2007；引自呂寶靜、陳正芬，2009：225）。

在居家服務機構擔任居服督導員的社工人員，其工作內容並不是個人照顧和家務服務的提供者，而是透過派任和督導居服員來提供服務，和其他領域的社工人員相較，特別需要督導與管理（特別是人力資源管理）的技巧。此外，因處理照服員與個案或其家屬之間的衝突、或者是個案的申訴也是其主要的工作項目，因而認爲「會談技巧」及「衝突與意外的處理」是重要的技巧。加上其必須監督照服員的服務品質，所

---

[3] 如美國的護理專業授權。所謂專業授權，是護理師指導其他人執行護理技巧的過程，亦即在護理專業人員之授權下，將重複性高、低風險的護理技巧，授予不具有執行護理、醫事或其他健康相關職業執照者之照顧提供者來執行；且授權流程中的四個階段（評估與計畫、溝通、監視與督導、評鑑與回饋），均由專業人員來負責（ANA & NCSBN, 2006）。

以，具備身體照顧和家務處理的技巧也是必要的，因此，建議應對現行
居家服務督導員訓練課程予以檢討並重新設計；其次，居服督導員也需
要被督導，方能有效發揮督導功能，故建立居服督導員的督導機制也是
未來的方向。

問題與思考

1. 照顧服務員到案家提供服務，較可能與服務使用者及其家庭成員產生糾紛或不愉快等情事的情況有哪些？又可如何因應？
2. 居家照顧服務員容易經歷到哪些態樣的職業風險或人身不安全？又可如何預防？
3. 大學社工系畢業的學生，如果想到居家服務提供單位擔任居服督導員，你覺得他們最好具備哪些知能，方得以勝任工作？
4. 如何讓社會大眾認識「照顧服務員」這個職業？又為提升其形象，可採行的策略有哪些？

建議研讀著作

1. 吳玉琴（2008）。臺灣居家照顧服務員勞動困境與對策。*社區發展季刊*，122，200-214。
2. 呂寶靜、陳正芬（2009）。我國居家照顧服務員職業證照與培訓制度之探究：從英國和日本的作法反思臺灣。*社會政策與社會工作學刊*，13(1)，185-233。

參考書目

一、中文書目

內政部（2008）。老人福利服務提供者資格要件及服務準則。（http://sowf.moi.gov.tw/04/02/970320發布條文（含文號）.htm）

內政部統計處（2008）。*96年度居家服務補助使用者狀況調查報告*。臺北：內政部。

行政院（2002）。*照顧服務產業發展方案*。

行政院社會福利推動委員會長期照顧制度規劃小組（2006）。*改善長期照顧居家式服務各項措施規劃報告*。臺北：行政院社會福利推動委員會長期照顧制度規劃小組。

行政院經濟建設委員會（2006）。*照顧服務福利及產業發展方案*。

江雅筑（2006）。*臺中市老人使用居家服務經驗之探討*。東海大學社會工作學系碩士論文。

邱泯科、徐伊玲（2005）。老人居家照顧服務員考訓現狀與工作困境之探討。*社區發展季刊*，110，284-300。

吳玉琴（2004）。臺灣居家服務的現況與檢討。*社區發展季刊*，106，132-141。

吳玉琴（2008a）。臺灣居家照顧服務員勞動困境與對策。*社區發展季刊*，122，200-214。

吳玉琴編著（2008b）。*居家服務操作手冊*（再版）。臺北：中華民國老人福利推動聯盟。

吳玉琴主編（2010）。*有居服員，真好*。中華民國老人福利推動聯盟編印。

吳淑瓊、呂寶靜、盧瑞秀（1998）。*配合我國社會福利制度之長期照護政策研究*。臺北：行政院研考會編印。

呂寶靜（2001a）。*老人社區照顧服務之評估研究——以居家服務方案為例*。行政院國家科學委員會專題研究計畫成果報告。

呂寶靜（2001b）。*老人照顧：老人、家庭、正式服務*。臺北：五南。

呂寶靜（2010）。眺望2020年臺灣社會工作專業發展趨勢。宣讀於「因應風險社會-社會工作的終身專業成長」研討會，臺灣社會工作專業人員協會主辦，2010年3月6日。

呂寶靜、陳正芬（2008）。*高齡社會的來臨：為2025年的臺灣社會規劃之整合研究——臺灣社會照顧人力培訓與職業證照制度之研究——以居家照顧服務員為例*（第二年）。行政院國家科學委員會專題研究計畫成果報告。

呂寶靜、陳正芬（2009）。我國居家照顧服務員職業證照與培訓制度之探究：從英國和日本的作法反思臺灣。*社會政策與社會工作學刊*，13(1)，185-233。

林玉琴（2006）。*居家服務使用滿意度評估研究——以嘉義基督教醫院為例*。中正大學社會福利研究所碩士論文。

孫玫如、莊坤洋、吳振龍、吳淑瓊（2006）。居家服務使用之相關因素研究。*臺灣衛誌*，25(1)，37-48。

陳宜婷（2011）。*失智老人家庭照顧者使用居家服務經驗之初探*。國立政治大學社會工作研究所碩士論文。

陳明珍（2009）。我國居家服務政策發展與省思。*社區發展季刊*，127，287-303。

黃惠璣、杜敏世、陳麗華、陳翠芳、許佩蓉、胡月娟、陳世堅、何瓊芳、葉淑惠、蔡淑鳳、徐麗娟、吳麗芬、郭淑珍、賴添福、胡中宜（2009）。*長期照顧*。臺北：新文京開發。

楊培珊（2000）。女性居家照顧服務員工作中遭受性騷擾之經驗探討。*臺大社會工作學刊*，2，97-149。

詹秀玲（2005）。*居家服務中照顧服務員之勞動特質及互動關係——以桃園縣為例*。元智大學資訊社會學研究所碩士論文。

劉素芬（2001）。*老人居家照顧服務方案評估——以紅心字會為例*。暨南國際大學社會政策與社會工作學系碩士論文。

劉懿（2012）。*居家照顧服務員經歷職業風險之初探*。國立政治大學社會工作研究所碩士論文。

戴瑩瑩、黃源協（2009）。老人居家服務品質觀點與要素之探討。*社區發展季刊*，125，272-286。

二、英文書目

American Nurses Association (ANA) & the National Council of State Boards of Nursing (NCSBN) (2006). *Joint Statement on Delegation.* http://www.ncsbn.org/Joint_statement.pdf

Francis, J. & A. Netten (2004). Raising the quality of home care. *Journal of Social Policy and Administration*, 38(3), 290-305.

Gelfand, E. Donald (1999). Chap. 13 In-Home Services. In E. D. Gelfand (ed.), *The Aging Network: Programs and Services* (pp. 179-191). New York: Springer Publishing.

Huttman, Elizabeth D. (1985). *Social Services for the Elderly*. NY: The Free Press, A Division of Macmillan, Inc.

Kane, R. A., L. R. Kane, & C. R. Ladd (1998). Chap. 5 Home Care and Personal Assistant Services. In R. A. Kane et al. (eds.), *The Heart of Long-Term Care* (pp. 119-158). New York: Oxford University.

Mitchell, Glenn, Jennifer R. Salmon, Larry Polivka, & Horacio Soberon-Ferrer (2006). The Relative Benefits and Cost of Medicaid Home- and Community-Based Services in Florida. *The Gerontologist*, 46(4), 483-494.

OECD (2005). *Long-term Care Policies for Older People*. Paris: OECD.

Stacey, C. L. (2005). Finding dignity in dirty work: The constraints and rewards of low-wage home care labour. *Sociology of Health & Illness*, 27(6), 831-854.

11

第十一章

其他居家式和社區式服務

壹、前言

社區老人如果失能時，可考慮使用前兩章所討論的日間照顧服務和居家服務；但對於未具長期照顧需求的老人而言，爲滿足其社會接觸和社會參與的需求，一些居家式和社區式服務方案也紛紛推動，以增進老人的生活品質。有鑑於持續投入生活（或譯爲「社會參與」）是成功老化的要素之一，而持續投入生活之兩項任務爲：「維持與他人的親近關係」及「持續參與有意義、具目的性活動」，也就是說，社會參與可帶來親近感、有意義感，進而增進生活滿意，故各國都積極推動增進老人社會化功能的方案。

反觀臺灣，依老人福利法第17條，有關老人居家式服務除了第十章所討論的居家服務外，也列舉了關懷訪視服務、電話問安服務、餐飲服務、緊急救援服務；而在社區式服務，除了第九章引介的日間照顧服務外，也含括交通服務，爰此，本章預定討論上項服務。此外，自2005年起推動的「建立社區照顧關懷據點實施計畫」，期能透過社區關懷據點之設置，提供在地的初級照護服務。更具體而言，其目標有三項：開發非正式的社會資源、強化社區照顧的能力及提供在地的預防照顧服務；而相關實證研究顯示出老人參加社區關懷據點，可擴展關係網絡，改善與非正式關係網絡之關係（如：呂寶靜，2012；黃源協，2011），所以也將其納入本章的內容。因此，本章預定分析友善訪視和電話問安、緊急救援服務、餐食服務、交通接送服務、以及社區關懷據點。至於每項服務的內容重點爲：首先介紹該項服務的內涵，其次描述臺灣推動的現況，最後在結語部分則提出建議。

貳、友善訪視和電話問安

一、友善訪視和電話問安方案之性質

孤立和寂寞是老人常見的問題，特別是對那些功能受限而不便出門的老人而言，寂寞也會引起憂鬱和無用感。其次，對這些社會孤立的老

人而言，擔心自己遭遇意外事件時無人可協助的恐懼是頗為普遍的，因而友善訪視和電話問安兩項方案的目的旨在滿足不便外出老人的需求。此兩項方案的核心要素就是定期的接觸，透過接觸可將老人的需求告知相關的機構（Huttman, 1985: 116-117）。

友善訪視方案之發展主要是為社區中不便外出而社會孤立的老人，提供社會支持。更具體而言，方案的目的可歸納為下列三項：(1)透過訪視以直接的方式傳達訊息，並轉介資源；(2)提供連結，成為社會支持體系的一環；(3)改善老人的心理和社會功能。而訪視者通常是志工，對這些志工而言，透過新的角色關係之形成和幫助他人，可提升自尊（Huttman, 1985）。

友善訪視方案係屬社會接觸之性質，由志工到老人家中訪問，陪老人玩牌、代為寫信、購物或打掃。志工瞭解老人的健康狀況，並將其緊急需求轉告相關的資源；另志工也可提供資訊和轉介，代為填寫各種申請表格。友善訪視方案可透過教會、老人服務中心外展服務、老人會等機構團體來提供。這些志工要接受訓練，也需具備某些特性，而能與老人互動，建立關係，志工與老人間的關係如同朋友，而友誼有助於士氣和健康的提升。友善訪問方案是便宜又不昂貴的方案，對那些足不出戶或孤立的老人而言，是社會服務的核心項目（Huttman, 1985）。

電話問安服務原被視為是一項緊急服務，確保獨居老人在跌倒或生病時可獲得協助，但逐漸演變成提供獨居老人與社會接觸的機會。對獨居老人而言，接受電話問安服務可減少對子女的依賴而維持自主；其次可增進安全感，另也可減少孤獨感。電話問安是排訂在每天特定的時段與老人通電話以確認老人的安全。然電話確認（安全）的方案呈現多元的態樣，目前較新的服務態樣是老人配戴某些類型的器具，當遭遇醫療危機時，即可發揮救援功能，也就是緊急救援系統服務。

二、臺灣推動之獨居長者關懷訪視服務

(一)服務源起與目的

2008年臺灣發生數起獨居長者死亡多日卻無人聞問的事件，在新

聞媒體的報導下，社會大眾開始注意到獨居長者所面臨的困境，政府也在這股民意壓力下開始推展獨居長者的服務方案（周麗華，2002）。獨居長者關懷訪視服務就是其中一項服務。關懷訪視服務的目的是為了滿足獨居長者的情感性和社會性需求，許多的獨居長者可能因為未婚、喪偶或是無子女而缺乏與親屬的連結，亦可能因為害怕跌倒或因為身體功能的限制而無法外出與他人互動，因而容易造成老人的社會孤立、甚至引發憂鬱（沙依仁，1996；Andrews et al., 2003）。因此，透過第三者親自至長者家中給予關懷和陪伴，可以增進獨居長者與他人接觸的機會，改善孤單和社會孤立的情形，發展友誼關係或社會連結，將有助於維持長者的心理健康和預防精神疾病（施教裕，1998；Andrews et al., 2003；Pennington & Knight, 2008）。

（二）服務執行方式

我國關懷訪視服務的執行方式，考量到社政單位人力不足的狀況，加上為了使服務具有可近性和主動性，並能發揮社區組織的力量，因此採用政府單位和民間團體分工合作之模式，來進行服務之輸送（楊培珊，2001）。更詳盡來說，首先由政府部門將轄區內獨居長者名冊資料進行統整，並依鄉里進行區域劃分，民間團體和社政單位再依區域認養，認養單位安排志工至獨居長者家中進行訪視，而民間認養單位亦需定期向政府單位回報服務區域內的狀況。此外，政府部門定期辦理聯繫會報和個案研討會，建立與民間團體之間的溝通橋梁，增進合作關係，並共同研討特殊個案之處遇方式（顧燕翎、張美美、廖秋芬，2004）。

不論是由民間單位或是社政單位所執行的關懷訪視服務，皆是運用志工人力來提供服務。依據志願服務法（2001），運用志工人力的組織就稱為志願服務運用單位，而志願服務運用單位在使用志工人力時，需有專人擔任志工督導，負責管理關懷訪視志工，而大多數政府機關社政單位或社會福利機構團體運用志工人力資源時，通常是由社工人員擔任志工督導的角色。

（三）獨居長者接受關懷訪視之經驗

　　關懷訪視服務提供哪些服務？洪文滿（2011）之研究發現：受訪的獨居老人所感受到的服務如後：首先，關懷和慰問仍是所有受訪者最明顯感受到的服務，此乃是透過探視、陪伴、叮嚀和聊天的方式，讓獨居長者感受到被關懷的情感性支持。其次，志工除了提供關懷和慰問的情感性支持以外，獨居長者亦得到訊息性和工具性支持，其中，訊息性支持為告知活動訊息、社會福利資訊及老人中心的聯絡資訊，至於工具性支持則包括：物資贈與、陪同就醫及住院照顧。最後，在關懷和慰問的同時，志工其實也是在蒐集獨居長者的資訊，並在必要時將資訊回報，讓老人中心可以掌握獨居長者的狀況。

　　又從受訪老人的角度出發，志工的關懷訪視可增進老人與外界的連結，另也與志工建立情誼的連帶。此外，獨居老人與志工的接觸可改善老人的心情，一方面可帶來正向的感受（如：有趣、開心、溫暖），另一方面可減少負面的感受（如：無聊、苦悶、孤單）（洪文滿，2011）。

三、建議

　　誠如上述，獨居長者關懷訪視服務確實發揮建立社會連結的功能，但關懷訪視的服務對象，不應侷限在獨居老人，建議應擴及缺乏社會連結的非獨居老人。社會連結的缺乏不只是獨居長者才會面臨的困境，也可能發生在非獨居長者身上，因為獨居並不是造成長者社會隔離的唯一因素，工作角色的喪失、交通服務和環境設備對於長者的不友善等都是可能的原因（呂寶靜，2002）。因此，關懷訪視的服務對象應該不限於獨居長者，而是以長者的身心狀況和社會孤立的情形作為提供服務的考量。其次，針對獨居老人，除了關懷訪視服務外，應有其他增進社會連結的方案，尤其是對於那些身體功能允許外出的獨居長者，應鼓勵他們到社區關懷據點、老人文康活動中心等設施參加活動；另也透過參加社區活動和參與社團之方式，來增進與他人的連結。

參、緊急救援服務

一、緊急救援服務之性質

「個人緊急救援通報服務」（Personal Emergency Response System）是一項結合資訊與科技的服務，透過緊急求救訊號之發射，讓老人可以獲得救援服務，增進老人的心理安適感與信賴感。緊急救援通報服務系統係由宅端系統（含宅端送訊主機及隨身發射求救按鈕）、通報救援中心（或稱監控救援中心），以及緊急救援網絡所組成。在國外，監控救援中心的設置有兩種類型：一者是監控中心通常設在醫院，或是由私人公司所設置（涵蓋地區或全國性範圍），如：美國；另一種情形則是將監控中心設在社區服務組（如：警察局、消防局），如：英國、瑞典、挪威、丹麥、荷蘭、法國等（行政院社會福利推動委員會長期照護專案小組，2003）。

緊急救援服務之願景係針對有危險之虞的老人提供個人緊急救援和支持服務，期能增進他們的獨立、心裡的平安，以及生活品質，並協助他們儘可能留在自己家裡生活。換言之，該項服務以使用者為中心，藉由隨身佩戴發射器的壓訊，在使用者與中心工作人員雙向溝通下，對有確定需要的老人快速提供緊急救援服務；也就是說，在一個基礎健全的網路系統架構之下，將使用者之需求訊號能完全無誤的傳送到通報中心，中心工作人員透過與急診、醫師、居家護理師、照顧經理、居家照顧服務員等專業人員或社區支持網路（社福團體、鄰居、社區鄰里長、緊急聯絡人）聯繫，以取得協助（行政院社會福利推動委員會長期照護專案小組，2003）。

隨著老化時健康狀況改變，患有猝發性疾病者（如：心臟病、關節炎、高血壓、糖尿病、帕金森氏症及氣喘等）需要各種不同層次的協助；再加上衰弱老人也可能有發生緊急事件時孤立無援的恐懼，為了使子女或家屬可以安心工作，上述所提者皆是使用緊急救援通報服務的當然對象。而經常性獨居長者在沒有家人同住狀況下，風險更甚於前者，應當列為首要服務對象。依照使用意願而言，只要是意識清楚之老人和

身心障礙者，在能夠操作求救系統表達協助訊息的狀況下，都可使用緊急救援通報服務得到即時性的協助（行政院社會福利推動委員會長期照護專案小組，2003）。

平安機

電話式平安機

圖11-1　緊急救援系統中兩種款式之平安機

資料來源：財團法人生命連線基金會網站，2012/08/01取自http://www.lifeline. net.tw/home/medical-alert/communicator-and-buttons/index.asp

項鍊式隨身發射器

手環式隨身發射器

手錶式隨身發射器

圖11-2　緊急救援系統中三種款式之隨身發射器

資料來源：財團法人生命連線基金會網站，2012/08/01取自：http://www. lifeline.net.tw/home/medical-alert/communicator-and-buttons/index. asp

二、緊急救援服務的效益

　　國外相關實證研究顯示：緊急救援通報服務的成效可歸納為下列四項，分述如後（引自行政院社會福利推動委員會長期照護專案小組，2003：40-41）：

　　（一）對於使用者而言：由於使用此系統者在發生緊急事件可以快速獲得立即的援助，減少發生緊急事件時孤立無援的恐懼，故可增加其心理安全感與安適感，增加生活自信，讓生活更為獨立自主。

　　（二）對於照顧者而言：強化照顧者心理的安全感、幫助喘息、抒解壓力，另使用緊急救援通報對照顧者而言，也會降低與老人互動時生氣感的發生。

　　（三）急救醫療成效方面：緊急救援系統可幫助使用者在發生緊急醫療事件時，及早獲得協助，縮短救援時間，以避免掉入更複雜的醫療介入，導致住院時間的延長。

　　（四）減少醫療資源與社會資源的付出，包括四項：(1)降低成本；(2)降低醫院住院次數、縮短住院天數、減少急診次數等效果；(3)減少長期照顧住院天數、昂貴醫療服務之使用；(4)減少長期居家健康照顧的使用。

三、臺灣推動緊急救援服務之現況

　　依2007年修訂之老人福利法，緊急救援服務為居家服務的項目之一。又依《老人福利服務提供者資格要件及服務準則》第26條規定：「緊急救援服務內容如下：一、意外事件及緊急事件處理單位之聯繫。二、救護車緊急救護之聯繫。三、緊急聯絡人之通知。」至於緊急救援服務提供單位人力配置之規定為（第28條）：「緊急救援服務提供單位應置護理人員，並得視業務需要，置專任或特約行政人員、社會工作人員或其他工作人員。」

　　目前緊急救援服務由各縣市政府自行規劃辦理。以臺北市政府為例，針對緊急救援系統服務之說明如下：緊急救援系統係包括一組主機、瓦斯偵測器、火警探測器及具求救功能之無線遙控防水防塵隨身按鈕，若長者在家發生緊急狀況時，可直接壓下隨身求救鈕，生命連線中心於收到訊息後，將儘快派員協助進行救援。而政府的補助對象為：列冊之獨居長者，但不包含精神異常、患失智症或經評估不適合使用本系統者（臺北市政府社會局，2012/7/18）。

四、建議

目前緊急救援服務被視為是針對獨居老人之服務方案，但對有猝發性疾病之虞、亟需安全看護的老人而言，雖不符合獨居的定義，但白天經常是一位老人或兩位老人在家，也需要緊急救援服務。其次，老人家中雖裝置有系統，但不習慣配戴隨身發射器的情況也屢有聽聞，故讓老人學會正確操作此系統也是有待加強的部分。再其次，在手機使用愈為普遍的情況下，老人在遭遇意外事件或緊急事件時，發出訊號求救的便利性也大大提升，因而「通報」僅是該項服務的基本元素，而救援則是較為獨特之處。此外，在救援時，社區支持網絡的建構也是重點工作。

肆、餐食服務

營養對人們而言，可說是存活的基本元素，細胞需要基本的養分供給才能發揮其功能，良好的營養狀況可以維持身體各器官運作正常。然美國有項研究顯示：社區中營養不良的老人占1-15%，機構或住院的老人則高達25-85%（Stechmiller, 2003），因而老人相關的營養問題值得關注（引自林慧珍、張萃珉，2010：340）。其實老人的消化與營養會受到食物的採購、備製、攝取與享用等因素之影響，而上述這些活動有賴於認知技能、平衡、移動、手操作功能，隨著年齡增長，這些能力產生變化，就會干擾老人的營養型態。食物採購與交通資源的便利性有關；而食物製備的工作，也與老人的體力以及廚房的設備有關；至於食物的攝取與享用，除了會受到老人生理狀況的影響外，尚會受到社會心理因素的作用，如：喪偶後可能不適應一個人用餐；或居住情境的改變，從一個人獨自用餐到團體用餐（方雅莉等合譯，2003）。由此可知，老人的營養問題不僅與年齡增長、功能能力退化有關，也與住屋和生活環境密切相關，故各國為了改善老人的營養狀況，紛紛推動老人營養飲食方案。

一、美國的發展脈絡

美國政府於1973年開始推行老年人營養方案（the Elderly Nutrition Program），這是受到1965年美國老人法（The Older Americans Act）及1972年修正案的規範所致。該方案實施目的包括（Gelfand, 1999: 123-124）：

1. 為了改善老人的健康，提供定期的、低成本、高營養的餐食，通常是在定點提供，如果可能的話，也提供給外出行動不便的老人。

2. 透過餐食服務來創造社會互動及休閒時間，並善加運用，以提升老人的福祉和社會互動。

3. 藉由一系列的服務（如：營養和營養教育、代購物品及交通接送到市場購物），提升老人在家製備食物的能力。

4. 藉由餐食服務刺激老人維持良好健康及獨立生活的能力，並配合提供諮商、資訊和轉介其他社會及復健服務。

5. 確保需要的老人，主要是低收入或獨居者，以及少數族群，都能參加餐食服務，進而提供較密集、較個人化的外展服務。

6. 引起少數族群對餐食服務之興趣，並確保方案的運作能符合不同族群之飲食習慣。

7. 確保餐食方案的使用者都能接近周延性和協調性的服務，並鼓勵餐食方案提供單位和其他老人區域機構（Area Agencies on Aging，簡稱AAAs）的行政協調。

在美國餐食服務提供單位通常被要求也要提供交通接送服務和護送服務。除此之外，法律也規定餐食服務同時也併同其他服務一起提供，如：營養教育、資訊和轉介、健康和福利諮詢及娛樂活動。故提供餐食服務的地點通常是位於老人中心，特別針對孤立的老人，外展服務是必要的，而對於那些無法使用大眾交通運輸工具者，交通接送服務是有必要的（Huttman, 1985: 131）。

美國老人法是營養餐食服務方案的法源基礎，營養餐食服務方案之目標旨在減少飢餓與糧食匱乏，促進老人的社會化，含括輸送到宅的送

餐方案（The "Home-Delivered Meals" Program）及集中到定點用餐方案（The "Congregate Meals" Program）。該項方案的目的旨在改善60歲以上國民之營養狀況，除了提供餐食外，也提供支持性服務，如：營養篩檢、評估、教育及諮詢。而其標的對象群主要為具最大經濟或社會需求者，特別關注在低收入、少數族群的老人或鄉村老人。大約有7%的老人或者是20%的低收入老人都接受此項服務，特別值得一提的情況是居住在鄉村的老人，因住家附近並未有市場可供其採購健康的蔬菜水果，故餐食服務尤顯重要（Morre, 2007: 145）。

二、餐食服務之成效

餐食服務方案之成效大致可歸納為下列三項：(1)餐食服務可避免使用者營養風險之惡化，且可預防健康狀況和生活品質的下降：此乃因營養餐食服務之使用者大多數是面臨營養風險的人，而所提供的餐食是每日的主要營養來源，餐食服務可避免營養風險之惡化，維持或改善營養的狀況（Keller, 2006）。另一項研究顯示：有高度營養風險的老人與低度營養風險的人相較之下，有較差的身體健康狀況和生活滿意度（Keller et al., 2004）。(2)降低食物不安全：在現有文獻中，食物不安全（food insecurity）側重在食物獲得之討論，但近年來有關老人的研究則強調食物使用（food use）之概念，係指食物取得、製備食物、處理或烹飪成菜餚和進食的能力。老人因其身體功能失能而導致其食物攝取型態的改變，也阻礙其營養上的福祉。Lee & Frongillo（2001）之研究指出：老人食物不安全與低收入、低教育程度、少數族群、社會孤立，以及功能損傷等因素有關，而營養餐食方案應將改變的食物使用之情形納入考量，以降低食物不安全。(3)餐食服務可增進人際互動：在美國一些定點用餐服務在老人中心提供，而餐食服務的參加者也被鼓勵去參加中心所舉辦的活動，讓他們覺得有機會結交新朋友、有團體歸屬感、感到生活更有趣、每天固定有個可以去的地方、健康狀況有所改善（Gitelson, et al., 2008）。

三、臺灣推動之老人餐食服務

　　1997年老人福利法第一次修法將餐飲服務納入，賦予正式法源基礎。後續，中央或地方政府於相關施政計畫中，透過方案補助方式鼓勵公益社團法人、財團法人、社區發展協會等非營利組織擇定場所辦理定點用餐或送餐到家服務（林明禎，2000）。隨後於2007年訂頒之「我國長期照顧十年計畫」、「建立社區照顧關懷據點輔導計畫」，都將餐飲服務列為服務項目之一（行政院，2007；內政部，2009）。

　　依據「老人福利服務提供者資格要件及服務準則」，居家式餐飲服務由下列單位提供：(1)醫療機構、護理機構、醫療法人；(2)老人福利機構、身心障礙福利機構；(3)公益社團法人、財團法人、社會福利團體、社區發展協會、照顧服務勞動合作社；(4)餐館業及其他餐飲業。而餐飲服務補助的對象主要為低收入戶及中低收入失能老人，每餐50元，截至2010年底服務人數計9,992人，另一般戶有19,026人，兩者合計29,018人，其中定點用餐（集中服務方式）有14,660人，送餐服務有14,358人，服務提供單位計201個（內政部，2011a）。

　　餐食服務除了依提供場域分為居家式送餐到家和社區式定點用餐外，可再依餐食準備及輸送方式分為：(1)老人中心契約外包，洽人經營或僱用專人炊食，讓老人中午定點定時用餐；(2)志工在社區中做好便當，送到老人家中；(3)醫院或安養護機構準備餐食，志工領取後送到老人家中；(4)社區餐卡，受託單位和社區便利商店簽約，老人憑餐卡至店家購餐；(5)自助餐式，受委託單位和社區自助餐店簽約，自助餐店每天中午送餐至老人家中；及(6)專業管理模式，在機構或團體中即有正式編制的廚師，且設有專業廚房、餐車、保溫餐具及保溫餐袋等（陳燕禎、謝儒賢、施教裕，2005）。由此可知，臺灣餐食服務的提供呈現多元的型態。

四、建議

　　誠如上述，臺灣的餐食服務呈現多元的型態，有些餐食並未經過營養師的調配，是否符合營養健康的原則，難免引人質疑。其次，送餐人

員將餐食送到老人家裡，老人並未立即食用，或留部分到隔餐或隔日食用，可能會因食物保存不當而生病，食物安全（food safety）就成為值得關注的議題（Roseman, 2008），故建議送餐單位應協助老人培養正確的食物處理和存放之行為。

伍、交通接送服務

一、友善高齡者交通運輸環境在促進老人社會參與之重要性

　　高齡社會的到來，運輸服務需如何因應是非常重要的研究課題，因運輸服務的不足會影響高齡者出門活動的意願和生活品質。Glasgow & Pillemer（2000）之書中提出，運輸是連結個人與社會網絡的重要工具，不完善的運輸將會造成高齡者有社會孤立的問題。另Arentze等人（2008）也提出若運輸資源不足，高齡者獨立出門活動受限，會導致社會排除的問題。運輸環境與高齡者福祉是息息相關的，因此，運輸系統之規劃是亟需被重視的（引自陳菀蕙等，2009：330）。為達成活力老化（active aging）的高齡社會，讓高齡者可獨立自在又安全地出門活動、使用各項老人服務、分享社會資源、積極參與社會，高齡者運輸環境的營造是老人與社會互動的基石（呂寶靜等，2007）。

二、老人交通運輸服務需求

　　在先進國家，老人喜歡自己開車，其原因為開車自主性高；然隨著年齡增長、視力的衰退，開車的安全性可能是一項隱憂。在美國，1960年代就鼓勵老人搭乘大眾運輸工具，給予老人半價優惠，但老人使用大眾運輸工具仍受到限制，此乃因車站的階梯或公車的高度對老人而言仍是障礙。隨後於1975年通過都會大眾運輸法（Urban Mass Transportation Act，簡稱UMTA），合法化了老人、身心障礙者和其他國民一樣應享有搭乘大眾交通運輸工具的權利。依據此法案，政府提供經費補助無障礙設施的興建；另自1979年起也規定獲得補助的公共汽車必須裝置有斜坡道、輪椅升降機、低底盤等設施。

　　此外，都會大衆運輸法也規定政府可補助非營利組織去發展一套專供老人和身心障礙者使用的運輸系統，當大衆運輸工具可獲性低或不足夠時，這些方案就展開了固定時間－固定路線的服務，載送老人去使用醫療服務、牙醫服務、日間照顧和營養餐食服務。這些專門爲老人建構的交通運輸系統通常是提供需求回應的運輸服務系統（Demand Response Transportation System，簡稱DRTS），有可能是固定的路線、固定的行程，但通常是較個人化的服務，含括及戶（in-door）服務，這樣的運輸系統一般來說是比較昂貴的。此外，有些城市採「叫車制」，採取預約制；有些城市則是鼓勵計程車共乘制，或發給老人計程車乘車券，以貼補使用者的車資（Gelfand, 1999）。

　　陳菀蕙等人（2009）的研究顯示：臺灣老人旅次目的之活動量依序爲：運動、跟鄰居聊天、購物或逛街、下田工作、醫院或診所、休閒、宗教、去看親朋好友，以及外出聚餐。如果進一步分析不同活動所使用之運具則發現：在運動旅次方面，男女均以步行爲主，跟鄰居聊天也是以步行爲主；而購物或逛街旅次中，男女均以步行爲主，但男性自騎機車居次，女性則以公車／客運車次之；在去醫院或診所旅次中，男性最常使用之運具依序爲機車自騎、汽車被載與公車／客運車，女性最常使用之運具依序爲汽車被載、機車被載與公車／客運車。顯示男性習慣騎高自主性的機車，但當身體不適時會選擇被載或搭公車／客運車，而女性不會開／騎車的比例較高，故就醫時選擇被汽車或機車載最多，大衆運輸工具則爲另一項選擇（引自陳菀蕙等，2009：339）。

　　爲回應老人就醫的需求，陳菀蕙等人（2009）設計一套醫療用的DRTS系統，此類運輸系統具備的特性有：從家門口接送乘客往返醫院或診所的及戶服務，接送時間是可彈性決定的，政府會補貼票價，使用車輛是計程車或小巴士，並配合醫院和診所時間來營運（非緊急就醫情況下之救護車，所以非24小時營運），且可供乘坐輪椅者使用，結果發現約有近半數（48%）的受訪者願意接受此項服務。

三、臺灣老人交通接送服務現況

1997年訂頒之老人福利法條文已載明：老人搭乘國內公、民營水、陸、空大眾運輸工具、進入康樂場所及參觀文教設施，應予以半價優待。依此條文的目的旨在促進老人外出參與社會活動，透過車票的半價優待，以降低費用上的負擔。但除了費用外，大眾運輸之運具本身也可能不方便老人乘坐，故引進低底盤公車，所有車輛都可搭載輪椅，減少老人和身心障礙者上下車的困難。

「我國長期照顧十年計畫」將交通接送服務納入服務項目，補助重度失能者使用交通接送服務，以滿足失能老人就醫與使用長期照顧服務的交通需求，提高各項醫療與服務措施的可近性與可運用性。自民國99年度起將補助對象由重度失能者，擴大至中度失能者，服務人數合計21,916人（內政部，2011a）。

四、建議

建構友善高齡者交通運輸環境，除了交通費用的補助外，運輸環境之改善也具同等重要。因此，針對高齡者生活環境做無障礙化之設計考量，讓高齡者更有效率的使用各運輸系統，具體建議如後：(1)提供及戶的運輸服務、減少轉運次數之直達班車，使高齡者搭乘運具時更加有效率，保持高齡者願意外出的意願；(2)推動提高運輸效率的措施包括：推動車站、公車轉運站、火車、公車、飛機之無障礙化、道路及其周邊環境的無障礙設施。另外，設施的考慮包括：(1)消除路面高低差；(2)處處備有電梯及緩坡；(3)運具裝置有升降設施。其次，運輸環境之改善可利用先進交通科技的輔助，就道路（包含人行與車行設施）、交通控制（包含號誌、標誌、標線等）等硬體部分，採「通用設計」觀點，逐一檢視設計諸元之合宜性，並運用ITS（智慧型運輸系統）等相關科技輔助高齡者，以滿足高齡者之旅運需求（呂寶靜等，2007）。

陸、社區關懷據點

在臺灣，政府為促進老人社會參與，辦理的措施有：補助民間團體辦理長青學苑，其次補助鄉鎮市區公所興設老人文康活動中心，以作為辦理各項老人活動暨提供服務之場所。此外，鼓勵老人參與社團及志願服務，補助民間團體辦理老人福利活動，另也提供老人各類優待措施（如：搭乘國內交通工具、進入康樂場所及參觀文教設施都享半價優待）。而社區關懷據點之推動也是在創造老人社會參與的平臺，值得討論。

一、建立社區關懷據點實施計畫

內政部於2005年訂頒「建立社區照顧關懷據點實施計畫」，係以社區營造及社區自主參與為基本精神，鼓勵民間團體設置社區照顧關懷據點，提供在地的初級預防照護服務，再依需要連結各級政府所推動社區照顧、機構照顧及居家服務等各項照顧措施，以建置失能老人連續性之長期照顧服務。依計畫，每一關懷據點應至少具備下述三項服務項目之功能：(1)關懷訪視；(2)電話問安、諮詢及轉介服務；(3)餐飲服務；及(4)健康促進活動。截至2010年12月底止，各縣市共計設置1,671個據點（內政部，2011b）。

至於社區關懷據點之實施預期效益包括以下五項：(1)設置2,000個社區關懷據點，落實預防照護普及化及社區化目標；(2)發揚社區營造及社區參與之基本精神，發展在地社區生活特色；(3)發揮長期照顧社區化之預防功能，建立社區之照顧支持系統；(4)透過在地化之社區照顧，使失能老人留在社區生活；(5)減緩家庭照顧者負擔，提供適當之喘息服務（內政部，2005）。

二、社區關懷據點的營運狀況

為瞭解社區關懷據點的營運狀況，黃源協（2011）特針對全臺社區關懷據點進行問卷調查，結果顯示：(1)近四成五的據點開辦超過3年

至5年以下，五成以上據點僅服務一個村里；(2)據點平均每週開放3.89天，每天開放5.26小時；(3)據點設置地點以借用者最多（占43.7%），多數設置於社區活動中心，平均可使用坪數為78.81坪；(4)2010年平均預算為33.10萬元，而經費來源部分，向政府申請的補助占據點總經費平均比率之69.76%，自籌經費部分占28.08%，使用者付費占12.73%，其他經費來源占3.80%；(5)九成以上據點辦理健康促進、關懷訪視（約各占97%）及電話問安服務（占92%），餐飲之定點用餐占八成，而送餐服務僅占四成五，至於轉介服務則有五成六的據點提供；(6)據點人力配置：九成九之據點運用志工人力，志工人數以11至20人者為最多，志工以55-64歲者之女性居多；(7)據點發展方向：據點期待開辦之服務項目，重要度最高者為關懷訪視服務，健康促進服務次之，再其次為定點用餐服務，而日間照顧中心、送餐服務及居家照顧服務有一成多期待開辦；(8)至於據點目標達成的方面：目標二（強化社區照顧的能力，如：關懷訪視、電話問安等）與目標三（提供在地的預防照顧服務）之同意程度皆達九成三以上，目標一（開發非正式的社會資源）之同意程度則略低。

三、老人參與社區關懷據點現況與獲益

呂寶靜（2012）之研究報告發現：社區關懷據點提供之多元服務項目中，老人最常使用之前五項為：(1)量血壓；(2)泡茶、下棋、與人聊天；(3)參加重陽敬老活動、慶生會等聯誼活動；(4)至附近名勝或國內較遠地區旅遊；(5)至據點用餐。而老人參與據點最常有的感受有：(1)讓我覺得比較不孤單；(2)讓我有積極正向的情緒（如：心情較好、較快樂）；(3)讓我覺得老人比較受到尊重；(4)讓我認識較多人；(5)在人際互動上覺得比較好。

社區關懷據點除了提供服務給老人外，也試圖發揮在地人服務在地人的特色，故從內政部訂頒的評鑑指標來看，相當重視志工的角色[1]。

---

[1] 內政部2008年修正之「建立社區照顧關懷據點輔導計畫」中訂有「直轄市及縣（市）政府辦理社區照顧關懷據點考核（評鑑）指標」，其中一項評鑑項目即為

呂寶靜（2010）探討社區關懷據點志工之參與經驗，結果發現：擔任志工對生活的影響主要包括：人際網絡的拓展、主觀福祉的提升、生活有意義或有目標，以及自我成長等四個面向；同時透過志願服務之參與過程，人們也獲得許多人際接觸的機會，進而對社會關係產生影響。綜合言之，社區老人擔任社區關懷據點志工的參與過程和整體經驗，其實就是一種社會整合的動力與展現；且對退休老人而言，志願服務參與確實是促進社會整合的一項機制。

黃源協（2011）實證調查研究發現服務使用者參加據點之現況及獲益有：(1)受訪者平均參與社區照顧據點之時間為3.69年，九成以上之受訪者有接受「健康促進活動」之服務；(2)與非正式網絡互動關係改善，改善最多者為朋友，究其原因可能參加據點之服務後，受訪者於據點結識較多的朋友，生活網絡擴大；(3)自覺健康狀況有正向改變，女性改善幅度大於男性，整體就醫頻率下降。

上述實證研究顯示：社區關懷據點提供老人認識他人、結交朋友的機會，並擴展其社會關係網絡，而維持與他人的關係是老人生活滿意的重要元素。

四、建議

大多數社區關懷據點均辦理關懷訪視和電話問安，而辦理該項服務之挑戰為以志工來從事關懷訪視或電話問安，因志工並非專業，可能有不足之處，故需透過辦理研習課程、志工訓練等方式來培訓。其次，在提供餐食服務方面，餐食服務對象（特別是定點用餐）主要以參加據點活動的老人為主，由於廚房是提供餐食服務最重要的設備，建議政府應補助設置與修繕廚房之經費。

柒、結語

本章所討論的居家式和社區式服務之方案目標在增進社區老人的社

「志工人力運用與管理」，比重占總分之17%。

會參與和社會活動。原先服務方案對象以孤苦無依的老人和獨居老人為主，但對多數人而言，在老年期缺乏社會連結是普遍的經驗，隨著老年人口數急劇增加，各項服務方案目前是委由不同的團體機構來辦理，從老人的立場出發，他（她）可能需要到不同的場所使用服務，或接受多個服務提供單位的服務，如何增進服務的可接近性，透過一個中樞據點來提供服務，如其他國家所推動之老人服務中心或許也是可考慮的方向。

問題與思考

1. 你覺得獨居老人在日常生活中較可能遭遇哪些方面的問題？又正式服務可如何提供協助？

2. 餐食服務除了提供食物和營養外，也創造老人與他人互動的機會，依你之見，透過何種策略可增強用餐老人的社會連帶？

3. 老人外出時主要使用的交通工具為何？又都會地區和鄉村地區交通運輸環境所存在的障礙有何異同？如何克服障礙？

建議研讀著作

1. 楊培珊（2001）。臺北市獨居長者照顧服務經驗之反思──一個行動研究的報告。*臺大社會工作學刊*，5，103-150。

2. 陳燕禎、謝儒賢、施教裕（2005）。社區照顧：老人餐食服務模式之探討與建構。*社會政策與社會工作學刊*，9(1)，121-161。

3. 陳菀蕙、徐淵靜、呂寶靜、高桂娟（2009）。高齡者旅運特性與就醫需求回應運輸系統需求分析。*運輸學刊*，21(3)，329-354。

參考書目

一、中文書目

內政部（2001）。志願服務法。http://vol.moi.gov.tw/vol/home.jsp?mserno=20080521
0012&serno&menudata=VolMenu&contlink=ap/policy_view.jsp&dataserno=20080
7310001

內政部（2005）。*建立社區關懷據點實施計畫*（行政院94年5月18日院臺內字第
0940016301號函核定）。

內政部（2008）。*老人福利服務提供者資格要件及服務準則*。臺北：內政部。

內政部（2009）。*建立社區照顧關懷據點輔導計畫*。臺北：內政部。

內政部（2011a）。老人福利、十年長照服務成果。*內政統計年報*（http://sowf.moi.
gov.tw/stat/year/list.htm）。

內政部（2011b）。*中華民國99年社政年報*。臺北：內政部。

方雅莉、許靖蘭、周麗婷合譯，馬鳳歧教授總校閱（2003）。*老人護理：理論與實
務*。原著*Nursing Care of Older Adults: Theory and Practice* (3rd edition). Carol A.
Miller 1995. Philadelphia: Lippincott Williams & Wilkins.

行政院（2007）。*我國長期照顧十年計畫*。臺北：行政院。

行政院社會福利推動委員會長期照護專案小組（2003）。*緊急救援服務營運手冊*。

呂寶靜（2002）。第五章老人福利服務。見呂寶靜（主編），*社會工作與臺灣社會*
（頁177-220）。臺北：巨流。

呂寶靜（2010）。社區關懷據點志工參與志願服務之經驗初探：社會整合的動力與
展現。宣讀於「高齡社會南區研究成果發表會」，2010年9月11日。

呂寶靜（2012）。*高齡社會的來臨：為2025年臺灣社會規劃之整合研究——臺灣老
人社會整合之研究：以社區生活參與為例*（第三年研究計畫成果報告）。行政
院國家科學委員會專題研究成果報告。NSC 97-2420-H-004-159-KF3

呂寶靜、陳政雄、羅孝賢、李晶、傅從喜、王中允（2007）。*人口政策白皮書及實
施計畫之研究期末報告——子計畫二「因應我國邁入高齡社會對策之研究」*。

臺北：內政部委託研究案。

沙依仁（1996）。老人的家庭關係及人際關係。見沙依仁，*高齡學*（第223-255頁）。臺北：五南。

周麗華（2002）。*從認養獨居老人看臺北市社區內志願服務團體之發展模式*。世新大學社會發展研究所碩士論文。

林明禎（2000）。社區照顧福利輸送體系之初探——以老人日托暨餐食服務為例。*社區發展季刊*，89，178-187。

林慧珍、張萃珉（2010）。第十三章老年人的營養問題。見林麗嬋、蔡娟秀、薛桂香、吳方瑜、黃翠媛、張文芸、王瑋、林慧珍、張萃珉、宋惠娟、李昭螢、李明德、胡月娟、劉芹芳、黃玉雰、李梅琛、張宏哲，*老年護理學*（第六版）（第339-364頁）。臺北：華杏。

施教裕（1998）。*老人福利社區化之理念與實務運作：以社區獨居老人為例*。高雄市：高雄市政府。

洪文滿（2011）。*獨居長者接受關懷訪視服務經驗之初探*。政治大學社會工作研究所碩士論文，臺北市。

陳菀蕙、徐淵靜、呂寶靜、高桂娟（2009）。高齡者旅運特性與就醫需求回應運輸系統需求分析。*運輸學刊*，21(3)，329-354。

陳燕禎、謝儒賢、施教裕（2005）。社區照顧：老人餐食服務模式之探討與建構。*社會政策與社會工作學刊*，9(1)，121-161。

黃源協（2011）。*邁向整合性之老人照顧服務社區化的永續經營*。內政部委託研究案。

楊培珊（2001）。臺北市獨居長者照顧服務經驗之反思——一個行動研究的報告。*臺大社會工作學刊*，5，103-150。

臺北市政府社會局（2012/7/18）。緊急救援系統。http://www.bosa.taipei.gov.tw/i/i0300.asp?pre_Code=0421002&fix_code=0421002&l1_code=04&l2_code=21

顧燕翎、張美美、廖秋芬（2004）。臺北市運用志願服務組織推動社區互助成果與展望。*社區發展季刊*，106，46-61。

二、英文書目

Abramson, C. M. (2009). Who are the Clients?: Goal displacement in an adult day care center for elders with dementia. *Aging and Human Development*, 68(1), 65-92.

Andrews, G. J., N. Gavin, S. Begley, & D. Brodie (2003). Assisiting friendships, combating loneliness: Users views on a "befriending" scheme. *Aging & Society*, 23, 349-362.

Dachner, N., S. Gaetz, B. Poland, & V. Tarasuk (2009). An Ethnographic Study of Meal Programs for Homeless and Under-Housed Individuals in Toronto. *Journal of Health Care for the Poor and Underserved*, 20(3), 846-853.

Dilworth-Anderson, Peggy (1987). "Supporting Family Caregiving through Adult Day-Care Services." In Timothy H. Brubaker (ed.), *Aging, Health, and Family: Long Term Care* (pp. 129-142). Newbury Park: Sage.

Gelfand, E. Donald (1999). Chap. 10 Nutrition Programs. In *The Aging Network: Opportunities for Successful Aging*. NY: Spring Publishing Company.

Gitelson, R., H. Ching-hua, T. Fitzpatrick, A. Case, & J. McCabe (2008). The Impact of Senior Centers on Participants in Congregate Meal Programs. *Journal of Park & Recreation Administration*, 26(3), 136-151.

Huttman, Elizabeth D. (1985). *Social Services for the Elderly.* NY: The Free Press, A Division of Macmillan, Inc.

Kane, Rosalie A., & Robert L. Kane (1987). *Long-Term Care: Principles, Programs, and Policies.* New York: Springer Publishing Company, Inc.

Kaye, Lenard W., & Patricia M. Kirwin (1990)."Adult Day Care Services for the Elderly and Their Families: Lessons from the Pennsylvania Experience.", In Abraham Monk (ed.), *Health Care of the Aged: Needs, Policies, and Services,* pp. 167-183. New York: The Haworth Press.

Keller, Heather H. (2006). Meal programs improve nutritional risk: A longitudinal analysis of community-living seniors. *Journal of the American Dietetic Association*, 106(7): 1042-1048. doi: 10.1016/j.jada.2006.04.023

Keller, Heather H., Truls Østbye, & Richard Goy (2004). Nutritional Risk Predicts Quality of Life in Elderly Community-Living Canadians. *Journals of Gerontology Series A: Biological Sciences & Medical Sciences*, 59A(1): 68-74.

Kirk, A. B., D. P. Waldrop, & B. A. Rittner (2001). More than a Meal: The Relationship Between Social Support and Quality of Life in Daytime Meal Program Participants. *Journal of Gerontological Social Work,* 35(1): 3-20.

Lee, Jung Sun, & Edward A. Frongillo, Jr. (2001). Factors Associated With Food Insecurity Among U. S. Elderly Persons: Importance of Functional Impairments. *Journals of Gerontology: Social Sciences*, 56B(2), S94-S99.

Morre, Dorothy M. (2007). The Role of Nutrition in the Older Individual. *Gerontology Perspectives and Issue* (3rd).Springer Publishing Company, LLC.

National Adult Day Services Association (2009). About NADSA (http://www.nadsa.org/about/default.asp.）Retrieved 2009/07/04.

National Adult Day Services Association (2011). NADSA (http://www.nadsa.org/?page_id=89) Retrieved 2011/11/04.

National Institute on Adult Day Care（NIAD）(1984). *Standards for Adult Day Care.* Washington, D. C.: National Council on Aging.

Pennington, J. & T. Knight (2008). Staying Connected: The Lived Experiences of Volunteers and Older Adults. *Ageing international*, 32, 298-311.

Roseman, Mary G. (2007). Food Safety Perceptions and Behaviors of Participants in Congregate-Meal and Home-Delivered-Meal Programs. (Cover story). *Journal of Environmental Health*, 70(2), 13-21.

Silverstein, N. M., C. M. Wong, et al. (2008). *Living with Alzheimer's Disease: A Study of Adult Day Health Services in Massachusetts*, Gerontology Institute, University of Massachusetts, Boston.

Sydner, Y. M. & C. Fjellstrom (2005). Food provision and the meal situation in elderly care-outcomes in different social contexts. *Journal of Human Nutrition and Dietetics*, 18(1), 45-52.

Zank, Susanne, & Claudia Schacke (2002). Evaluation of Geriatric Day Care Units: Effects on Patients and Caregivers. *Journal of Gerontology: Psychological Sciences*, 57(4), 348-357.

12

第十二章

住宿式與機構式照顧

壹、前言

在「在地老化」的政策目標下，居家和社區式服務優先成為資源發展的原則，且致力於減少不必要或避免過早的機構式照護。但對於需要特殊或較專業照顧的失能老人而言，機構式照顧仍是其必要的照顧安排。本章內容大致可歸納為兩部分：第一部分是針對「住宿式和機構式照顧」一般概念的說明及國外作法的引介分析；第二部分則是臺灣現況的檢討和建議。更具體而言，內容安排如下：(1)說明機構式照顧的類型；(2)討論機構式照顧品質的議題，並研議提升品質的策略；(3)以支持性住宅（assisted living）為例，說明結合照顧與住宅的作法；(4)檢視臺灣老人機構式照顧之現況；(5)分析社工專業服務在老人長期照護或養護機構的實施情形。

貳、住宿式和機構式照顧的定義和分類

所謂機構式照護是指需要長期照顧的病患居住在機構中，由機構提供全天候的綜合性服務，服務內容可以包括：住宿服務、護理機構醫療照護、個人照顧、交通接送服務、心理諮商服務、物理治療和職業治療等。機構式照護能為需要密集照護者提供完整而且高密度專業照護的型態，可以減輕病患家屬在精神和體力上的負擔。凡是病情嚴重、依賴度高、沒有家庭照護資源、沒有社區資源的病患，都是機構照護的主要對象（黃惠璣等，2008：87）。

在美國，長期照護設施依據醫療保險（medicare）和醫療救助（medicaid）的規定，大致可分為延伸性照顧設施（extended-care facilities）、技術性護理設施、中度照護設施等，上述三類設施為符合撥款的標準，通常會依據規定來提供服務。至於最多密集的服務（通常在慢性病院提供）和最少密集的服務（如：支持性住宅）則視各州的規定而定。針對各類住宿型與機構式照顧，Gelfand（1998）說明如後：

一、延伸照顧機構

Cohan（1974）指出，延伸照顧機構係指提供短期的恢復期照顧之設施，特別是針對那些剛出院的病人，其內容包括：復健、社會工作、醫療與護理照顧，以及支持性服務。

二、技術型護理機構

護理之家提供的服務包括：醫生提供的緊急性和持續性治療、護理照顧、復健服務、配藥服務、飲食服務、檢驗室與放射服務、牙醫服務、社會服務，以及活動服務。機構可透過契約運用外在資源來提供服務。

三、中期照護機構

中期照護機構（Intermediate Care Facilities，簡稱ICF）乃是於1960年代和醫療補助相結合之機構式照護的類型，因為有許多患病的窮人並未嚴重到需要全時的專業人員之照顧，但卻對健康監督以及獲得各種健康及復健照顧之管道有所需求。中期照護的定義是立基在照顧層級而非照顧設施上，故許多中期照顧設施的相關法規都和技術型護理機構相似，如：建築結構、衛生清潔、安全、藥物處理等規範；但與技術性護理機構相較下，較重視休閒及社會活動的安排。

四、支持型住宅

係指一個不需具護理之家執照的住宿型方案，對日常生活需要協助的人，提供個人照顧。支持性住宅可被視為縮小社區和護理之家間距離的橋梁，或護理之家以外的另一種選擇。通常支持性住宅住民有隱私權且可鎖門，員工並非穿著醫療人員制服，另也未設有護理站，而是類似旅館的服務臺。

參、機構式照顧之品質

在OECD國家中，一些偏離品質標準的護理之家案例已被報導出，而較常被提及的問題有：壓瘡、營養失調（尤其在失智症照顧方面）、不適切的失禁預防與處置、身體與藥物約束的不當使用、疼痛管理的缺乏、因不乾淨的備餐所致的健康風險、疏忽與虐待、意外危險、因缺乏隱私與基本住民權（共用房間的協定、接待訪客、處理抱怨的機制等）所致的各類問題，故如何提升照護品質成為政策關注的議題（OECD, 2005）。本節首先釐清品質的內涵，接著討論提升品質的策略。

一、品質如何界定？照顧品質或生活品質？

護理之家的「品質」概念相當複雜，但大多數有關照顧品質的研究主要在分析下列兩個概念：「照顧品質」具備醫療或準醫療服務的技術性勝任能力；「生活品質」則意涵著消費者的自主與選擇、自尊、個別化、舒適、有意義的活動與人際關係、安全感，以及靈性福祉。在美國，此兩個面向主要的區分是將護理之家視為是照顧嚴重生病者的設施？抑或是居住的地方？

二、品質指標

定義長期照顧的品質是一個複雜的任務，以下將「品質」歸納為結構、過程與結果／成果（outcome）等三個面向：(1)結構的品質：例如：建物安全與品質（消防設備、公共衛生）、住屋環境的舒適度、房間大小、員工與住民之比例及員工任用資格。(2)過程的品質：例如：保護住民權益的機制、運作良好的轉介與出院管理制度、妥適的住民評估流程以供照護計畫之用、為維持住民功能而提供之服務的可獲性、量足質優的專業人員之可獲性（提供一週7天24小時的服務）、均衡的飲食、輔助性服務（如：復健、配藥、傳染病控制）之可獲性或可接近性、臨床紀錄與照顧過程相關文件的要求、設立品質確保的委員會等。(3)結果的品質：例如：壓瘡的盛行率、營養失調的盛行率（包括脫水），以

及管餵食的適切性、可預防之ADLs與IADLs功能失能惡化的情況、住民疼痛管理的情形、約束的使用（身體與藥物約束）、有傳染病的住民（數）、抗精神病藥物的使用率、管餵食率、跌倒的人數和跌倒預防、失禁的比率、社會參與及隱私保護等（OECD, 2005）。

　　有學者主張生活品質（quality of life）而不是照顧品質應作為長期照顧的目標，而生活品質包括下列指標：(1)安全感；(2)舒適感；(3)愉悅；(4)有意義的活動；(5)關係的存在；(6)功能上的勝任；(7)尊嚴；(8)隱私；(9)個別化；(10)自主選擇；以及(11)靈性上的安好。至於造成對生活品質重視之長期照顧的發展趨勢為：失能者權益運動、消費者中心的照顧、支持性住宅（結合照顧和住宅的新型態）的興起、機構物理環境的重視，以及致力於護理之家的文化改變（Kane, 2001）。

三、提升品質之策略

　　一般來說，為提升長期照顧服務品質，有三種取向：(1)透過如立法者與服務購買者來調整品質監控的方式；(2)引發服務提供者對品質改進的專業承諾；(3)增加消費者資訊與市場競爭（OECD, 2005）。更具體而言，照顧品質的策略可歸納成：(1)規範性的外部壓力；(2)志願性的外部誘因；及(3)內部運作策略等（Wiener, 2003; Wiener et al., 2007）。茲將各項策略的作法說明如後：

（一）規範性的外部壓力

1. 強化法令規範：法令規範仍為目前提升照顧品質與生活品質的主要辦法。機構必須通過州政府立案才能營業，同時必須符合聯邦政府訂定的照顧準則，才能申請醫療保險或醫療救助的經費。

2. 建立資訊系統：對照顧提供者或政府監督單位來說，具備效度、信度與即時性的資料，都是重要的資訊。美國政府規定，所有機構都必須定期將住民的資料登錄至Minimum Data Set（簡稱MDS）。從1998年開始，所有的護理之家都必須將MDS資料以電子化的方式登錄至醫療保險和醫療救助中心（the Centers for

Medicare & Medicaid Services，簡稱CMS）。CMS也利用這些資料作為確保品質的指標。雖然MDS並不是作為品質確保的測量，但現階段已建構成量化品質的指標，如：意外、行為和情緒問題、認知問題、失禁、運用鎮靜劑、壓瘡、身體的約束、體重問題及感染等。

3. 充實照顧人力：充實照顧人力的方式包含以下幾項：(1)提升員工比率：目前尚未明確規範護理之家的照顧人員比例，導致機構間產生極大落差，且大多數機構聘用的照顧人力是明顯不足的；(2)加強基本的、最低水平的教育訓練：護理之家中最主要的照顧人力是領有證照的護士助理，但護士助理受的正式訓練並不多，也難有升遷的機會；(3)提高員工福利、薪資，改善工作條件。

（二）志願性的外部誘因

1. 提供消費者更多的資訊：提供消費者更多關於照顧品質的資訊，可幫助消費者選擇合適的、有品質的機構。藉著市場競爭的力量，品質不佳的機構就會被迫提升其照顧品質。

2. 增加消費者倡導活動：消費者倡導方案能發揮許多功能，包括：協助處理申訴案件、調解衝突、倡導提升照顧品質的公共政策、教育社會大眾、保護消費者，以及提升社會大眾對於照顧品質議題的關注。

3. 提高醫療保險與醫療救助的支付額：約有75%的住民依靠醫療保險和醫療補助金額來支付其照顧費用，因此，這兩項方案的醫療給付政策對護理之家來說是重要的資源，而給付過低將會影響照顧品質。

（三）內部運作策略

1. 發展與實施實務守則：機構內部也必須負起照顧品質的責任，為協助服務員更有效的提供照顧，訂定實務操作守則是可行的策略。

2. 改變機構文化：近年開始有許多關於機構如何建立物理環境、社會的及照顧文化的相關討論，期盼機構能更有家的感覺，降低其科層制、官僚作風（bureaucratic）與醫療取向。其中最為人知的是所謂「伊甸園另類模式」（Eden Alternative）。此種取向強調藉由機構和外在世界的連結來創造社區感，在機構內栽種植物和飼養動物是被允許的，並鼓勵住民與環境互動，而照顧人員被充權且視為是照顧團隊中的重要成員。此外，這類模式也重新設計其物理環境，主張小單元的鄰里環境，且改變工作人力配置以促進照顧的連續性。此種取向也造成綠房子（Green House）運動，此運動乃是護理之家文化改變的一項特定體現，含括小規模的設施、像家的環境及護士助理在決定過程中的參與（Kane, 2001）。

表12-1　提升長期照顧服務品質之相關策略

面向	實際策略
規範性的外部壓力	1. 強化法令規範 2. 建立資訊系統 3. 充實照顧人力
志願性的外部誘因	1. 提供消費者更多的資訊 2. 增加消費者倡導活動 3. 提高醫療保險與醫療救助的支付額
內部運作策略	1. 發展與實施實務守則 2. 改變機構文化

資料來源：Wiener, Joshua M., Marc Freiman, & David Brown (2007). *Strategies for Improving the Quality of Long-Term Care*.

除了上述策略外，在美國，長期照顧檢察人（Long-Term Care Ombudsman Program）值得進一步深入引介。考量護理設施中住民的權益，美國政府於1970年代早期開始推行檢察人制度。檢察人根據法令與規定，作為機構住民的代表，協助發現與解決住民在長期照顧機構中所遭遇的問題，進而提升住民福祉。美國老人法授予各州檢察人相當廣泛的倡導功能，除了住民權益倡導之外，也具備系統層次的倡導功能（The

National Academies Press, 1995）。

在住民層次的倡導方面，檢察人的職責如下：(1)確保住民能經常性且適時的接受檢察人服務：機構外部人士的定期訪視是提升機構照顧品質與住民生活品質的重要因素，因此，檢察人對於機構進行積極、定期的實地訪視是必須且重要的；(2)調查與解決住民的抱怨／申訴：檢察人在調查與解決申訴方面主要扮演四個角色：友善訪視員、教育者、調節者，以及倡導者；(3)與其他相關機構（譬如：認證或核照單位、成人保護服務，以及保護與倡導系統）共同合作；(4)針對檢察人提供技術性的協助並提供相關方案訓練。至於在系統層次方面，其內涵有三，分述如下：(1)評估法令與規章：美國老人法規範州與地方政府的檢察人必須分析、評論、建議與監督和住民相關法令的實施，俾能從事立法倡導、司法倡導和行政倡導。(2)教育大眾與機構員工：①教育大眾：許多檢察人投入相當的資源來傳達對下列議題之關注：長期照顧的相關訊息、提升社會大眾對於機構生活品質的關注、瞭解住民權益、認識檢察人的角色與功能、部分州政府也會利用公共論壇或支持團體的方式，來促使社會大眾關注當前的照顧品質與生活品質議題；②教育員工：檢察人也必須教育機構員工，提升員工對於住民權益的瞭解，並討論提升照顧與生活品質的創新方法。(3)傳播（disseminating）方案資料：根據美國老人法規定，檢察人必須撰寫年度服務報告，這些報告提供中央政府、州政府及業者寶貴的意見，並作爲修改政策與服務的參考。(4)促進住民與家庭委員會及公民組織的發展：公民團體開始注意長期照顧機構的照顧品質，許多團體也紛紛成立，這些團體的目標與功能各不相同，譬如：對機構監督、對住民和其家屬提供支持服務等。

肆、支持性住宅

一、支持性住宅興起的脈絡

長期照護目標從「就地老化」（aging in place）修訂爲「就近老化」（aging in neighborhood）之後，在歐美國家一種最新的服務措施

應運而生，然其在各國的名稱不一，在英國稱爲庇護性住宅（sheltered housing），在美國稱之爲支持性住宅（assisted living），在丹麥稱之爲友善老人住宅（elderly-friendly housing）。此種服務措施比護理之家較少醫療化，可以說是介於機構和居家服務之間的措施，也可說是新型的老人住宅，在其內加裝緊急救援通報系統、監測系統、無障礙設計與其他對外聯繫等。除了上述這些設備設施外，再引進居家照護專業團隊提供的服務，就可使需要密集長期照護的功能障礙老人，居住其中時既可得到應有的照護，又能享受自主的生活（吳淑瓊等，1998：169）。

支持性住宅所立基的環境特性和哲理信念，使其不同於護理之家、住宿式設施，如：住宿和照顧之家、成人聚合式照顧設施，以及老人之家。因照顧住宅在其環境特性方面，主張環境應儘可能「正常化」，透過建築型態和規模的設計，提供隱私和住民個人空間的控制權，以及隨著住民需求的變化而可予以調整的特性，透過環境設計和服務安排，讓IADLs失能或部分ADLs失能者能住在像家一般的住宅環境，並提供住民每天例行的「保護性看護」，另也可提供住民獨立生活的必要協助，在理念上則是強調住民的隱私權和自主權（Hernandez, 2006）。

機構式照護因在集體式照護的思維下，住民缺乏隱私和個別性是最被詬病的問題，故支持性住宅漸漸被視爲是護理之家的另一項選擇。在美國已有41個州和哥倫比亞特區在州政府的證照政策中，採用「支持性住宅」的服務模式，泛指任何非護理之家型態的住宿型設施（Mollica & Johnson-LaMarche, 2005；引自Hernandez, 2006: 18）。

二、特色

有關支持性住宅的特色方面，Wilson（1993）認爲一個人的居住空間應包括：食物製備和儲藏的空間、一套衛浴設備（內有沐浴設施）、可上鎖的前門。其次，一個較周延的、彈性的、較少醫療取向的套裝服務，允許住民在滿足自己需求時能扮演較主動的角色。再其次，爲強化其服務能力，則需立基在一個廣泛性評估和服務計畫的過程，方能有效地提供服務以滿足需求，如：日常生活活動和護理方面被協助的需求。

最後將理念和價值注入服務和環境中，譬如：隱私、個人化、選擇、尊嚴、獨立及像家的感覺（Wilson, 1993）。此外，Wilson（1995）認為支持性住宅需認可服務使用者的自主權和充權。另其他重要的概念，如：在地老化、共同分擔責任及協議的風險（negotiated risk）等，也應被倡導（引自Hernandez, 2006: 17）。

三、服務項目

大多數的支持性住宅都會提供如旅館的服務，如：管家、洗衣、清潔及餐食。而其類似櫃臺（或服務臺）可發揮引進其他服務的功能，如：居家服務。再其次，多數支持性住宅或住宿型設施多多少少都提供日常生活活動的協助，如：沐浴、穿脫衣服及如廁等。另也提供健康相關的照顧，譬如：藥物協助、慢性疾病的監測及健康管理。此外，有些住宅也會提供協助以處理住民的問題行為（如：遊走等）。綜合而言，支持性住宅或住宿型照顧設施提供的服務項目大致可歸納為下列三類：(1)個人照顧；(2)護理服務；及(3)行為介入（Hernandez, 2006）。

更具體而言，照顧住宅在發展照顧服務的過程中，服務的提供應達到下列目標：(1)滿足住民基本需求，如：食物、健康照顧、衣物洗滌，以及日常生活活動等。(2)協助住民克服其生活中的課題，例如：健忘或身體失能等問題。(3)可協助引進的服務項目包含：①組織社會或休閒活動，包含各類健康促進活動；②在餐廳提供三餐或點心；③協助日常生活活動，如：吃飯、洗澡、穿衣、上廁所、行走；④24小時的健康相關照護，包含藥物管理和失智症照顧；⑤計畫社區參與活動，包含交通協助、購物協助；⑥家事服務；⑦洗衣服務；⑧保護性的安全看視；⑨環境設備維修（引自吳淑瓊，2003：12-13）。

Box 12：照顧住宅：建構長期照護體系先導計畫發展之新型服務模式

（一）緣由

2000至2002年推動之「建構長期照護體系先導計畫」將照顧住宅（結合照顧和住宅的服務模式，在美國和加拿大稱之為支持性住宅

（assisted living），在英國稱為庇護性住宅（sheltered housing），在瑞典稱之為服務住宅（service housing），納入為新型服務模式，並引進民間資源參與發展。

（二）服務目標

照顧住宅希望能儘量增進住民自尊、自主的生活品質，落實住民「在地老化」的願望。據此，照顧住宅應掌握下列營運原則：(1)去機構化和家庭化的特性；(2)個人化的服務設計；(3)重視生活支持需求和強化身心功能的照護設計；(4)增進社會互動；(5)鼓勵住民發揮互助精神。

（三）服務對象

1. 輕度失能，日常生活功能自理能力，如：洗澡、穿脫衣物、上廁所、移位、平路行走、進食，其中有一項以上有困難者。

2. 需要保護性看視者。

3. 重視個人隱私之老人。

（四）服務項目

照顧住宅本身必須提供的服務包括：(1)保護性看視（protective oversight）：以在機構居住時為限，含提醒服藥、注意異常狀況、24小時緊急通報服務及協助處理緊急事故；(2)協助引進各項支持性服務：含居家支持服務、洗衣服務、電器送修服務；(3)單位可外包的服務項目，包括：環境設備維修、餐飲服務、清潔服務。

（五）案例：長青雅築

嘉義基督教醫院承辦嘉義市政府委託之長青雅築照顧住宅於2002年6月正式啟用。此建物位於公園、賣場、文化活動中心及醫院附近，生活機能高；其次，整棟建物為獨棟的七層樓，空間設計符合無障礙設施之要求，一樓為大廳、交誼廳和餐廳，二至六樓規劃成22個居住單位，其中單人房8間、雙人套房14間。住民們認為此一服務模式的優點是自己有固定的房間，而且各單位之住民可相互聊天、一起去運動；另一方面，因一樓的餐廳對社區人士開放，住民感覺不是自己關起來用餐，且有朋友拜訪時可一起用餐；其次是地點很便利，可

自己去買日用品。

資料來源：吳淑瓊（編）（2003）。照顧住宅服務營運手冊。臺北市：行政院社會福利推動委員會長期照護專案小組。

伍、臺灣機構式照顧之現況

一、機構類型

在國內，長期照顧類型依據相關法規如護理人員法、老人福利法等規定，其服務對象（表12-2）有所不同。國內之機構照護包含：衛政體系的護理之家、社政體系的長期照顧機構、養護機構、安養機構及行政院國軍退除役官兵輔導委員會之榮譽國民之家。首先說明護理之家的服務對象及服務項目，其次為退輔會榮譽國民之家的介紹，再其次則是分析在社政體系下的老人福利機構。

（一）護理之家

收容對象為慢性需長期護理之病人、出院後需繼續護理之病人、由醫師診斷因醫療需要長期護理之病人、由醫院轉介出院後需繼續護理之病人，亦即收住需醫療輔助行為之病患。其由資深護理人員執業，提供24小時全天候照顧，包括較多的技術性護理服務，如：氣切管、導尿管、胃管更換、皮膚照顧等特殊性照護，並含括一般生活照顧等。依住民醫療照護需求及特殊性，可區分為一般性護理之家、失智症護理之家、植物人護理之家、日間照護護理之家（黃惠璣等，2008：94-95）。

（二）榮譽國民之家

為安置因戰（公）傷殘官兵及年老無依貧困榮民頤養天年，特設立14所榮譽國民之家，以全部供給制方式公費安養。另為照顧老年袍澤、高齡榮民夫婦及殘癱榮民，設立4所中心，並於前述榮譽國民之家中設失

能（殘癱）、失智養護專區，以部分供給制方式辦理自費安養工作。不論公費安養或是自費安養都需具備下列資格：(1)具有榮民或義士身分；(2)年滿61足歲；(3)定居並設籍國內。公費安養另外需為無業或無工作能力且家庭生活困苦者才可申請（領就養金者）（行政院國軍退除役官兵輔導委員會，2012a）。

（三）臺灣老人福利機構的發展沿革

1980年所訂頒的老人福利法將老人福利機構分為下列四類：(1)扶養機構：以留養無扶養義務之親屬或扶養義務之親屬無扶養能力之老人為目的；(2)療養機構：以療養罹患長期慢性疾病或癱瘓老人為目的；(3)休養機構：以舉辦老人休閒、康樂及聯誼活動為目的；(4)服務機構：以提供老人綜合性服務為目的。又依第10條規定：「經許可創立私立老人福利機構者，應於3個月內辦理財團法人登記。」

1997年老人福利法修法時，將老人福利機構重新分為五類：(1)長期照護機構：以照顧罹患長期慢性疾病且需要醫護服務之老人為目的；(2)養護機構：以照顧生活自理能力缺損且無技術性護理服務需求之老人為目的；(3)安養機構：以安養自費老人或留養無扶養義務之親屬或扶養義務之親屬無扶養能力之老人為目的；(4)文康機構：以舉辦老人休閒、康樂、文藝、技藝、進修及聯誼活動為目的；(5)服務機構：以提供老人日間照顧、臨時照顧、就業資訊、志願服務、在宅服務、餐飲服務、短期保護及安置、退休準備服務、法律諮詢服務等綜合性服務為目的。此次修法不僅將「療養機構」改為「養護機構」和「長期照護機構」，還開創一種免辦理財團法人登記的小型機構之類型，此類型機構不得對外募捐、接受補助或享受租稅減免等三不條件，並有收容50人以下的規模限制。自此之後，老人福利機構之性質就可分為財團法人設立和小型設立兩類。

一直到2007年，老人福利法又歷經第三次大幅度的變動，此次修正將老人福利機構分為：(1)長期照護機構；(2)安養機構；及(3)其他老人福利機構等三類。然2007年之法條內容並未對上述三類機構的服務對象予以界定。隨後在同年7月訂頒之老人福利機構設立標準，才界定各類機

構的服務對象，說明如後：

1. 長期照顧機構：分為以下三種類型：
    (1)長期照護型：以罹患長期慢性病，且需要醫護服務之老人為照顧對象。
    (2)養護型：以生活自理能力缺損需他人照顧之老人，或需鼻胃管、導尿管護理服務需求之老人為照顧對象。
    (3)失智照顧型：以神經科、精神科等專科醫師診斷為失智症中度以上、具行動能力，且需受照顧之老人為照顧對象。
2. 安養機構：以需他人照顧或無扶養義務親屬或扶養義務親屬無扶養能力，且日常生活能自理之老人為照顧對象。
3. 其他老人福利機構：提供老人其他福利服務。

表12-2　老人機構式照顧之服務對象

類別	護理之家	長期照顧機構			安養機構
		長期照護型	養護型	失智照顧型	
服務對象	一、罹患慢性病需長期護理之病人 二、出院後需繼續護理之病人	以罹患長期慢性病，且需要醫護服務之老人為照顧對象。	以生活自理能力缺損需他人照顧之老人，或需鼻胃管、導尿管護理服務需求之老人為照顧對象。	以神經科、精神科等專科醫師診斷為失智症中度以上、具行動能力，且需受照顧之老人為照顧對象。	以需他人照顧或無扶養義務親屬或扶養義務親屬無扶養能力，且日常生活能自理之老人為照顧對象。

資料來源：1. 行政院衛生署2011年12月修正之護理人員法，http://law.moj.gov.tw/LawClass/LawAll_print.aspx?PCode=L0020166

2. 內政部2007年7月修正之老人福利機構設立標準，http://law.moj.gov.tw/LawClass/LawAll_print.aspx?PCode=D0050039

二、機構式照顧服務之供給情形

2011年底止，我國戶籍登記人口之65歲以上老人計有252萬8,249人，占總人口10.89%，呈持續增加之現象。隨著老人人口的增加，對於老人長期照顧及安養機構就養之需求亦隨之增加。至2011年底止，內

政部及縣市政府主管之老人長期照顧及安養機構（不含榮民之家及護理之家）計有1,064所，可供進住人數57,329人，實際進住人數計43,266人（使用率為75.5%），占老年人口之1.71%，其中以養護型機構使用率77.5%最高，長期照護型機構74.7%次之，安養機構70.9%居第三（內政部統計處，2012）。

　　至於護理之家，截至2010年底，計有390家公、私立護理之家（不含精神護理之家），提供總床數為28,549床（行政院衛生署，2010）。

　　榮譽國民之家至2010年底，就養人數總計72,743人（含公費就養70,595人、自費就養2,148人），至2011年底，就養人數總計67,799人（含公費就養65,665人、自費就養2,134人）（行政院國軍退除役官兵輔導委員會，2012）。

　　依據「老人福利服務提供者資格要件及服務準則」之第四章規定機構式服務含括的服務項目有：住宿服務、醫護服務、復健服務、生活照顧服務、膳食服務、緊急送醫服務、社交活動服務及家屬教育服務等。針對老人長期照護機構提供服務之現況，楊培珊（2005）指出下列六項反省：(1)機構照顧品質逐年提升，但機構之間品質參差不齊、差異性大；(2)部分機構照顧對象過早進入機構，不符合「在地老化」原則；(3)與護理之家分屬不同部會管轄，照顧經驗缺乏交流與整合；(4)與身心障礙機構安置的區隔與整合問題；(5)主管單位與私立小型機構之間的互動問題；(6)老人主體性意見表達易受忽視。此外，莊秀美（2008）指出國內長期照顧機構的發展趨勢有二：(1)照顧型態的多樣化；(2)提供失智症照顧的機構增加。但在照顧機構方面，呈現下列特性：入住者係由異質性極高的個體所組成，因此無法以單一服務模式滿足所有個體的需求。至於國內照顧機構內的生活呈現下列共同點：老人入住意願低、多床共室、群體生活、缺乏自主。因此，建議可參考日本單位照顧（unit care）的作法，將照顧理念從傳統的「集體收容」觀點改變為重視個別需求的「小團體生活」，期能帶動照顧模式的創新。

三、機構式照顧品質之管制機制——機構評鑑

（一）機構式照顧品質評估指標

吳淑瓊等（2000：2）提出六類長期照顧機構品質指標：(1)環境與安全：機構能否提供日常安全、緊急應變與舒適的環境與措施；(2)餐飲安全與營養：機構能否設置合乎標準的供食設備、飲食管理制度及抽查制度；(3)住民權益：機構能否尊重住民的基本權益、隱私、尊嚴；(4)活動和生活型態：機構能否提供符合個人生活需要的環境與措施；(5)健康和個人照顧：機構能否提供個人健康照護需要；(6)管理系統：機構是否建立並實際運轉整體管理系統。

（二）老人福利機構之評鑑

我國老人福利機構評鑑上的主要相關法源有：「老人福利法」、「老人福利機構設立標準」及「老人福利機構評鑑及獎勵辦法」等。「老人福利法」事實上是我國老人照護與長期照護所依循的基礎中央法規，於第3、4、5、37、47等條文均提及老人福利機構之評鑑或監督的相關事宜。「老人福利機構設立標準」也清楚規定了各型老人福利機構設立的環境設施、面積、收容人數、人力配置等要求，這些都成為機構評鑑審查的基本項目。「老人福利機構評鑑及獎勵辦法」更載明有關評鑑的要求項目與等第（劉淑娟等，2007：296）。依內政部（2012a）公告民國102年度老人福利機構評鑑指標，包括五個面向：行政組織與經營管理、生活照顧及專業服務、環境設施及安全維護、權益保障、改進創新（詳見表12-3）。

表12-3　老人福利機構評鑑指標

面向	項目
一、行政組織與經營管理（20%）	1. 行政制度（共12項） 2. 員工制度（共11項）
二、生活照顧及專業服務（40%）	1. 社工服務（共8項） 2. 醫護、復健及緊急送醫服務（共18項） 3. 生活照顧與輔具服務（共7項） 4. 膳食服務（共5項）

（續）

面向	項目
三、環境設施及安全維護（25%）	1. 環境設施（共18項） 2. 安全維護（共4項） 3. 衛生防護（共6項）
四、權益保障（13%）	（共12項）
五、改進創新（2%）	（共2項）

資料來源：內政部（2012a）。*102年度老人福利機構評鑑實施計畫*。2012/08/01
　　　　　取自http://sowf.moi.gov.tw/04/19/公告102年度老人福利機構評鑑實
　　　　　施計畫及指標-上網版.pdf

陸、社會工作專業服務在老人機構式照顧設施之實施

　　2007年修訂的老人福利法及隨後訂頒的老人福利機構設立標準和老人福利服務提供者資格要件及服務準則，都明訂有相關規定。以機構式照顧為例，公立及財團法人長期照顧或養護機構或失智照顧型機構均規定社工人力之配置比為100：1，小型養護機構則是以專任或特約方式辦理。安養機構的社工人力配置比是80：1。至於護理相關機構的照顧服務中，依照護理機構分類設置標準，在一般護理之家和精神護理之家皆範定人力配置比為100：1，若未滿100床者，應指定專人負責社會服務工作或置兼任的社工人員。另行政院國民退除役官兵輔導委員會榮民自費安養中心組織規程中，也明確規定應設有社會工作組執掌安養榮民的生活照護和心理輔導等事宜，且規定應編制3名社會工作人員（見表12-4）。

表12-4　老人機構式照顧設施社會工作人力配置之規定

服務項目	設置人數	依據法令
長期照護機構	照顧未滿100人者，至少置1人；100人以上者，每100人應增置1人。但49人以下者，以專任或特約方式辦理，採特約方式辦理者，每週至少應提供2天以上之服務。	老人福利機構設立標準第11、16、24條

（續）

服務項目	設置人數	依據法令
公立及財團法人養護型機構	照顧未滿100人者,至少置1人;100人以上者,每100人應增置1人。但49人以下者,以專任或特約方式辦理,採特約方式辦理者,每週至少應提供2天以上之服務。	老人福利機構設立標準第11、16、24條
小型養護機構	1. 若收容有需鼻胃管、導尿管護理服務需求之老人者,則應需依循長期照護機構的設立條件照顧未滿100人者,至少置1人;100人以上者,每100人應增置1人。但49人以下者,以專任或特約方式辦理,採特約方式辦理者,每週至少應提供2天以上之服務。 2. 機構得視業務需要,置專任或特約社會工作人員。	老人福利機構設立標準第18條
失智照顧型機構	照顧未滿100人者,至少置1人;100人以上者,每100人應增置1人。但49人以下者,以專任或特約方式辦理,採特約方式辦理者,每週至少應提供2天以上之服務。	老人福利機構設立標準第11、16、24條
公立及財團法人安養機構	照顧未滿80人者,至少置1人;80人以上者,每80人應增置1人。但49人以下者,以專任或特約方式辦理,採特約方式辦理者,每週至少應提供2天以上之服務。	老人福利機構設立標準第27條
小型安養機構	機構得視業務需要,置專任或特約社會工作人員	老人福利機構設立標準第29條
一般護理之家	1. 未滿100床者,應指定專人負責社會服務工作。 2. 100床至200床以下者,應有1人。 3. 200床以上者,至少應有2人。	護理機構分類設置標準第8條
精神護理之家	1. 每100床應有1人。 2. 未滿100床者,應有兼任之社會工作人員。	護理機構分類設置標準第8條
榮民自費安養中心	1. 安養中心設有社會工作組,掌理安養榮民生活照護與心理輔導及善後處理等事項。 2. 安養中心置組長、秘書、輔導員、副技師、醫師、社會工作員、組員、護士、保健員、藥劑員、營養員、辦事員、護理佐理員、書記,分掌各項業務。 3. 安養中心編制社會工作員3名。	行政院國民退除役官兵輔導委員會榮民自費安養中心組織規程第2、4、8條

依據我國護理機構設置標準中有關人員配置之規定:「(1)未滿100床者,應指定專人負責社會服務工作;(2)100床至200床以下者應有1

人：200床以上者至少應有2人」，惟標準中並未明訂社會工作員的職責範圍。在國外，學者Patchner & Patchner（1991: 148-157）指出：護理之家的社工員其服務的對象有：入住的院民及其家人、機構內的工作員，以及機構外的社區資源。社工員所擔負的主要任務有：(1)評量案主的心理暨社會需求，進而解決心理暨社會問題；(2)維繫住民與其家人、其他住民、工作員的關係，並居間做好住民與家屬間、病家與機構間、機構與社區間的協調溝通工作；更甚者，組織並強化居民委員會的功能；(3)充當機構內工作員的教育者和諮詢者，協助他們瞭解住民的心理暨社會需求；(4)具備團隊的工作技巧，俾能和機構內的其他專業人員，如：醫生、護士、物理師、營養師等一起工作；以及(5)在案主申請階段和準備出院階段，社工員需瞭解社區資源所在，並建立良好的機構間轉介和合作之網絡（引自呂寶靜，2002：210）。

此外，Vourlekins（1992）認為在護理之家的社工員，應將服務重心放在維繫家庭、諮詢服務和社會暨心理照顧（如：選擇房間和伙食），社工員要更瞭解院民（案主）的需求。莫藜藜（1998：250）認為社區醫療照顧機構（居家照顧工作、老人養護中心、護理之家等）中的社工員之職責可包括：(1)入住機構時，予以社會暨心理評估，或家庭需求評估；(2)參與服務計畫之擬定；(3)必要時，在病人與家屬間、病家與機構間做溝通協調的工作；(4)社會及醫療資源的發掘與轉介；(5)招募、訓練與管理志工或居家服務員；(6)追蹤服務與評價（引自呂寶靜，2002：210）。

在臺灣，社會工作在機構式照顧之內容為何？楊培珊（2000：214-220）歸納有下列四項：(1)公關，譬如：招待參觀、與捐助者保持聯絡、感謝函卡年節致意、製作DM、院刊編輯；(2)入住事宜，包括：電話諮詢、接洽合適者入住並申請縣市政府補助、訂合約收保證金、入住評估；(3)過程服務：此係指院民由入住到結案的過程中社工員的工作，其中可分為關懷的、協調的、照顧的、行政的、財務的工作，以及危機／意外處理；及(4)結案事宜。概括言之，社工員不僅扮演機構對外的門戶角色，更提供多樣性且性質截然不同的許多服務（引自呂寶靜，2002：212）。

　　而中華民國老人福利推動聯盟（2004）的《老人安養、養護、長期照護機構社工人員操作手冊》列出社會工作員的工作內容包含：住民入住及退住事宜、個案工作、團體工作、緊急危機處理、與其他團隊成員合作、與家屬共同合作、老人保護工作、公關行銷、經費募款、志工管理、實習業務與在職訓練教育業務。

　　由此可知，在臺灣社會，社會工作員在老人養護機構的工作內容側重在院民的服務，較少涉入與院民家人的工作，也未顯示社工員參與了機構的政策發展和經營管理。而在其他國家，社工員在老人機構的職責為何呢？

　　以美國為例，Fabiano & Martyn（1991: 128-137）認為機構中社會工作員的角色和責任，可就「與案主工作」、「與家庭工作」及「與機構一同工作」三方面來說明之。在與案主工作方面，對案主所提供的服務項目包括：(1)提供直接諮商；(2)舉辦支持團體；(3)負責入住者行為評量；(4)住民的權益倡導；(5)教育功能。而與家庭工作（working with the family）方面，社會工作員必須處理住民與其家人的情緒和複雜的家庭關係；另社會工作員應延攬家人參與計畫的訂定和執行過程。至於與機構一同工作方面，社工員負責的任務有：(1)進住前之評量和進住後的安置；(2)參與機構的政策發展；(3)舉辦工作員的教育訓練；(4)志工的協調與監督；(5)規劃辦理社區外展的服務；(6)與社區服務機構的協同合作；(7)負責員工協助方案（EAPs）；(8)研究和發表（引自呂寶靜，2002：212）。

　　若將我國老人福利機構設置標準中有關社工員的職責和國外機構照顧中社工實施相較，則可發現社工員目前尚未執行也未被責成，但確有需要去擔負的職責有：(1)為機構的住民提供直接諮商服務，舉辦支持團體，並負責行為評量；(2)與個案家人一起工作，處理家人情緒和複雜的家庭關係，並將家人整合列入服務計畫；(3)在機構內扮演住民權益之倡導者；(4)教育者和人力資源發展者，不僅是教育老人認知老化的過程，進而學習調適，且還監督和協調志工人員，另也負責工作員之教育訓練方案及員工協助方案；(5)研究者：社工員之工作成果應加以研究並適時地發表（引自呂寶靜，2002：213）。

柒、結語

在臺灣長期照護資源體系中，機構式照護資源的現況是供過於求，不是資源不足，而是資源在區域內有分配不均的現象；其次是為提升服務品質，內政部每3年至少辦理一次機構評鑑，以提升服務品質。除了查訪評鑑外，參考國外提升照護品質的策略，臺灣應提供更多的資訊給消費者，另也應促進社會大眾對於機構式照顧品質的關注。其次，機構式照顧因側重在身體照顧，而易忽略主觀福祉或心理安好面向的追求，故建議追求生活品質以取代照顧品質。

在強調機構住民生活品質的理念下，如何讓機構像個家，是值得重視的議題。Lwein（2001: 360-361）對家的意義歸納了十個要素：(1)家提供安全感和掌控；(2)家是個人觀點與價值的鏡子；(3)家是發揮影響力和改變的場所；(4)家提供永恆和連續性；(5)家是家庭關係和友誼交流的中心；(6)家是活動的中心；(7)家是個人可脫離外面世界的壓力或從外在世界撤退的庇護所；(8)家是個人社會地位的指標；(9)家是一個實質的空間結構；(10)家是個人擁有的地方（引自呂寶靜，2004：7）。

除了前述支持性住宅所強調的理念（譬如：隱私權、個人化、選擇、尊嚴、獨立）外，住民對機構產生地方依附是關鍵性要素。誠如黃萃文（2009：135-136）的研究指出：自費安養機構老人對其居住環境之情感連結中，社會關係與社會互動是重要的機制，在此環境中，住民之間若能發展出如同鄰居的關係或友誼關係，而機構的工作人員在互動關係中展現非正式關係的親切感、熟悉感，或給予老人類似家屬的親近感，均有助於依附感的形成。

本章所討論的住宿式和機構式照顧，主要是以身心功能障礙的老人為對象，其實老人的生活能力不同，需要不同的照顧服務，也需要不同的居住型態，譬如：仍有生活自理能力的老人，其居住的需求可能是一般住宅或專為老人設計的老人住宅。隨著年齡之增長，老人日常生活動作能力的衰退，造成水平、垂直移動的困難，輔具成為生活必需品，急救系統成為必要設備，單元尺寸、空間規模都必須重新組織，現有住宅

必須以重建、整建、維護等方式進行住宅改造，以因應老人的生活需求（引自呂寶靜等，2007：19），故提供老人多元化的居住服務，以打造適合老人安居之住宅與居住環境也是重要的政策課題。

團體家屋之成立即是針對失智症老人照顧之創新方案，試圖建構機構與居家以外之照顧服務模式。政府於2004年訂頒「失智症老人團體家屋試辦計畫」，其計畫目標為：「提供失智症老人一種小規模、生活環境家庭化及照顧服務個別化的服務模式，滿足失智症老人之多元照顧服務需求，並提高其自主能力與生活品質」；而服務內容有：「（一）提供失智症老人居住及餐飲服務；（二）適當引導、輔助失智症老人生活參與及管理，並能因應緊急狀況；（三）提供失智症老人進食、沐浴及如廁等日常生活協助；（四）制定個別照顧計畫，幫助失智症老人安心地過正常的生活；（五）承辦單位應有特約醫療機構或緊急外送單位，且鄰近老人福利機構、護理之家等機構為佳。」內政部自96年度補助民間單位設置失智症老人團體家屋，截至2011年12月底止，計補助4單位共成立7個照顧單元，計可照顧58人，現階段實際提供服務計4單位照顧41人（內政部，2012b：29）。

問題與思考

1. 在臺灣，什麼樣的失能老人比較可能會進住老人長期照護機構（或老人養護機構）？
2. 老人養護機構有沒有可能像個家（home-like）？又如何才能像個家？
3. 如果你親朋好友的長輩中，有人考慮使用機構式照顧，對於選擇機構的條件，你會有何建議？
4. 社會工作專業服務在老人養護機構中可發揮什麼樣的功能？

建議研讀著作

1. 中華民國老人福利推動聯盟（2004）。*老人安養、養護、長期照護機構社工人員操作手冊*。臺北：中華民國老人福利推動聯盟。

參考書目

一、中文書目

中華民國老人福利推動聯盟（2004）。*老人安養、養護、長期照護機構社工人員操作手冊*。臺北：中華民國老人福利推動聯盟。

內政部（2004）。*失智症老人團體家屋試辦計畫*。2012/08/29取自：http://sowf.moi.gov.tw/newpage/news-960703.htm

內政部（2012a）。*102年度老人福利機構評鑑實施計畫*。2012/08/01取自：http://sowf.moi.gov.tw/04/19/公告102年度老人福利機構評鑑實施計畫及指標-上網版.pdf

內政部（2012b）。內政部老人福利推動小組第三屆第一次委員會議會議資料（2012/06/22）。

內政部統計處（2012）。*內政統計通報101年第11週*。2012/04/05 取自：http://www.moi.gov.tw/stat/news_content.aspx?sn=6042

行政院衛生署（2003）。中華民國92年10月27日衛署醫字第0920216079號令*護理機構設置標準表*。2012/04/05取自：http://dohlaw.doh.gov.tw/Chi/NewsContent.asp?msgid=438

行政院衛生署（2009）。*護理機構督導考核作業指引*。2012/04/05取自：http://www.doh.gov.tw/CHT2006/DM/DM2_p01.aspx?class_no=211&now_fod_list_no=6582&level_no=2&doc_no=71804

行政院衛生署（2010）。*醫療機構現況及醫院醫療服務量統計年報──99年*。2012/04/05 取自：http://www.doh.gov.tw/CHT2006/DM/DM2_2.aspx?now_fod_list_no=11931&class_no=440&level_no=4

行政院國軍退除役官兵輔導委員會（2012a）。*就養服務*。2012/07/25 取自：http://www.vac.gov.tw/content/index.asp?pno=76

行政院國軍退除役官兵輔導委員會（2012b）。*就養服務統計資訊：就養榮民人數*。2012/07/25 取自：http://www.vac.gov.tw/cxls/index.asp?pno=93

吳淑瓊（編）（2003）。*照顧住宅服務營運手冊*。臺北市：行政院社會福利推動委員會長期照護專案小組。

吳淑瓊、呂寶靜、盧瑞秀（1998）。*配合我國社會福利制度之長期照護政策研究*。臺北：行政院研究發展考核委員會編印。

吳淑瓊、王祖琪、田玫、杜敏世、林麗嬋、胡名霞（2000）。*機構式長期照護品質評估指標之建立*。行政院衛生署科技研究發展計畫。

呂寶靜（2002）。第五章老人福利服務。見呂寶靜（主編），*社會工作與臺灣社會*（頁172-220）。臺北：巨流。

呂寶靜（2004）。*家對老人的意義*。行政院國家科學委員會專題研究計畫成果報告。NSC 91-2412-H-004-007-SSS

呂寶靜、陳政雄、羅孝賢、李晶、傅從喜、王中允（2007）。*人口政策白皮書及實施計畫之研究期末報告——子計畫二「因應我國邁入高齡社會對策之研究」*。臺北：內政部委託研究案。

莊秀美（2008）。「單位照顧」（unit care）模式的環境建構與實踐理念之探討。*臺大社工學刊*，16，87-128。

黃惠璣、杜敏世、陳麗華、陳翠芳、許佩蓉、陳世堅、何瓊芳、葉淑惠、蔡淑鳳、徐麗娟、吳麗芬、郭淑珍、賴添福、胡中宜編著（2008）。*長期照顧*。新北市：新文京開發。

莫藜藜（1998）。*醫務社會工作*。臺北：桂冠。

黃萃文（2009）。*入住自費安養機構老人對其居住環境依附情形之初探——人生歸途中最後能掌控的一方天地*。國立政治大學社會學研究所碩士論文。

楊培珊（2000）。機構式失智症照顧中社會工作的執行。*社會政策與社會工作學刊*，4(1)，199-236。

楊培珊（2005）。老人長期照護機構及社工專業的現況與展望。*臺灣社會工作學刊*，4，147-169。

劉淑娟、葉淑娟、蔡淑鳳、徐慧娟、廖彥琦、周世珍、蕭仔伶、謝佳容、謝嫣娉、毛慧芬、胡月娟（2007）。*長期照護*。臺北：華杏。

二、英文書目

Fabiano, Len, & Ron Martyn (1991). Social Work Practice with Institutionalized Frail Elderly. In Michael J. Holosko & Marvior D. Feit (Eds.), *Social Work Practice with the Elderly* (1st ed., pp. 128-137). Toronto, Ontario: Canadian Scholar's Press.

Gelfand, Donald E. (1998). Chap 15 Long-Term Care Residences. *In The Aging Network Programs and Services* (pp. 204-223). New York: Springer.

Hernandez, Mauro (2006). Assisted Living in All of Its Guises. *Generations*, 24: 16-23.

Kane, Rosalie A. (2001). Long-Term Care and a Good Quality of Life: Bringing Them Closer Together. *The Gerontologist*, 41(3), 293-304.

OECD (2005). Chap. 4 Monitoring and Improving the Quality of Long-term Care. In *The Long-Term Care for Older People* (pp. 65-78).

Patchner, Michael A., & Lisa S. Patchner (1991). Social Work Practice in Nursing Homes. In Michael J. Holosko & Marvior D. Feit (Eds.), *Social Work Practice with the Elderly* (1st ed., pp. 148-157). Toronto, Ontario: Canadian Scholar's Press.

The National Academies Press (1995). *Real People Real Problems: An Evaluation of the Long-Term Care Ombudsman Programs of the Older Americans Act* (pp. 41-45 & pp. 62-76). Washington, D.C.

Vourlekins, B. S. (1992). Search for the doable in nursing home social work practice. *Social Work in Health Care*, 1, 177-185.

Wiener, Joshua M. (2003). An Assessment of Strategies for Improving Quality of Care in Nursing Homes. *The Gerontologist*, 43(2), 19-27.

Wiener, Joshua M., Marc Freiman, & David Brown (2007). *Strategies for Improving the Quality of Long-Term Care*. Washington D. C.: National Commission for Quality of Long-Term Care.

索 引

五南文化廣場

橫跨各領域的專業性、學術性書籍
在這裡必能滿足您的絕佳選擇!

五南全國展售門市

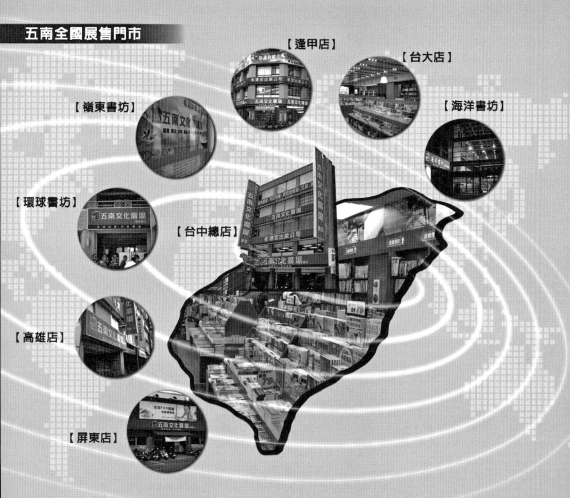

【逢甲店】
【台大店】
【嶺東書坊】
【海洋書坊】
【環球書坊】
【台中總店】
【高雄店】
【屏東店】

海洋書坊：202 基 隆 市 北 寧 路 2號 TEL：02-24636590 FAX：02-24636591
台 大 店：100 台北市羅斯福路四段160號 TEL：02-23683380 FAX：02-23683381
逢 甲 店：407 台中市河南路二段240號 TEL：04-27055800 FAX：04-27055801
台中總店：400 台 中 市 中 山 路 6號 TEL：04-22260330 FAX：04-22258234
嶺東書坊：408 台中市南屯區嶺東路1號 TEL：04-23853672 FAX：04-23853719
環球書坊：640 雲林縣斗六市嘉東里鎮南路1221號 TEL：05-5348939 FAX：05-5348940
高 雄 店：800 高 雄 市 中 山 一 路 290號 TEL：07-2351960 FAX：07-2351963
屏 東 店：900 屏 東 市 中 山 路 46-2號 TEL：08-7324020 FAX：08-7327357
中信圖書團購部：400 台 中 市 中 山 路 6號 TEL：04-22260339 FAX：04-22258234
政府出版品總經銷：400 台 中 市 軍 福 七 路 600號 TEL：04-24378010 FAX：04-24377010
網 路 書 店 http://www.wunanbooks.com.tw

專業法商理工圖書・各類圖書・考試用書・雜誌・文具・禮品・大陸簡體書
政府出版品總經銷・中信圖書館採購編目・教科書代辦業務

國家圖書館出版品預行編目資料

老人福利服務／呂寶靜著.--初版.--臺北
市：五南, 2012.12
　　面；　公分.--
ISBN 978-957-11-6899-9（平裝）
1.老人福利　2.社會工作
544.8 5　　　　　　　　101022239

1JDJ
老人福利服務

作　　者 ─ 呂寶靜(73.2)

發 行 人 ─ 楊榮川

總 編 輯 ─ 王翠華

主　　編 ─ 陳姿穎

責任編輯 ─ 邱紫綾

封面設計 ─ 陳卿瑋

出 版 者 ─ 五南圖書出版股份有限公司

地　　址：106台北市大安區和平東路二段339號4樓

電　　話：(02)2705-5066　　傳　　真：(02)2706-610

網　　址：http://www.wunan.com.tw

電子郵件：wunan@wunan.com.tw

劃撥帳號：01068953

戶　　名：五南圖書出版股份有限公司

法律顧問　林勝安律師事務所　林勝安律師

出版日期　2012年10月初版一刷
　　　　　2016年 6月初版二刷

定　　價　新臺幣380元